中公新書 1833

小林 標著

ラテン語の世界

ローマが残した無限の遺産

中央公論新社刊

はじめに

　ラテンとは何だ？
「ラテン語の世界」と題した書物を書くのだが，どこから書きはじめたらよいのであろう．

　そもそも，ラテン語という単語はどの程度日本人に知られているのであろうか．「語」を除いた「ラテン」なら，「ラテン語」よりは親しいはずである．ラテン音楽，ラテンアメリカなどという言葉を見聞きすることは珍しくないし，ときにはラテン人種だとか，ラテン的気質などという言葉が新聞などで当たり前のように使われたりする．

　では，その「ラテン」とは結局は何なのだ？

　この質問に明快に答えられる人が少ないことは，教室で同じ質問をしてもはかばかしい答えが学生から返ってこないことを経験している筆者には容易に想像できる．

　ラテンアメリカっていうのは南米の国家だ．そのくらいはわかる．しかし，それがなぜ，「ラテン」アメリカなのだ？

　ラテン人種とは，と訊くと答えは曖昧になる．ええと，スペイン人とイタリア人だよね．それに南米の人々と，それにフランスは入るの？　入らないの？　ポルトガルは？　メキシコは入りそうだけど，どうだったっけ？

　ラテン音楽って？　それは，タンゴとか，ルンバとか，ボサノバとか，コンガだとか，チャチャチャなんてのもあったっけ．今はあまりはやらないけど，全体的に陽気な音楽だよね．

i

ラテン的気質って,つまりこれも陽気というか,騒々しいというか,楽天的というか…….

で,結局は「ラテン」だ.なぜ,これらが「ラテン」なのだ?

答えは,つまりはそれらすべてが「ラテン語」という言語に由来する名称だということなのである.

ラテンアメリカとは,アメリカ大陸でもラテン語を祖先とする言語(この場合,スペイン語,ポルトガル語,フランス語のどれか)を話す民族が入植し建国した国家群,つまり,北はメキシコから南はチリに至る国々,それとカリブ海の国々である.だから,この使い方は正確であると言える.ラテン音楽とはそれらの国々で発達した音楽であるから,ラテンアメリカ音楽というのが正しい言い方であろう.

そのラテン語について書こうとするのがこの書物である.で,なぜラテン語について書くのかというと,そのラテン語が現代世界において唯一,特権的地位を維持している言語であるからである.

ローマ帝国の言語

ラテン語.それはローマ国家の言語である.ローマは紀元前4世紀には現在のローマ市を中心とした地域において確固たる勢力を築いていたが,その後徐々に版図を拡大してイタリア半島全体の覇者となり,紀元後2世紀にはヨーロッパ,アジア,アフリカに跨る大帝国となった.

その最大の版図を現在の地名で述べると,ヨーロッパではイタリア半島以外にもイングランド,ベルギー,フランス,スペイン,ポルトガル,スイス,オーストリア,スロベニア,クロアチア,セルビア,マケドニア,アルバニア,ギリシア,

はじめに

ブルガリアの全部，ハンガリーとルーマニアの一部，アフリカではモロッコ，アルジェリア，チュニジア，リビア，エジプトの地中海側すべて，アジアではパレスチナ，イスラエル，シリアの一部，レバノン，トルコにまで及んでいた．その結果ラテン語は支配者の言語としてこの広大な地域に広がり，土着の言語の少なからずを消滅せしめたのであるが，時代とともに各地で各地ごとの変容をするか別の言語に置き換えられた．結局ラテン語そのものは誰にも話されなくなった．

しかしローマ国家の健在時代に蓄えられた文化的威信のせいでラテン語の影響力は衰えることはなかった．またそのような歴史のなかでカトリック教会の公式の言語となったこともあって，ラテン語の文化的影響力はローマ国家の滅亡後も長く残ったのであった．影響が残っただけではない，ある意味では，ラテン語そのものが現在も力強く生き残っていると言えるのである．

ところで，ラテン語はなぜラテン語と称されるのか．なぜ，ローマ語ではないのか．

現在のイタリアで，ローマ市を含む州名はラツィオ（Lazio）で，有名なサッカーチームの名称でもあるから知っている人も多いであろう．このラツィオは Latium という地名が変化した名前である．この Latium の形容詞形が Latinus であるから，そこの言葉が Lingua Latina である．ラテン語とは，要するにラティウム語ということである．ローマとラティウムの関係は，筆者の居住する大阪市の例で言うなら，大阪市と大阪府のそれと考えればよい．大阪府の言葉が大阪弁である．

現代に影響を与える言語

しかし,力強く生き残っていると言われただけでは,ラテン語はラテン音楽よりは縁遠く感じられてしまうのが実感かもしれない.「ローマ時代とはギリシア時代の前だったか後だったか,ともかく西洋の大昔で,ラテン語はその言葉なのか…….西洋人が昔はよく学んだらしいが,今は読む人は少ないらしい言葉.聞いたところではとてつもなく難しい文法を備えた取っつきにくい言語……」.

こんなふうに敬遠する人がたくさんいることはわかるが,しかしラテン語は,大方の日本人が感じている以上に大きく現代の日本語にかかわっている言語である.

そもそもラテン語は,フランス語,スペイン語,ポルトガル語,イタリア語,カタロニア語,ルーマニア語その他を生み出した母胎でもあり,それらの子孫言語を通じても現代世界に大きな意味を行使している.それは当然であるが,影響力はそれだけにはとどまらない.

先ほど,ラテン語は現代世界において唯一,特権的地位を維持している言語であると書いた.その特権的地位を奪えそうな言語はほかには見あたらない.英語でもダメである.

現在英語は,アメリカの強大な影響力のせいで,さらにまたこ20年間のインターネットの世界的普及のせいで地球を席捲(せっけん)しつつあるかに見える.その英語だとて,ラテン語の持つ特権的地位を奪い去る可能性は,少なくともここ100年ほどには起こりそうもないと断言できる.なぜか.

それは,その英語がすでにそのなかにラテン語の要素を否(いや)応(おう)なく組みこまされている言語であるし,また,現代社会にあって新しい需要に応じて新しい表現を英語が求めるとき,その備蓄要素として最も頼りとするのが,実はラテン語だか

らである.

もちろん，新しい表現はすぐにはラテン語とは見えない．たとえば，コンピューターの性能を表す単位はbitという語である．日本では最初に普及したコンピューターは8ビットの中央演算装置（CPU）しか備えていなかったが，現代使われるものは32ビットだ．このbitは，一見ラテン語とは無関係なようだが，実はbinary「二進法の」とdigit「数字」を一語に縮めた新語である．そしてbinaryの語源はかなり人工的に作られたラテン語binarius「2の」で，digitはラテン語digitus「指」なのである．

新語のbitはさらなる用法を生む．通信回線などのデータ転送速度の単位であるbpsはbits per secondで，毎秒ごとに何ビットが転送可能かを示す．per「〜につき」はラテン語の前置詞そのもの，second「秒」も語源はラテン語である．

コンピューターの機能を左右する中央演算装置は日本でもCPUとして通用する．これはcentral processing unitの略称で，その3語の由来をたどればすべてラテン語だ．

ラテン語という隠された宝蔵なしでは，英語が現代世界において日々必要とされる新語を提供することは極度に困難であろう．英語はラテン語の子孫ではなく，よく言っても遠い遠い親戚、事実上は赤の他人に近いのに，実際にはラテン語に頼り切りなのである．英語は，自身を発展させるための素材をラテン語から提供されているだけではなく，素材を活用する知恵までももらっている．英語に生じた結果はダイレクトに世界中に，もちろん日本語にも，反映する．

この書物は，そういう言語であるラテン語の概略をできるだけやさしく，また面白く，しかしなにより現代語をよりよく理解するのに役立つように，書こうとする試みである．

ラテン語の世界　目次

はじめに　　　　　　　　　　　　　　　　　　　　　　i

I ラテン語と現代　　　　　　　　　　　　　　　　　1

   1　ロイヤルファミリーとは何だ？　1
   2　ラテン語の遺産　6
      （i）言葉の遺産　6
      （ii）文字の遺産　11
      （iii）エトルリア文化の存在　17
   3　ラテン語の影響力　21

II 世界のなかのラテン語　　　　　　　　　　　　27

   1　言語の系統　27
   2　インド・ヨーロッパ語族　34
   3　ラテン語とローマ　39

III ラテン語文法概説　　　　　　　　　　　　　　55

   1　ラテン語は難しいか　55
   2　ラテン語は屈折語である　61
   3　ラテン語の構造　65
      （i）品詞の区別　65
      （ii）名詞と形容詞　68
      （iii）動詞　73
      （iv）代名詞　78
   4　ラテン語の音韻　82

IV 拡大するラテン語　　87

1. ラテン語勢力の拡張　87
2. ギリシア語とラテン語　97
3. ラテン語の増殖力　102
4. 碑文を読む楽しみ　117

V ラテン語と文学　　127

1. 文学はいかに始まるか　127
2. 文学と音楽性　130
3. 文学とジェンダー　132
4. 喜劇の誕生　139

VI 黄金時代の文学者　　145

1. 文学の黄金時代へ　145
2. キケロとカエサル　147
3. ウェルギリウス　156
4. ホラティウス　163
5. オウィディウス　169

VII 白銀時代の文学者　　177

1. 白銀時代　177
2. セネカ　178
3. 小説というジャンル　185

VIII ラテン語の言葉あれこれ　　193

1 人間 homo　193
2 男と女 vir, femina　198
3 精神, 心, 人格 animus, anima, persona　200
4 エゴ ego　204
5 戦争と平和 bellum, pax　206
6 先住民と原住民 indigena, nativus　208
7 愛と死 amor, mors　213
8 運 fortuna　219
9 同一性 identitas　220

IX 変わりゆくラテン語　　225

1 一般大衆のラテン語　225
2 キリスト教とラテン語　232

X ラテン語はいかに生き延びたか　　241

1 ラテン語書物の保存　241
2 ラテン語の危機と復興　249

XI 中世ラテン語　　257

1 俗語文献の誕生　257
2 中世ラテン語散文　259
3 中世ラテン語詩　262

XII 終章　その後のラテン語　　269

- 1　ルネッサンスのラテン語とその後　269
- 2　日本人とラテン語　274
- 3　21世紀のラテン語　279

参考文献　284

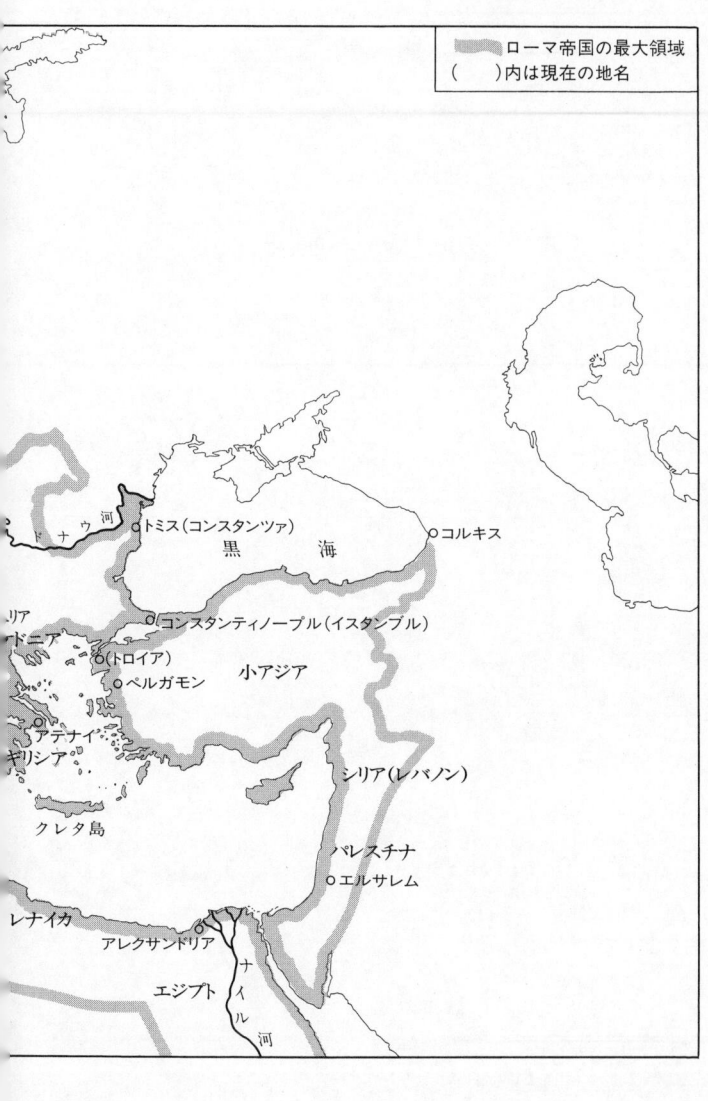

I　ラテン語と現代

　ラテン語は現代に生きている．一見姿を隠していようとも，それはわれわれが日常見聞きする表現の裏側に形を変えて存在する．だから，それをよく認識しないとき，われわれは間違った表現をしても気づかずにいてしまう．以下では，その具体的なケースを見てみよう．

1　ロイヤルファミリーとは何だ？

ロイヤルとインペリアル

　週刊誌やテレビ番組は，皇室関係のニュースにおいてロイヤルファミリーという英語を用いることがよくある．浩宮皇太子の結婚にさいしてもロイヤルウエディングという言葉がたびたび使われた．英語で書けば royal family, royal wedding である．

　では，その結婚に関して royal wedding が海外のニュース，あるいは国内の英字新聞で使われたかと言えば，ノーである．皇太子結婚のニュースが無視されたのではもちろんない．要するに，そこで使われた言葉は royal wedding ではなく，imperial wedding であったということである．そして，この結婚に関する限り，imperial という語が正しい．と言うより imperial でなければならない．日本の皇室を英語で言うならそれは必ず imperial family であって royal family ではない．

　ところで，今はさまざまな形の破綻(はたん)に終わったイギリス王

家の王子, 王女の結婚に関して言えば, あれは royal wedding であって imperial 云々(うんぬん)と書かれることは絶対にない.

日本のマスコミはイギリス王家の例から日本の皇室に対しても同じ言葉を使ったのであろうが, しかし, それは用語の間違いであった.

なぜ日本人はこのような間違いを犯したのか.

こんなケースにおける日本人の英語に関する無知を指摘してそれを是正しようとするなら, そのときの説明はラテン語とローマの歴史についての解説にまで立ち入ってしまう.

royal と imperial はどこが違うのか. なぜ, この使い分けが生じるのか.

簡単に結論だけを言えば, イギリスの君主は, またイギリスのみならずヨーロッパの国々の君主は, king, queen であるのに対して日本の君主は emperor であるからである (皇后は empress. もし女帝が実現するならそれも empress である). そして, emperor, empress のための形容詞は必ず imperial でなければならない. emperor の語源はラテン語の imperator 「軍事司令官」であり, その形容詞は imperialis で, 英語でもラテン語と同様その対応は守られなければならないからである. そして, king, queen に関する形容詞は, 一見無関係に見えようと, royal でなければならず, imperial は使えない.

21世紀の現在, 英語で emperor と公式に称される国家君主は世界中で日本の天皇ただ一人である. その天皇を英語では king ではなく emperor とする根拠については, ここでは論じない. 筆者は, 概念としては天皇は emperor よりは king に近いと個人的には思っている. しかし, 世界に認められた慣習的呼称を用いて天皇を emperor とするならば, それな

りの言語の一貫性が求められるのであり，日本のマスコミの一部はまことにこの点不注意である．

「ロイヤル」の起源

ところで，emperor, empress に関連した形容詞が imperial であることは，漠然とであれ形の類似で納得できるであろう．しかし，king, queen の形容詞はなぜ royal なのだろうか．実はここにもラテン語が介在している．

ラテン語で「王」は rex である．その形容詞は regius と regalis で，そのうちの後者のほうが時代とともに形を変えて古いフランス語で roial（現代フランス語では royal）となり，英語に入って royal となった．そして英語では，王制に関する限りこの形容詞しか使えない．king, queen はともに英語本来の言葉でラテン語とは無縁であるのに，14世紀以来 king／queen と royal が名詞と形容詞のカップルとして定着してしまっているのである．確かに英語には king の形容詞形 kingly もある．しかし kingly family などと言うと「王のように威風堂々たる一家」といった意味になってしまう．

ところで，この rex「王」という言葉の歴史も面白いものだ．

伝承ではローマ人もかつては王を戴(いただ)いていたが，前6世紀終わりころに王を追放し，共和政治制度を樹立したとされている．それ以来ローマ人は共和制（ラテン語では res publica）を強く信奉し，「王」の実体を追放したのみならずその概念をも悪なるものと固定してしまったのであった．

英語の republic の語源であるこの res publica という言葉に対して古代ローマ人が持つ感慨には並々ならぬものがあった．これは，それから千数百年の後に国王と王妃を死刑にし

て，同様に共和制をうち立てたフランス人が，「フランス共和国＝république française」に抱く感慨と共通である．

　res publica の res はラテン語のなかで一番よく使われる単語のひとつで，普通は「もの」あるいは「こと」と訳しておけばいいのであるが，この場合は「実体」というようなニュアンスである．publica は「民衆の」を意味する．英語の people の語源がラテン語の populus で，これから作られた形容詞が publicus，それが女性名詞である res を修飾するために publica と形を変えたのである（女性名詞なるものの意味については，後で書く）．

「res publica＝王ではなく，民衆がすべてを決定する政体」は，キケロに代表される伝統主義者にとっては絶対的に守護しなければならぬものであり，「王」rex はローマにおいてはそれ自体が悪である．ユリウス・カエサルが暗殺されたのも，彼が「王になろうとしている」と共和制守護者が強く疑ったからである．プルタルコスの『対比列伝』，いわゆる『プルタークの英雄伝』のカエサル篇には，そのあたりの事情が詳しく書かれている．

　またキケロは，カエサル暗殺後に同様にして権力を握ろうとしたアントニウスを弾劾する熱烈なる弁論をものしており，そこにおいては「王」にかかわる名詞，形容詞がいかにも憎々しげに使われているのが印象的である．であるから，クレオパトラというエジプトの女王（ラテン語では rex の女性形 regina）に至っては，カエサルとアントニウスを相ついで誘惑したからではなく，「王であり，かつ女であるもの」というせいで伝統的ローマ人にとっては言語道断なる存在だったのである．

エンペラーの誕生

紀元前1世紀中ころに至る政治的動乱と領土の拡大を経て,その共和制が事実上機能しなくなったとき,ローマはふたたび独裁者を必要とした.そしてその地位についたのがカエサルの養子となったオクタウィアヌスである.彼は独裁的権力を握ったのであるが,共和制の象徴である議会,「元老院」を解体することはせず共和制を名目上存続させ,自らを rex ではなく,「同等のなかの第一人者」の意味である princeps と呼ばせた.これが「王子,公爵」を意味する英語の prince の語源である.

さらに彼には,先ほど述べた軍事司令官の意味である imperator という形容が付与されることになり,これが後にはローマ皇帝そのものを指す語に固定した.帝政,つまり一人の人間による独裁制は長く存続し,それのみならず皇帝の神格化さえあったのに,ローマ帝国においては rex の語は最後の最後まで忌避された.また「王国」を意味する regnum の語(英語 reign の語源)も忌避されたから,その広大な領土は元来は「大権」を意味する imperium と呼ばれた.これが英語の empire「帝国」の語源である.

余談ながら,ユリウス・カエサルの名前から由来し,ローマ皇帝を意味するもうひとつの語となった caesar という語は,東ローマ帝国皇帝の称号として使われた後にロシアに受け継がれ,ロシア皇帝を意味するツァー (Czar, Tsar) となった.また,19世紀になってプロシア王がドイツ民族の諸国を併合して Kaiser の称号を名乗り,それがドイツ皇帝を表す語として固定した.

しかし,言葉としての rex は生き延びた.フランス語,イタリア語,スペイン語等のラテン語の子孫である言語,これ

らは総称としてロマンス諸語と言われるが、そこではすべてこの rex が変化してきた言葉を「王」のために用いている。また、そこからできた形容詞 royal はフランス語を経由して英語に入り、なくてはならぬ言葉として定着している。同様なラテン語の遺産は、ここかしこへと現れるのだ。

2 ラテン語の遺産

(i) 言葉の遺産

前節でロイヤルとインペリアルに関して述べたように、ラテン語は現代の西欧語に多くの単語を残しているのみならず、その規範までも残している。ラテン語の遺産の第一は、要するに言葉である。そしてそれは今や世界中に広がって使用されている。日本語のなかにも、単語のみならず、それらを使った略称までもが入って来ている。たとえば、スポーツ新聞における格闘技の記事で、A選手とB選手の試合が A vs. B のごとく書かれるときの vs. がそうだし、「等」の意味での etc.、午前、午後を言う A.M., P.M. である。

これらは、意味は理解されていてもその使い方は少しあやしい。たとえば午後10時を言うのに日本語の語順そのままに PM10 とするのは誤りである。pm とは post meridiem の略であるのだが、post は前置詞で「〜の後」、meridiem は「正午」であるから、語順としては 10PM としなければならない。そして、正しい英語なら 10 p.m. である。

vs. はラテン語の前置詞 versus「〜に対する」の略号であるから日本でも正しく使われているのだが、それが「ブイエス」と発音されるのを聞くと、おかしくてしかたがない。これは、英語式にはバーサスと発音する。

etc. はエトセトラという英語式発音が使われるが, et cetera の略である. et は英語の and に相当する. cetera は「他のもの」である.

中学高校の数学で, 数式の「証明終わり」の意味で書くように教えられた Q. E. D., これは「これが証明されるべきことであった」という文 quod erat demonstrandum の頭文字である.

これらの句は16, 17世紀にそのまま英語に取り入れられ, やがて略称ができ, それが日本語にまで入りこむようになったのであった.

ラテン語単語そのものがカタカナで使われる例としては, コンセンサス, キャンパス, フォーカス, センサー, シニア, ジュニア, データなどがすぐに思い浮かぶが, これらはすべて発音は英語式になっている.

現代社会がさまざまな革新をなして, そのために新しい言葉が必要と感じたとき, それをどこから調達できるかというと, 頼ることのできる調達先の範囲はごく限られている. そんなとき, 言葉の貯蔵庫（アーカイブ）として第一に頼られるのがラテン語である. 新たにラテン語語彙から取り入れられる場合もあれば, すでに何度も使われているものが意味を変えることで再調達されるものもある. 後者の例では, コンピューターが典型である.

17世紀のコンピューター

computer は英語では17世紀に「compute する人」, つまり「計算係」として使われはじめた. 19世紀に計算のための原始的機械が発明されるとそれは「計算の機械」の意味をも持つようになり, 20世紀になると今度は, 筆者の世代には懐

かしい言葉である「電子計算機」のための用語となった．そのもともとの動詞 compute は古フランス語の動詞 computer「計算する」を借入したものなのだが，それはまさにラテン語 computare（「集めて〔con〕＋考察する〔putare〕」＝「計算する」）が変化した形である．

英語においては compute という動詞は現在も使われているから，それの行為者名詞たる computer はすっきりと現在の意味「compute するもの」におさまり，ラテン語との関係も明瞭に見えたままである．面白いことに，その言葉を英語に貸したフランス語では古い時代の computer という動詞はもう存在せず，conter あるいは compter と縮まってしまい，そこから機械を表す名詞を作ることはなかった．だから，フランス人が computer という語を用いるとそれは英語からの借用となる．本当はフランス人は英語から言葉を借りるなどということは大嫌いのはずで，フランス語にはコンピューターのためにはほかに ordinateur という語も作られている．実際の用例で両者のうちどちらが多用されるのかは筆者は調べていない．

近ごろ頻繁に話題になる語にコンピューターウイルスがある．ウイルスとは動植物の細胞に入りこむ特殊な生命体で病原菌と同じ働きをなすものであるから，この言葉は病理学から広まったものであるが，コンピューターに対して破壊的活動をせしめるプログラムを指す言葉としても定着してしまった．かつてはビールス，ヴィールスのごときカタカナ表記もあったのであるが，現在はウイルス，あるいはウィルスが定着している．

これもラテン語の「毒」を指す単語 virus から来ている．発音はウィールスである．英語の綴りはラテン語と同じで，

発音は「ヴァイラス」である．この語の場合，日本語の表記が英語式にならずラテン語によく似かよっていることが面白い．

この日本語表記に関しては，京都大学医学部のウイルス研究所の開設にあたって，病理学用語としての virus の日本語表記の決定に，ラテン語の大家であられた故泉井久之助博士（当時京都大学文学部言語学科教授）の意見が採り入れられたからであると聞いた覚えがある．

ところで，まことに些末な疑問なのであるが，世界でも第一線の研究をされているその研究所の正式な名称は「ウイルス研究所」なのであろうか，「ウィルス研究所」なのであろうか．当研究所のホームページを見ると両方の表記がある．ラテン語を教えるさいに常に発音にうるさく注意する筆者はそれが気になり，電子メイルで質問を送ってみたことがある．しかし，こんな文科的な疑問に関心を抱く医学者はおられぬのか，返事はなかった．

いずれにしても，最先端の科学的事象に新たなる名称が必要とされたとき，その元となる言葉の貯蔵庫はラテン語なのである．

英語とラテン語を仲介するフランス語

英語のなかのラテン語の例をいくつか書いたので，ここで英語とラテン語の関係を簡単に述べておくのがよかろう．英語はラテン語の子孫ではない．それなのに，ラテン語の単語をいろいろな形で取り入れている．

その取り入れ方の第一は，フランス語を介してのものである．

English「英語」は「アングル族の言葉」という意味である．

アングル族とはゲルマン民族の一部族で,サクソン族とともに5世紀以来大陸からブリテン島に大挙して渡り,その中心部を占領してしまったので,その部分はアングル族の土地,(Engla-land, 後に縮まって England)と呼ばれるようになった.

さて,そのイングランドは11世紀中ころにフランス語を話すノルマン人に征服されたので,それまでの居住者であり原英語の話し手であったアングロ・サクソン人は,それから数百年の間フランス語を否応なく取り入れざるをえなかった.実にたくさんのフランス語,つまりラテン語の子孫が英語に入り,本来の英語の単語と共存する結果となった.これが現在の英語の特色のひとつである語彙の多彩さの,悪く言うと乱雑さの,原因のひとつである.

多彩さの一例を挙げると,英語で生きた豚は pig,豚の肉は pork と別々の単語で言うのだが,これは豚の飼育と料理をする階級の人々は彼らの元来の言葉である英語を用い,それを賞味する階級の人はフランス語を用いたからである.ox「牛」と beef「牛肉」の二重性もここに由来する.生体と肉とを区別する二重性はフランス語にはなく,豚も豚肉も porc, 牛, 牛肉は bœuf である.雄牛,雌牛のごとく詳しく言う場合は別の単語もあるが.ともかくそんなふうにして,英語にはラテン語系の単語が多数入った.それらの多くはフランス語化する段階でかなり形を変えているし,また英語化されてからも長く時間が経ってアクセント位置もゲルマン語ふうに変化しているから,「よそ者」的な印象は薄くなり,ゲルマン語系の単語との相違は目立たなくなっている.

借用語としてのラテン語

取り入れ方の第二は学者の手による借用語で,ルネッサン

スのころからラテン語が直接英語に取り入れられることが多くなった．それは英語単独の現象ではなく，ヨーロッパの多くの国で並行的に起こった現象であるが．そのようにして取り入れられた単語は元来の形の特徴を保っていかにもラテン語的である．そして，同じ語源のふたつの単語が意味の多少の相違点を保って共存する結果となる．一例を挙げると，sure「確かな」と secure「確実な」である．これらはともにラテン語 securus「危なげのない」から来ているが，前者はフランス語経由，後者は直接の取り入れの結果である．

同様な例として，chamber「部屋」と camera「カメラ」，abridge「縮める」と abbreviate「短くする」，frail「か弱い」と fragile「壊れやすい」，royal「王の」と regal「王らしい」などがある．

後者のような，ラテン語からの直接の借用語は英語にはまことに数多く，そしてそれはますます増えていくのが現状である．そして，それらのいくつかは日本語にまで入ってくることになる．

(ⅱ) 文字の遺産

ローマ字とはラテン語の文字

ラテン語の遺産が日本にまで及んでいることを指摘するとき，その例のひとつとして日本語表記法のことを指摘しないわけにはいかない．

日本語は現在，漢字やかなだけではなく，いわゆるローマ字を使わなくては機能しなくなっている．日常生活に必要な単語がローマ字で表されるのが現状だからである．そのローマ字とは「ラテン語の文字」なのであり，正確にはラテンア

ルファベットと称されるべきものである.

 それにしても,日本語の表記法は世界のなかでも独特である.それは,世界の例外であると言ってもよいかもしれない.そこには,文字の数と種類の限界がない.「何でもあり」なのである.

 日本語は一応は,「漢字仮名まじり文」という形式で表記されることになっている.しかし,現代においては,漢字,ひらがな,カタカナだけでは日本語は完全には表記できない.JRがある.NTTがある.NHKがある.鉄道会社から,電話会社からその他の会社から,その名称がアルファベットを用いなくては表現できない場合が多数できているからである.商品名としてギリシア文字を使った例だってすでにある.今にロシア文字やハングル(これは文字の名称であって,韓国朝鮮語の名称ではない)も出てくるであろう.このように,起源がバラバラな文字を一緒に用いる言語は世界にはほかにない.

 日本人は,漢字は中国人が作り出したものであること,ひらがな・カタカナはそれから日本人が作り出したものであることを知っている.だが,ローマ字の起源について知っている人は多いとは言えない.自国語を表記するのにローマ字もなくてはならぬものであるとするのならば,そのローマ字,正確にはラテンアルファベット,についてもっと正確な知識を持つべきであろう.

 ローマ人は,自分の言葉を文字で書きはじめた最初からこのアルファベットを用いていた.当たり前だなどと考えてはいけない.彼らは一種の幸運を得ていたのである.日本人にはそのような幸運はなかった.無文字言語人であった日本人(ローマ人も最初は同じである)が中国という先進文化国家か

ら文字を受け入れたのは必然的な成り行きであるが、その文字は日本語には大いに不適当なものであった。だから日本人はそこから漢字よりは日本語に適切な仮名を作り出して必要性に応えたのである。はたしてそれが最良の結果であったのかどうかは、疑問の余地ありであるが。

自国語に不適な文字を受け入れて、それを使いやすく改良する類似の行為はアルファベットの歴史のなかにも存在する。しかし、それをなしたのはローマ人ではなくギリシア人で、ローマ人はその成果を丸々享受しつつ、後世にそれを伝えたのであった。

ラテンアルファベットの前史

ラテンアルファベットの元は、ギリシア人の文字である。そのギリシア人も最初は無文字であり、自らの言語を書き表そうとしたときの最初の努力は、由来のよくわからぬ音節文字を用いることであった。音節文字とは、日本語のひらがな、カタカナのような、子音（たとえばk）と母音（たとえばa）を組み合わせて1文字（この場合なら「か」、「カ」）で表す文字の種類である。

ギリシア人が最初に用いた音節文字は線文字Bと呼ばれている。この文字で書かれた文書は紀元前1400年ころのギリシアの遺跡から見つかったもので、1952年にイギリス人のヴェントリス、チャドウィックの2学者によってギリシア語であると解読された。しかしこの文字体系でギリシア語を書き表すことには、ちょうどカタカナで英語を書く場合と同様の不具合があり、それはいつのまにか廃棄された。

その後ギリシア人は、現在のレバノンの地方に住んで地中海の広い地域で交易活動をしていたセム系の民族であるフェ

ニキア人が用いていた文字体系を採用した，これは1音1文字式の文字であり，今のアルファベットの母胎である．しかし，これもギリシア人にとっては便利とは言いかねるものであった．

　なぜか．それは，フェニキア文字には母音を表す文字がなかったからである，言語に母音がないのでは，もちろんない．母音のための文字がなくとも，その性格上明快に理解できるのが，フェニキア語であったからである．独立した母音記号を持たず単に補助記号でそれを表す文字体系は，フェニキア語と同系のセム語族である現代のアラビア語，ヘブライ語に関しても同じである．

　いっぽうギリシア語は，母音の厳密な表記がなければ意味の正確な表現はできない言語である．そこでギリシア人が行ったことは，自分たち独自の母音記号を作り出すことであった．とは言っても，無からそれを創造したのではなく，フェニキア語にすでに存在していたがギリシア語には不必要であった文字を母音として用いることにしたのである．

　一例が「あ」の音を表すアルファαで，これはもともとは子音のための文字である．どのような子音かというと，これが日本語にも存在しない「声門閉鎖音」と呼ばれる音で，同じ母音，たとえば「あ」を連続して発音したときにその中間に形成される，日本人にとっては音としては意識されないから聞こえない音である．その文字の名称は雄牛を意味する「アレフ」で，これがギリシア語ではアルファと変わった（この「アレフ」が日本では悪名高い新興宗教の名称となってしまったのはまことに不幸な成り行きであった）．ギリシア人は，自分たちの言語には不必要だったこのαを使って「あ」の音を表すことにしたのである．その他の母音に関しても事情は

同じである.

こんなふうにして,ギリシア文字は真正のアルファベットとなった.アルファベットとは,要するにこのように子音と母音とを個別的に表す文字体系のことである.だからギリシア文字,ラテン文字以外のアルファベットも存在することになる.

ギリシア文明が存在していたがゆえに自国語の表記に関しては最初から苦労することがなかったのは,ローマ人にとっては幸運であった.

それゆえ,アルファベットの完成という偉業はギリシア人に帰せしめるべきであるが,しかしそれが今日あるように世界中で使われうる便利な道具となりえたのは,ローマ人の功績である.

ともかくギリシアアルファベットはローマ人に採用されることで,その後も長くヨーロッパの諸民族によって学ばれ,結果として現代世界において最も有用な文字体系として使用されているのである.

UとVは同じ文字,Jはなかった

ただし,ローマ人の用いた文字が現代人の文字とまったく同じであるのではない.実は当時のラテンアルファベットには少し不都合な点もあった.それは,uとiの文字にかかわる問題である.

現在,uとvは別文字であるが,ローマ時代には同じ文字で,形の違いは書体の差でしかなかった.それでいて,この文字は2種の音を表していた.母音の[u]と子音の[w]である.前者は「う」であり,後者は「わ」,woman, wet等の語頭音のことである.uとvとは,その下部がとんがっ

ているか丸いかは関係なく，子音の前では必ず母音であるのだが，母音の前では子音なのか母音なのか，一定の知識なくしては区別できない．uox「声」では子音だが，duo「2」なら母音であるというふうに覚えなければならない．そして両者とも vox, dvo と書いても同じことである．この点の不便さはローマ人自身が認識していたもので，母音と子音を書き分ける工夫が提起されたこともあったが流通には至らなかった．中世の文人もやはりローマ人と同様の書き方に従っていた．

両者を別の文字として定義し，v を子音に，u を母音に割り当てる決まりが定着したのは，ラテン語が話されなくなって何百年も経った10世紀以後で，その採用の時期は言語ごとに異なる．

しかし，元来は [w] の音を表すための v が [v] のための文字となってしまったので，改めてそれを重ねた文字 w が作り出された．英語でこの文字の名称をダブリュー「二重の u」と称するのはこの間の事情による．ちなみに，フランス語では，「二重の v」という言い方をする．

また，ラテン語には j という文字はなかった．これは中世における発明である．ラテン語の i は，母音の [i] と子音の [j]（や，ゆ，よ，yacht, yet の子音）の両方を表していた．u, v の場合と同様，その前後の音で読み分けられたのである．is「彼」なら当然イスであるが，英語 joke の語源である iocum ならヨクムと発音する．しかし，senior（英語 senior の語源）はセニオルである．

i の下方を伸ばして曲げる形で子音のための新たな文字 j が作られたのは，なんと15世紀である．

現在 j の文字は「じゃ，じゅ，じょ」の音を表す場合が多

いのだが，そのように変化した経緯についてはもはやラテン語学の範囲ではないので，ここでは触れない．

なお，本書においてはjの文字は使わないが，母音にはu，子音にはvを用いる一般的な慣習を採用する．

(ⅲ) エトルリア文化の存在

エトルリア人の隠れた功績

さて，アルファベットを世界中に広める役目を果たしたのがローマ人であったとはいえ，そこには縁の下の力持ち的な役割をつとめた別民族が存在した．それは，エトルリア人である．この，さまざまな謎をはらんだ民族エトルリア人についても少し述べておきたい．

イタリアの首都ローマ市を流れるテベレ河を境として，その北側からアルノー河（フィレンツェ市を流れる河）に至る広い地域に前9世紀ころその存在を示しはじめ，前7世紀ころから前4世紀ころまで繁栄していた民族がエトルリア人である．ただし，彼らは統一王国を形成していたのではなく，文化的共通性を基盤とした連合を形成していた都市国家であった．

彼らがローマ人よりも早くギリシア文化と接触して自身も高度な文化生活を営み，また交易を盛んにして地中海一帯に勢力範囲を拡げていたことは考古学資料とギリシア人の文献からよく見て取れる．ローマ人の伝承では，ローマ人は前7世紀終わりから前6世紀終わりまではエトルリア人の王の支配下にあった．そしてついに最後の王を追放し，共和制を樹立したことになっているのである．

ローマ人がエトルリア文化から多くのものを摂取したこと

は確かで，文字もその貴重な遺産のひとつであった．そもそもローマという地名にしてからが，エトルリア語の「川」rumon から来ているらしい．もちろんローマ人は，それは初代の王ロムルスから来ているとの伝承を作ってはいるのだが．

エトルリアというのは彼らの勢力範囲全体を表す名称で，その民族についてはローマ人はトゥスキーとも呼んでいた．現在フィレンツェ市を含む一帯をトスカナ地方と呼ぶのは，要するに「エトルリア人の土地」という名称が残ったものなのである．筆者は信用していないが，このトスカナ地方のイタリア語の発音の訛りはエトルリア語の音韻特徴を受け継いだせいだという説さえある．

エトルリアという謎

このエトルリア人がわれわれに謎を提供するのは，彼らが高度な文明を誇っていたことは確かであるのに，その遺跡，遺物の数が限られていること，彼らの言語が，文明自体がラテン語に及ぼした影響を考えると不自然に思えるほどわずかしかその資料を残していないこと，そしてなによりもその資料から判断される彼らの言語が，周囲のどの言語とも完全に異なっていることである．

明らかにエトルリア人は周囲のどの民族とも異なった出自を持っていた．彼らの文明の独自性は，前5世紀のギリシアの歴史家ヘロドトスによって言及されているように，すでに古代において関心を呼ぶ事柄であった．しかしその民族系統は現在も明らかになっていないし，これからも明らかにはなりそうもない．当面の研究者の結論は，エトルリア人の民族系統が何であったとしても，要するに彼らを独自たらしめて

いる文明が誕生し,発展し,最後に消滅していった土地はイタリア半島中部のエトルリアなのであり,そのような見地からすべてが考察されねばならない,ということのようである.これは,古代の一作家が書いている「エトルリア人は,ヘロドトスが言ったような小アジアのリュディアからの移住者ではない.彼らはエトルリア土着の民だ」という説に限りなく近い.

エトルリア語の解読作業はかなり進んでいる.しかし,それがどのような系統の言語であるかはまったくわかっていない.なによりも,その資料の少なさが決定的なネックとなる.エトルリア語文字資料は,ラテン語のそれよりも早く前7世紀には現れているのに,少しでも長い文が書かれた(あるいは彫られた)資料は非常に乏しい.詩,戯曲のごとき文学の類は断片ひとつ残されていない.

彼らが文書を作らなかったとは考えられない.考古学的遺物から見て,文字が彼らにとって非常に重要な意味を持っていたことがわかるから,ある学者は,彼らを「文字の民」と呼んでいるほどである.そしてその文字を彼らはローマ人に伝えた.そもそも,英語 letter の語源である littera「文字」すら,ローマ人はギリシア語 diphthera「(書字術のための)皮革」をエトルリア語を介して取り入れたのだと考えられているのである.それなのに,エトルリア人の文書は残っていない.

ローマ人はエトルリアに一時支配され,文化的に多くの影響を蒙りながらしかしラテン語を捨てることなく,あるときエトルリアの支配者を追放して独立を勝ち取った.それのみならず,彼らはエトルリア文化に属するもの(遺物,言語)を,必ずや意識的に,破壊し尽くしたのである.エトルリア

人は自身の文化を捨て，言語を忘れ果て，前1世紀にはローマ人に吸収された．ただ，エトルリア人の家系であると自覚する人，知られている人はいた．

現在，文化事業へ企業がする後援活動を日本でもメセナと言うのだが，これはフランス語 mécénat であり，そのそもそもの由来は，ホラティウスをはじめとする詩人たちのパトロンであったことで後世にまで名を残した前1世紀の大富豪マエケナスの名前から来ている．そのマエケナスはエトルリア人である．

今も残るエトルリアの影響

ともかくも，ラテンアルファベットはエトルリア人を仲介者としてもたらされたがゆえに，ギリシア文字とは異なった特徴を持つこととなった．その証拠をふたつ書いておきたい．

その最も顕著な印は，アルファベットの3番目の文字（ギリシア語ならガンマγ，ラテン語ならC）が有声音［g］ではなく，無声音［k］を表すことで，これはエトルリア語が有声破裂音（g, d, b）を持たなかったせいである．ローマ人は，エトルリア人の慣習のままにその3番目の文字を無声音として受け取ってしまった．ギリシア語で［k］を表した文字カッパκも消えはしなかったから，ラテン語では同じ音のために両方の文字が存在することとなった．英語で［k］の音のための文字にKとCのふたつがある遠因はそこにある．

ところで，ラテン語には［g］の音があった．だからローマ人は自前でそれのための文字を作る必要に迫られて，Gの文字が新たに作られる結果となった．これは要するにCのちょっとした変型である．

また，Fの文字が英語で現在の音価［f］（ラテン語も同

様）を表すのも，エトルリア語が仲介したせいである．ギリシア語には [f] の音（fashion, fit の音．日本語のフとは異なる）はなく，F の祖先であった文字はそこでは [w] の音のためのものであった．ところが，ギリシア語ではその後 [w] の音が消えてしまった．[w] の消失は，日本語でも起こったことだ．わ行の発音が「わいうえお」であるのは，アの前に来てワと発音される以外には [w] が消えたということである．ギリシア語では [w] が完全に消えたから，その後，F の文字は不要な余り文字となっていた．それでエトルリア人はその文字を [f] のために用いることにし，ローマ人もそれに倣い，結局その習慣が世界中に広がったのである．

3　ラテン語の影響力

なぜラテン語か

ところで，ラテン語が今まで述べたように現代社会に対して影響力を持つようになった理由は何であったのかを，ここで確認しておきたいと思う．

もちろんそこには，ローマ帝国という巨大な存在があった．つまり，言語とは無関係な政治的軍事的理由があってラテン語が広い地域に広まったのである．これは，英語が現在のように世界に広まった理由と同じことである．世界の他の言語と比較して，英語が言語的な性格の優秀さのせいで世界の共通語にまでのし上がったとはとても言えない．要するにまず17世紀以来のイギリスの帝国主義的拡大というものがあり，さらに20世紀におけるアメリカの軍事，政治，経済，工学における優位性があって，そしてその世紀の最後のときになってインターネットが世界中に急速に普及したことも相まっ

て，英語が現在のような地位を揺るぎないものとしたのである．

ラテン語の場合も，未曾有の大帝国をローマ人が築き，それがある程度持続したこと，それは無視されるべきではない．驚くべき優秀な文化を誇ったギリシア人の言語は，現在もその子孫が話されているが，それはほぼギリシア国内に限られる．古代ギリシア人が持続的な帝国を築き損なった（アレクサンドロス大王の大帝国は彼の死後すぐに分裂した）ことが確かにその大きな原因のひとつであった．

ローマ帝国の存在以外では，カトリック教会の意味も実に大きい．4世紀以降，ゲルマン人諸部族などが侵入した結果ローマ帝国の統治機構が解体し，ラテン語の教育機関の多くは消滅した．しかし政治的軍事的にローマ世界を支配したゲルマン人は，ラテン語を教典の言語として採用していたカトリック教に次第に帰依する結果となり，彼らの文化程度が低かったせいもあるが，宗教・教育のための言語としては諸地域を越えてラテン語を受け入れたのである．それがラテン語を存続せしめるのに大きな力となった．

言語が広まり，かつ持続的に使用されるその根拠としてローマ帝国，カトリック教会というふたつのインフラストラクチャを考えること，これは正しい．しかし，それだけであったと考えるなら，大きな誤りを犯すことになるだろう．

ラテン語は，それのみで世界の共通語となる資格を，他のどんな言語よりも，少なくとも筆者の知っているどんな言語よりも，よく備えていたのである．これが，ラテン語が現代社会に対して影響力を持つようになった一番の理由である．

このようなことを述べるのには少し勇気が要る．言語学の常識では，言語に優劣はないことになっているから．また，

西洋の人間で，学校時代にラテン語で苦しめられたと考える人は多いし，その人々からも反論がくる可能性は大いにある．しかし，ラテン語をよく知る人は同意してくれるであろう．

もしもラテン語がなかったら

「歴史上の if」という命題がある．「もしあのとき～でなかったとしたら，現代はどうなっていたか」という問いかけである．

もしラテン語がなかったとしたら，現代はどうなっていたのだろうか．突飛な疑問であるが，これは絶対にありえなかったことではない．なぜなら，第2次ポエニ戦争（前218～前202）と呼ばれる戦争において，ローマは一時甚大なる被害を蒙っているのであるから．

イタリア半島中部の小さな街から徐々に勢力を伸張させていったローマは，前3世紀にイタリア半島のほぼ全体を支配することになったが，そうなると必然的に地中海世界の支配をめぐって海外の勢力と衝突することになる．そのひとつがカルタゴとの戦争，通称ポエニ戦争である．カルタゴとは，北アフリカの現在のチュニジアの首都チュニスの近くにあった街で，元は現在のレバノンのあたりに住んでいたセム系の民族が，そこを拠点として主に地中海の西部に強力な勢力を築いていた．ポエニとはカルタゴ人の別称である．

ローマとカルタゴとの戦争は3度繰り返された．最初（前264～前242）は両者の勢力範囲を確定するためのもので，結果としてシシリー島がローマの手に入ったが，お互いの本土への影響はなかった．最後の第3次戦争（前149～前146）は，すでに一地方都市にすぎなくなっていたカルタゴの息の根を止めようとした無益で野蛮な試みで，ローマ軍は街を破壊し

尽くし,男をすべて殺して女子供は奴隷とした.

第2次の戦争は,相拮抗する大軍事勢力がお互いを滅ぼそうとした総力戦であった.そのとき,カルタゴの名将ハンニバル(前247〜前183)に率いられた4万人の精鋭は,はるばるアフリカからイベリア半島へ運ばれた象を率いてピレネー山脈を越え,苦労の末にさらにアルプスをも越えてイタリア半島に攻めこんだ.ローマ人は未知の巨大獣を従えた軍勢の到来に腰を抜かした.ローマ軍はイタリア各地で連戦連敗で,前216年のカンナエの戦いでは総大将が戦死するようなこともあり,ついには正面衝突は回避して一種のゲリラ戦に出るほかはなくなっていたのである.このような短期決戦を避ける戦法は,それを選択し指導したローマ側の将軍ファビウスに因んで「ファビウス式戦略」と名付けられた.その言い回しは長く残り,19世紀終わりのイギリスで,暴力革命によらぬ漸進的社会主義化を目指して結成され,イギリス労働党の政策に大きな影響を与えたフェビアン協会の名称はこのファビウスに由来する.

ハンニバルの軍勢は,彼が前203年にカルタゴに召還されるまで14年間もイタリア半島に居座っていた.この間のローマ側の人的損害は多大なもので,「イタリア南東部全体としては,前6世紀に到達した人口の稠密と繁栄の頂点にふたたび近づいたのは,ようやく第2次世界大戦後になってからであった」という説すらある(トインビー『ハンニバルの遺産』).

結局,前202年カルタゴ近郊のザマの戦いで,スキピオ・アフリカヌスに率いられた部隊が劣勢にもかかわらずハンニバル軍を破り,ローマの勝利を確実にするのではあるが,この場合の歴史上のifとは,「もしこの戦争でローマが全面敗

北を蒙っていたならラテン語はどうなったか」である.

　前3世紀終わりにローマがカルタゴの植民地になっていたなら,つまり,セム系の言語を話すカルタゴ人にローマ人が服属することになったら,ラテン語の歴史はかなり変わっていたに違いない.ラテン語で書かれた文学がはじめて生まれてから,まだ40年しか経っていなかった時代である.ラテン語はオスク語やウンブリア語(これらについては,第2章3節「ラテン語とローマ」を参照)に対する絶対的優越性をまだ確立しておらず,ギリシア語の威信は少しも衰えてはいなかった.

　しかし,ラテン語が消え去ることはなかったであろう.たとえローマが敗北したとしても,イタリア半島がセム系の言語の地域になっていたとは考えられない.カルタゴ人は地中海各地に拠点を築いていたが,カルタゴ語(英語ではPunicという)のまとまった文学的文献はどこにも残してはいないからである.ただし,ローマが敗北してしまえばラテン語はただの地方語として残っただけで,キケロやウェルギリウスの作品を生み出す社会的かつ言語的土壌は用意できなかった可能性は大いにある.そうなると,われわれの目に触れうるラテン語は大きく異なったものとなっているはずである.よかった点を無理に想像するなら,オスク語,ウンブリア語,エトルリア語などの言語資料がもっと多量に残されて,比較言語学の研究には役立ったかもしれないとは言えるが.

　筆者は,ローマ帝国が存在しなかった場合の現代の世界地図を想像してもそれほどの感慨は持たない.20世紀にアジア大陸の東端に生まれた人間としてはそれは当然だろう.しかし,ラテン語が生き延び,現在ある形で存続したことに関しては,幸福感を感じる.これは,人種,宗教,母語を問わ

ず，ラテン語をよく知るものにとって共通の感慨であろうと筆者は想像している．

II 世界のなかのラテン語

 さて,ラテン語についてさらに述べる前に,それが他の諸言語とどのような関係を保つものであるのかを簡単に見ておくことが必要であろう.また,何度も言及したギリシア語や,サンスクリットあるいは英語とどのような関係を持っているかということも.いずれにしてもラテン語は死語であり,その死語がなぜわれわれにとって重要であるのかを述べるためには言語の歴史的体系性について知ることも不可欠だからである.

1 言語の系統

言語の数をどう数えるか

 言語の歴史的体系性というが,ところで,世界にはいったいいくつの数の言語が話されているのであろうか.

 この問いには,3000という答えがある.5000と言われることもある.答えは一定しない.答えの数が一定しないのは,言語の数の数え方には一定の原理などは存在しないからである.

 そもそも日本ではいくつの言語が話されているのかを考えてみればよい.大方の人はまず,「それはひとつに決まっている」と考えるだろう.ところが,少し考えて,「アイヌ語があるからふたつではないか」と言う人も出てくるかもしれない.それに対して,「アイヌ語は現在話されてはいない.

それより，朝鮮語を話す人はいるのだから，こちらを含めるべきだ」と言う人もいるだろう．「琉球語を忘れては困る．これは今でも話されている．朝鮮語は外国語で，それを含めるなら英語だって候補になりうる」という主張もありうる．すると，「琉球語などない，あれは沖縄弁だ．そんなことを言ったら，大阪弁も青森弁も別言語になる」という反論も出そうだ．

この問題には，科学的見地以外にも政治的発言が絡むのが常であるから決着はつけにくいのだが，ひとつだけはっきりしていることは，アイヌ語，朝鮮語，英語は日本語とは別の言語であることである．問題は琉球語で，これが本土の日本語と深い共通点を持つことは確かである．それを単に沖縄弁と呼んでしまえば，東北弁や鹿児島弁と並列される日本語諸方言のひとつになる．琉球語と呼べば，日本語と並列される独立した姉妹言語となる．

現代の言語学界での定説は後者であり，琉球語は本土日本語とかつては共通の祖先を持っていたのだが，歴史上のある時期に分離し，別言語として発展したものとされる．別の言語のたとえで言えば，琉球語と本土日本語との関係は，ラテン語という共通の祖先を持つイタリア語とスペイン語の関係と同種である．その琉球語も単一の存在ではなく，三つ，あるいは五つの異なった言語にさらに分化しているという考えすらある．

琉球語は，現在も生活言語として立派に命脈を保っている．しかし，若い世代の人でそれを積極的に用いる人は稀であるという報告もある．つまり，ある程度時間が経てば，それを話す人がいなくなるという可能性はないわけではない．言語を話す人がいなくなるとは，言語が死ぬことである．

言語は死ぬ．今，世界には話者を急速に失って，その死を迎えつつある弱小言語が多数ある．日本だって，その現象とは無関係ではない．北海道の先住民族の言語，アイヌ語は，その知識を持つ人，教える人，習う人はいるのだが，それを生活言語として日常的に使う共同体（それが1組の夫婦のごとき最小単位でも構わないのだが）がどこに残っているのであろうか．琉球語の場合，それが生活言語として代々受け継がれていくことを保証する何があるのだろうか．

言語の生と死

人間と同じように言語も生まれ，成長し，姿かたちを変える．ときに言語は死ぬのである．

人間の誕生は喜ばしき瞬間で，人はその場に立ち会うことができる．言語の場合には，人間とは異なりその誕生の瞬間に立ち会うことは不可能だ．なぜならひとつの言語が生まれて成長し，独自の振る舞いを否応なく人に見せつけるようになるまでは，誰も新しい言語があるなどとは気がつかないからである．

言語が変化していく過程なら，これはわれわれが日々経験していることである．今まで知らなかった単語が急に使われだしたり，常識のはずの単語が若い人には通じなくなったりするのもその例なら，多くの日本人には『源氏物語』が外国語のように難しく感じられるのもその変化の実例である．ときに話題となる若い人の言葉の乱れとは，要するに言語変化のことなのである．

言語の死ぬ瞬間，これには誕生の場合とは違って立ち会うことも可能と言える．ブリテン島とアイルランド島との間の海に浮かぶ小さな島，マン島では，ケルト語系統のマン島語

が話されていたのであるが，20世紀後半にそれを母語とする人の数が激減したことが注目されていた．そして，その最後の話し手が1974年に亡くなったことは確実に記録された．その人とともにマン島語は，少なくとも日常語としては，死んだことになる．あとは，残された資料を元に学者や好事家がそれを読んだり話したりする練習をするのみである．現在，マン島語は「学ばれて」話されてはいる．

このように言語は死ぬ．しかし，ちょうど人間が子孫を残すように，言語もそれ自体は死んでも子孫を残すことがある．ある場合にはいつかその子孫も死に絶えるが，別の場合には大繁栄して世界中にその足跡を残す．だから，一時アメリカではやった祖先捜しゲームのように，今ある言語からその祖先を探り出すこともできることになる．いったん祖先を探り出したなら，後に残る作業は一族の完全な家系図の作成である．そしてその後は，家系図の項目ひとつひとつについての消息をできるだけ詳細に記録することである．

さて，このような系統図作りの作業を，日本語について始めたならどうなるか．日本語は，ある意味で幸福，ある意味で不幸であると言える．幸福というのは，現在話されている日本語の祖先として1200年以上前の資料（『万葉集』のような奈良時代の言語）までは容易に知られうるのであり，しかも高校生程度の人であればかなり理解可能だからである．

世界の国々で，高校の教科書に1200年前の文学作品をそのまま，表記法を変えただけ（本来の万葉仮名を漢字仮名混じり文にして読むのが近代人の慣習だから）で載せているところはあまりないだろう．たとえばアメリカ，イギリスである．英語の最古の資料は日本なら奈良時代であった時代から現れる．ところが，Old English と称される奈良時代と同時期の

英語は，現代の平均的英語話者にはまったくの外国語と同じである．イギリス人であれアメリカ人であれ専門家でなければ，たとえ小説家のように文筆活動をしている人であっても，『ベオウルフ』のような8世紀に成立したと考えられている叙事詩は読解不可能である．それを読もうと思うなら，外国語を習う覚悟で取り組まねばなるまい．フランス語なら，英語の場合よりはまだましかもしれない．フランス語最古の文学である叙事詩『ローランの歌』（12世紀の成立）は，普通の教養あるフランス人なら大まかには理解可能であるはずだ．

さて，「日本語が不幸」というのは，確実な血縁関係のある親戚と呼びうる言語の数がごく少数（先ほど触れた琉球語がそれにあたる）であることと，それ以前の共通祖先像がまことに曖昧で，それ以上に古く長い家系図の作りようのないことである．明治以来日本語の系統に関する論議は思い出されたように表面に出てきたが，学問としての日本語系統論は現在は完全な停滞状態にある．一時もてはやされた南インドの一言語群との関連も，マスコミにおけるかつての華やかさとは別に，専門家の間では一顧だにされていない．

旧家の主たるラテン語

そのような意味で言うと，ラテン語は世界で一番長大でかつ詳細なる家系図を作りうる言語であると言える．2億5000万人の話者を持つスペイン語，1億4000万人の話者を持つポルトガル語，そのほかにフランス語，イタリア語，カタロニア語，ルーマニア語等々の言語が，歴史を2000年前までたどるとラテン語というローマ国家の言語に収斂するものであり，その後の歴史のなかで変化し，分裂し，影響を与えあい，多様化したその結果であること，つまりごく近い

親戚同士で,言語学では姉妹語(英語なら sister languages)と呼ぶものであることは歴然としている.しかもローマ時代のラテン語の資料は同時代に話されていた言語のなかでは例外的に多数,立派に残されているのである.

今一度家系の比喩を用いるなら,ラテン語とは優秀で活動的な子孫を世界中に派遣している大旧家の,その総本家屋敷の奥深くにひっそりと,しかし厳然と住まいしている年老いた大家母長である.子孫たちは,たとえ日常は祖先を意識することなく暮らしていようとも,ことあるごとに「偉大なるおばあさま」の存在を思い出し,彼女のお知恵を,さらにはその財産を拝借せざるをえない.そして,彼女を通して得た近隣諸言語との親戚づきあいも意識せざるをえないのである.

しかも,この不死なる老女の支配力は自分の子孫以外にも及んでいる.言い換えると,彼女の子孫でなくとも彼女の恩恵を受けることは可能である.

前章において英語にラテン語の影響が及んでいると書いた.すでに述べたように,英語はこの老女の子孫ではない.英語は,ラテン語にとってはせいぜい婿養子なのに離婚してしまった人間くらいの関係である.それなのに英語は,まるで実の息子でもあるかのように彼女の宝蔵に平気で出入りしてはそこの宝を持ち出して自分のために使っているのである.

このような長大な家系図を誇る言語は,実はラテン語だけではない.話者の数の上からだけならもっと誇りを持ってよい言語がアジアにある.それはサンスクリットである.日本では梵語という名前でも知られているこの言語は,古代のインドにおいて多くの宗教文献を生み出したのみならず,ラテン語と同様すでにそれを話す人がいなくなった現代においても文語としての地位を保っている.その歴史をたどると,最

II 世界のなかのラテン語

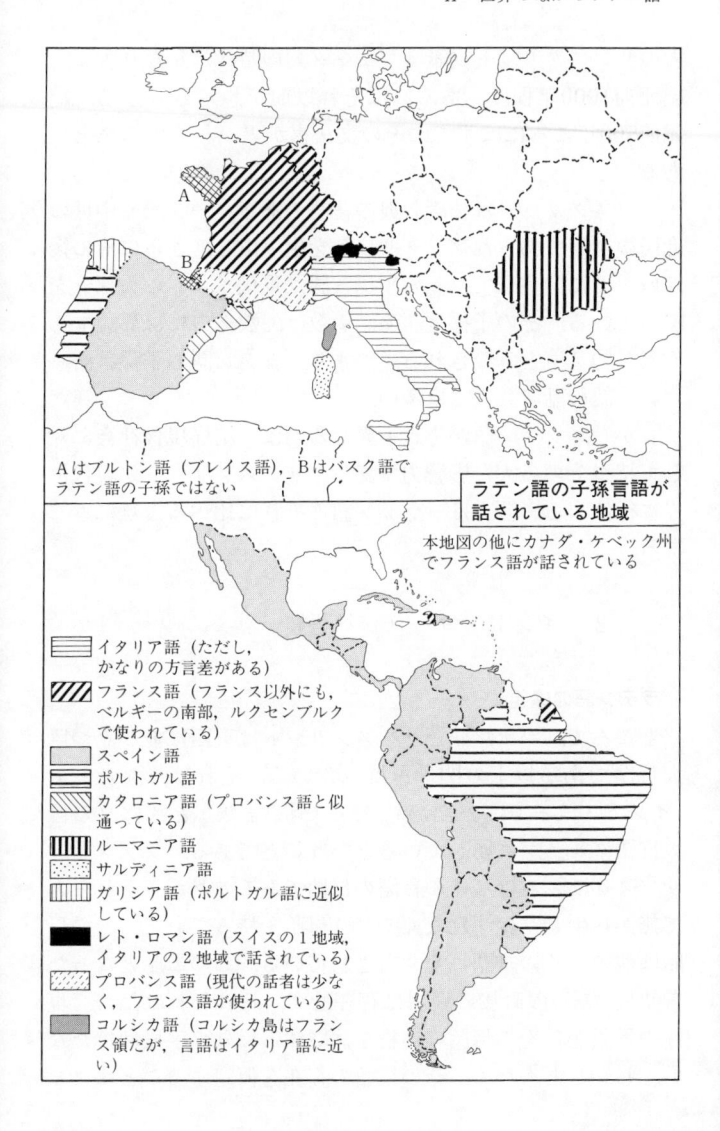

Aはブルトン語（ブレイス語），Bはバスク語でラテン語の子孫ではない

ラテン語の子孫言語が話されている地域

本地図の他にカナダ・ケベック州でフランス語が話されている

- ☰ イタリア語（ただし，かなりの方言差がある）
- ▨ フランス語（フランス以外にも，ベルギーの南部，ルクセンブルクで使われている）
- ░ スペイン語
- ▥ ポルトガル語
- ▨ カタロニア語（プロバンス語と似通っている）
- ▦ ルーマニア語
- ⸬ サルディニア語
- ▥ ガリシア語（ポルトガル語に近似している）
- ■ レト・ロマン語（スイスの１地域，イタリアの２地域で話されている）
- ▨ プロバンス語（現代の話者は少なく，フランス語が使われている）
- ▨ コルシカ語（コルシカ島はフランス領だが，言語はイタリア語に近い）

古のサンスクリット文献『ヴェーダ』の時代はかなり古く，紀元前1000年程度，あるいはそれ以前が想定されうる．紀元前500年ころにはすでにその文法書が書かれているほどである．

サンスクリットは仏教教典の言語であるパーリ語や中世の庶民の言語であったプラクリットを生み出し，さらにその後地域ごとに分化して，その子孫言語は現代インドの大部分を覆っている．その子孫言語の話者数は，数え方には異論もあろうが約7億とみなされる．つまり，ラテン語の子孫言語ロマンス語の話者数よりは多い．

しかし，ラテン語がそれと異なるのは，結局現代社会に対して持つその多大な影響力である．サンスクリットが現代世界に行使する影響力は，ラテン語のそれに比べると無に近くなる．

2　インド・ヨーロッパ語族

ラテン語の遠祖

ところで，ラテン語とサンスクリットは東西に並び立つ巨大言語である以上の関係を持っている．それは，両者とも「インド・ヨーロッパ語族」（略して印欧語族）と呼ばれる巨大言語グループに属しているということである．ラテン語，サンスクリットは多くの言語の母胎であるのだが，それらとて無から生じたはずはなくやはり母胎を持っていて，その母胎は他の多くの言語にも共有されている．この母胎となった言語（祖語）の直接の資料は存在せず，われわれはただ，現存の言語からその母胎の性格を演繹する以外の手段は持たない．しかしともかく，その祖語の存在を仮定することによっ

II 世界のなかのラテン語

```
インド・ヨーロッパ語族（印欧語族）
├─ サンスクリット ─┬─ パーリ語
│                  └─ プラクリット
├─ アヴェスタ語
├─ ヒッタイト語
├─ ギリシア語
├─ イタリック語派
│   ├─ オスク語
│   ├─ ウンブリア語
│   └─ ラテン語 ─ ロマンス諸語
│                 ├─ イタリア語
│                 ├─ フランス語
│                 ├─ スペイン語
│                 ├─ ポルトガル語
│                 ├─ カタロニア語
│                 ├─ ルーマニア語
│                 ├─ サルディニア語
│                 ├─ ガリシア語
│                 ├─ レト・ロマン語
│                 ├─ プロバンス語
│                 └─ コルシカ語
├─ ケルト語派
│   ├─ アイルランド語
│   ├─ ウェールズ語
│   └─ ブルトン語（ブレイス語）
├─ （ゲルマン祖語）
│   ├─ 英語
│   ├─ ドイツ語
│   ├─ オランダ語
│   ├─ スウェーデン語
│   ├─ ノルウェー語
│   ├─ デンマーク語
│   ├─ アイスランド語
│   └─ アフリカーンス語
└─ （スラブ祖語）
    ├─ ロシア語
    ├─ ポーランド語
    ├─ チェコ語
    ├─ セルボ・クロアチア語
    └─ ブルガリア語

セム語族

ウラル・アルタイ語族
```

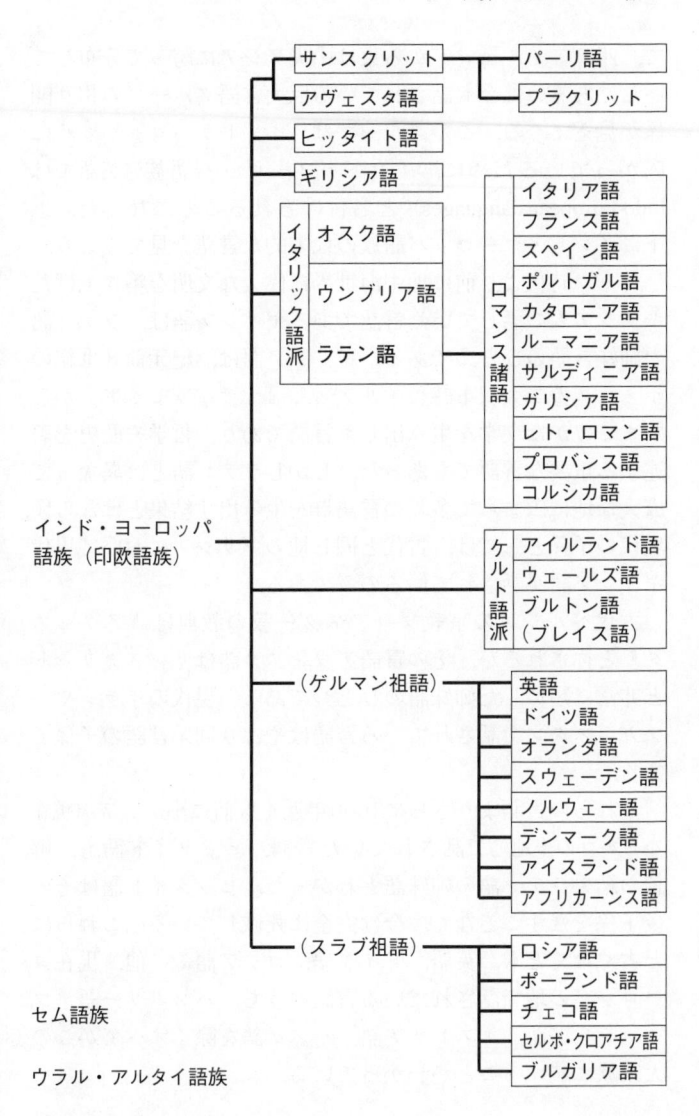

て,西はアイルランドから東は中央アジアに跨って分布していた,あるいは今も話されている巨大言語グループの相互関係が見えてくる.このグループは,インドからヨーロッパに広がっているために,インド・ヨーロッパ語族(英語ではIndo-European languages)と名付けられることになった.以下にインド・ヨーロッパ語族の代表的な言語を見てみよう.

ローマ時代より前に地中海世界に偉大な文明を築き上げたギリシア人の話していた言語であるギリシア語は,ラテン語の姉妹言語のひとつである.ギリシア語は,紀元前8世紀のホメロスの二大叙事詩『イリアス』,『オデュッセイア』から始まる豊かな文学を生み出した言語であり,哲学や歴史を著述する重要な言語でもあった.しかしラテン語とは異なって広大な地に広まって多くの言語群を生み出す結果とはならず,現代の子孫としては,古代と同じ地のギリシアにおいて現代ギリシア語が話されているのみである.

古代ペルシアの宗教ゾロアスター教の教典は『アヴェスタ』と称されるが,その言語アヴェスタ語はサンスクリットと非常に類似した姉妹語のひとつである.現代のイランやアフガニスタンで話されている言語はやはり同系言語の子孫である.

これらの言語よりさらに1000年近くも前に小アジア(現在のトルコの土地)で話されていた言語,ヒッタイト語も,解読の結果ラテン語の姉妹語とわかった.ヒッタイト語はその後子孫を残すことなく,今は完全に死滅している.これらほど古くなくとも,英語,ドイツ語,ロシア語その他,現在ヨーロッパの地で話されている言語のうち,ハンガリー語,フィンランド語,エストニア語,バスク語を除くすべてがこの大家族に属することがわかっている.

英語は印欧語のうちゲルマン語派と分類されるサブグループから分かれた言語である．ゲルマン語には英語のほかにドイツ語，オランダ語，スウェーデン語，ノルウェー語，デンマーク語，アイスランド語，南アフリカ共和国の公用語であるアフリカーンス語がある．

ラテン語がいかなる言語であるかを知るためには，同時にラテン語をその一部とする印欧語族についての知識を心得ておくことが大いに役立つ．

印欧語学

印欧語の母胎，つまりそれが各言語に分化する以前の最古の言語を話していたのはどのような民族で，いつの時代，どこに住んでいたのか，という疑問は大いに議論されている．この問題はまことに興味深いものではあるけれど，それへの回答となる定説は漠然としたものしか存在しない．印欧語族の祖先は死んで久しく，その姿形を直接示すものはもはや存在しないのである．またも家系の比喩で言うなら，印欧語族とは，誰も祖先を直接は知らず，お互い親戚づきあいもなかったのだけれども，共通の身体的特徴や同類の遺産のせいで血縁関係が後で証明された人々のようなものである．そこでその子孫たちは，見たこともないその祖先言語にとりあえずインド・ヨーロッパ祖語，略して印欧祖語という名前をつけ，そして世界中に散らばった子孫の特徴や遺産の共通点を洗い出しては，明確な祖先像を描こうと努力している．これが「印欧語学（英語では Indo-European Studies）」という学問の中身である．

ともかくも，紀元前3000年紀のころ，ヨーロッパを印欧語化する波が生じた．ヨーロッパの東寄り，南ロシアのあた

りか,あるいはもっと北か,ともかく,一定の明確な特徴を備えた言語を有する人間集団が分散して東西南北へ移動を開始したらしいのである.

彼らの故郷に海がなかったことはほぼ確実に推測できる.なぜなら,その子孫言語で海を表す単語はそれぞれがバラバラで,彼らが海に接したのは,つまり「海」を表す単語を使用しはじめたのは,いくつかのグループに分裂して各地方へ分散した後であろうと結論づけられるからである.しかし,「船」,「櫂」,「帆」を表す語は印欧祖語にあったようだから,大きな川や湖は知っていたのだろう.そこが,雪が降る気候であったことは,その単語が共有されていることからわかる.馬は飼い慣らしていなかったようだ.鉄は持っていた.

印欧語の内と外

祖語とは,つまりは誰も見たことも聞いたこともない祖先言語のことであるが,そのような祖先言語を基盤とした一族である言語群は,印欧語族の内部にも存在している.英語,ドイツ語,オランダ語,デンマーク語,スウェーデン語,ノルウェー語,アイスランド語は共通の祖先を持つとしか考えられないが,祖先である言語そのものの資料は発見されない.皆,歴史の闇のなかに消えていったのである.

4世紀に,聖書がギリシア語からゴート人の言語に翻訳されている.そこに書かれた言語はその祖語に近い古い形を確かに残してはいるが,ゴート語はあくまでも古い分家の一人であるにすぎず,共通の祖先そのものではない.共通の祖先はゲルマン祖語と称されることになるが,それこそがラテン語,ギリシア語,サンスクリットなどと対等の姉妹言語だったのであり,英語,ドイツ語などはその祖先を通じてゲルマ

ン語派というグループ名称を持つことになる．だからその語派に属するゲルマン諸語はロマンス諸語と少し遠い親戚，たとえで言うなら従姉妹同士という関係になる．

ロシア語，ポーランド語，チェコ語，セルボ・クロアチア語，ブルガリア語なども今は亡き同じ祖先から生じた姉妹語（スラブ語派）で，その祖先たる今は亡きスラブ祖語が印欧語族の姉妹の一人だった．

さて，印欧祖語がギリシア語，ラテン語，サンスクリット，ゲルマン祖語，スラブ祖語などを生み出した母胎だとして，ではその印欧祖語はどの言語から生み出されたのであろうか．言い換えるなら，印欧祖語の姉妹語はどこにあるのだろうか．残念ながら，この当然の疑問には明確な答えは出てきそうにない．それはあまりに古い時代における現象であり，確実な資料が存在しないからである．

印欧語をセム系の言語（アラブ語，ヘブライ語など）に結びつける説，ウラル系の言語（フィンランド語，ハンガリー語など）に結びつける説，アルタイ系の言語（トルコ語，モンゴル語など．朝鮮語，日本語もここに属するのかもしれない）に結びつける説等が過去にも現在にも存在するが，説得的とは考えられていない．つまり，そこまで時代が古くなると確実な結論は出しにくく，良心的な研究者はそれ以上の追求は控えてしまうのである．

3 ラテン語とローマ

ラテン語の前史

印欧語の祖語を話していた人々がどこに住んでいたかは，多分これからも決定できない問題であろう．

いずれにしても,その人々の分派がある時期にイタリア半島に入って来たのである.それは「イタリア半島の印欧語化」と呼ばれる出来事なのだが,それがいつであったかも論争点である.イタリア半島には新石器時代(前6000〜前2500年),金石併用時代,青銅器時代(前2000〜前900年)と連続して人が居住していた形跡がある.新石器時代にすでに印欧語族の移住はあったという説もあり,それは青銅器時代までなかったという説もある.

　これらの学説は,考古学的資料をなんとかして言語学の問題とリンクさせようとする努力で,それはそれで面白いものの,ともかく言語自体の資料がまだ出ていない時代のことであるから,ここではこの話題には立ち入らない.

　言語とは後天的に学ぶもので,遺伝的な特徴が決定する人種とは本来的な関係はない.言語は,ある程度は文化の特徴を反映する.印欧語族に関して言うと,共通して残されている単語群から太陽神を崇拝していたらしいことや父系性の慣習を持っていたらしいことが推測される.しかし,それをしゃべっていた人々の肉体的特徴についてはなにも言わない.

　20世紀前半のある時期には,印欧語の問題を考古学のみならず人類学にまで結びつけようとする人種主義的考え方があったが,現在そのような考えは支持されない.先ほど分派と書いたが,それは印欧祖語から分かれた言語を話していた人々の意味であって,印欧祖語の話し手の遺伝子上の子孫は必ずしも意味しない.考古学的遺跡とそこに住んでいた人々の言語との関係も,言語資料が出る前のことについては,重視はしないことにする.

　前700年ころになって,言語資料が出土しはじめる.つまり文字を扱う技術が伝わったということである.それで,そ

の当時にはイタリア半島の北の果てから南端に至るまで印欧語系の言語を話す人々が居住していたことがわかる．イタリアへの移住がその直前である資料はないから，それ以前少なくとも数百年はそこに居住していたであろうことは推測できる．もちろん，明らかに印欧語ではない言語の人々（前に触れたエトルリア人がその典型）もいたし，今の資料からはその所属が明らかにできない言語の人々もいた．

ただし，南イタリアに植民地を早くから築いていたギリシア人の言語を除いて，現存の言語資料はすべて碑文であり，当然短いものが多く，文学の類(たぐい)はひとつもない．

イタリック語派

そのなかで，ラテン語と明らかに強い親近関係を持つと見える言語がふたつあった．オスク語とウンブリア語である．両語とも，前3世紀ころに作られた碑文が一番長くて資料的価値があるが，ラテン語の方言とは呼べず，要するに英語とドイツ語の関係のごとき姉妹語である．この三つを合わせてイタリック語派と呼ぶのが慣例である．

ウンブリアは，現在でも州名として残されているイタリア中部の地名である．ウンブリア人は前4世紀以前にはローマと覇権を争うこともあったが徐々にローマの支配下に入り，ローマに文化的に同化して，前1世紀には完全に自分の言語を捨ててラテン語を用いるようになっている．喜劇作家プラウトゥス（前254ころ～前184ころ）はウンブリア人である．時代から見て，彼は元来はウンブリア語話者であったのにラテン語で著作したのであろう．

オスク語とはイタリア半島南部に広まっていた言語で，ローマ人は地名とか種族名としてではなく「オスク語を話す

人々」というふうに意識していた．ラテン文学の父と称されたエンニウス（前239～前169）はオスク語地域で生まれてギリシア語で教育を受けてラテン語で著作した人なので「私は三つの心を持つ」と言ったと伝えられている．このオスク語に関しては，その生命力はウンブリア語よりは長かったのかもしれない．というのも，79年のベスビオ火山の噴火で埋もれその後発掘が進む街，ポンペイの街壁にはオスク語の落書きがまだあったからである．

前にエトルリア語の消滅を書いたが，ローマの軍事的，政治的覇権がイタリア半島で確立するにつれて，ローマ人の言語は他の周辺言語も消滅させていったのであった．

なお，ラテン語，オスク語，ウンブリア語がひとつの共通の祖先を持つ言語群であることに異論が出されることはないのだが，だからといってその話し手が統一国家を形成していた時代があったことを意味するものではない．そのような証拠はまったく存在しない．また共通の祖先の話し手がどこに住んでいたのかといった類の資料も何ひとつ存在しない．言語学で言えることは，言語的事実のみである．

イタリック語派は，印欧祖語から受け継いだ政治，宗教用語を保っている語派で，語彙の点では古さを残していると言える．前に書いたラテン語の「王」rex が一例で，これはサンスクリットの rājā と同根である．インド料理店などにマハラージャというものがあるが，これは「大王」である．マハ「大」の部分はメジャーリーグと言うときの major の語源である maior と同根である．

ローマ市の始まり

さて，ラテン語の話し手であるローマ人の歴史である．

彼ら自身の伝承ではローマの建国は，現代人にわかりやすい数字で言うと前753年ということになる．なぜそんなに正確な数字が言えるかというと，歴史時代のローマ人は年代を「建国の年以来何年目に」という形式で述べているからである．

彼らは，自分たちの祖先はトロイア人で，トロイアがギリシア人に滅ぼされた後，生き残った人々が王族の一人アエネアスに導かれてイタリア半島に上陸し，定住したのであるという伝承を持っていた．アエネアスの子孫であるロムルスが初代王となって現在のローマ市に城壁を築いた年が前753年だったということである．

実際は，ラティウムにすでに何百年も前から存在していたいくつかの集落から，財産も将来のあてもない若者たちがちょうどそのころ出てきて，今まで居住者の乏しかった土地を植民地として入植を開始し，それが後にローマとなったというところではなかったであろうか．

ローマはその後「七つの丘の街」というふうに美しく形容されるのだが，丘に挟まれた低地帯は，最初はマラリアを媒介する蚊のはびこる不健康な湿地であった．食い詰めた若者たちにはほかによい土地は見つからず，しかたなくその沼地に杭(くい)をうって板を張り，家を建て，埋め立てをして農地を少しずつ増やしていったらしい．日本で言う「嫁不足」の現象が起きたことも，なんとなく想像がつく．近隣の街から若い娘たちを略奪したという有名な伝承は，本当にあったことかもしれない．

王制から共和制へ

前1世紀の歴史家ティトゥス・リウィウスの記述に従うな

ら，ローマはロムルスの後6人の王に代々統治されていたのだが，ついにローマ人は革命を起こして7代目の王を追放した．革命は，その計算で言うと前509年あるいは前510年ということになる．建国からは240年余経っていた計算になる．そのときにはローマはもはや一植民地ではなく，他者に政治的，軍事的存在感を与える勢力に変貌(へんぼう)していた．

最初の4代の王までは伝説の部類に属するが，その後の3代の王の事績と伝えられる事柄には，考古学的事実と重なるものがある．第6代王が築いたとされる城壁がその一例である．ローマがこれら3代の王の治世下にあった前6世紀に，この街には急激な都市化現象が起こっていたことがわかる．このような変化は，北方に隣接する先進文化地域，エトルリアからの影響を除いては理解できない．この時代，エトルリア人は中部イタリアに帝国主義的勢力を築いていた．そもそも，最後の3名のローマ王はすべてエトルリア人であったらしいのである．最後の王タルクイニウス2世の追放は，その，エトルリア勢力の撃退という歴史的事実を述べているのであろう．

夏目漱石の『吾輩は猫である』には，主人公苦沙弥(くしゃみ)先生の夫人と先生の友人迷亭(めいてい)との間に次のような珍問答がある．

「なんでも，昔ローマに，樽金(たるきん)とかいう王様があって……」

「樽金？　樽金はちと妙ですぜ」

「わたしは，唐人の名なんか，むずかしくておぼえられませんわ．なんでも，七代めなんだそうです」

「なるほど，七代め樽金は妙ですな．ふん．その七代め樽金が，どうかしましたかい」

これが，7代目で最後の王タルクイニウス2世（タルクイニウス・スペルブス）のことである．

イタリア半島の覇者への道

共和制革命が起こった前6世紀には，ローマの勢力はローマ市の周辺のみに限られていたが，ともかくローマ人が誇りとした共和制度の礎は，このときに出来上がった．

前5世紀になってもローマはラティウムの外への勢力拡大は見せない．この時代の重要な出来事は，ローマ内部における既存の政治的権利をめぐる伝統的貴族層と新興の家系との政争と妥協で，「十二表法」と呼ばれる平民の権利を認める法律は前5世紀中葉に作られた．

前4世紀は，ローマの外部への拡大で彩られている．一時北方から侵入したガリア人にローマ市内部を略奪される騒動が起こったが，その後はローマは一直線に拡大路線を突っ走る．エトルリア人はもはや脅威ではなくなった．ローマはラティウム内の諸市にはローマ市民権を与えて自身を増強し，南イタリアに勢力を伸ばしてそこの諸都市とは不平等条約を結んで服属を強いる．南イタリアにはすでにギリシア人の植民地がたくさんあったから，南下するローマ人とギリシア人との衝突は時間の問題であった．

ギリシア植民都市のなかでも最も繁栄して強力であったタレントゥム（現在のタラント，イタリア半島を長靴とすると，かかとの内側にある都市）を陥落させたのが前272年で，これでローマはイタリア半島の覇者となった．この軍事的成功は，ローマとギリシア文化との直接的接触をもたらしたので，それがラテン語にも大きな影響を与えることになる．純粋に比

較言語学的な研究を除けば，ラテン語の歴史について面白い話題が出てくるのは，要するに前3世紀初頭からである．その後のカルタゴとの戦争については，すでに述べた．

ラテン語最古の資料

ここでローマの歴史からラテン語の歴史に一時戻る．かつてラテン語の最古の資料とされていた遺物に関して面白い話がある．

筆者がラテン語学を学びはじめたころ，ラテン語の最古の資料として常に引用されたのが，古代名プラエネステ，現在のパレストリーナ市で1871年に発見された（と称された）黄金製の留め金であった．ローマの女性の衣裳(いしょう)は身体に大きな布を巻き付けるものであったから，安全ピンの形をした留め金が必要であったのである．問題の品は長さ約11センチ，美術品としても評価できる美しい形のものである．留め金自体は前7世紀の作とされ，もしそこに彫られた文も同時代であるなら，問題なくラテン語最古の資料ということになる．だから，ラテン語碑文の大集成である *Corpus Inscriptionum Latinarum* という書物の第1巻の最初に載っているのがこの碑文であり，またラテン語史についての書物なら必ず引用されたのがこの資料だったのである．

そこに彫られた文字は，現行のアルファベットの形に直すなら，MANIOS : MED : FHE : FHAKED : NUMASIOI と読める．実際の文字の形はこれの裏返し，つまり鏡文字で右から左に書かれているのだが，最古の資料においては，文字は左右裏返しであっても等価である場合があった．

この文自体は古典ラテン語の知識だけではとうてい理解できないが，印欧語比較言語学の知識を応用すれば，Manius

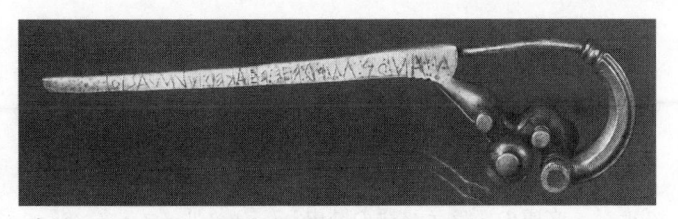

1871年に発見された黄金製の留め金 (Arthur E. Gordon, *Illustrated Introduction to Latin Epigraphy*, 1983)

me fecit Numerio というラテン語文に容易に翻訳可能である.つまり,「マニウスが私をヌメリウスのために作った」という文である.ここにおける「私」とは当の留め金自体で,「この留め金はヌメリウスの注文に応じて(職人)マニウスが製作した」か「ヌメリウスのためにマニウスが作らしめた」と解釈できる.ラテン語碑文において,このように文を彫られた物体自体(たとえば墓石)が声を発する形式で書かれるものは珍しくはない.

ところが1970年代に至ってこの留め金の真贋論争が起ったのである.現在の多数派の考え方では,留め金は19世紀の贋作であり,当然そこに彫られた文も偽造されたものである.ただし,その説に納得できぬ人もいるのである.1982年に東京で開催された第13回国際言語学者会議においてこの話題が出て,ある学者が偽造説を断言したとき,斯界の一権威であるアメリカのエルンスト・パルグラム教授が「偽造にしては,その文の作者があまりにも言語学者すぎる」と繰り返し発言していたのが今も記憶に残る.つまりこれは,偽造貨幣に「紀元前×年」と彫る類の偽りとは大違いのケースで,MANIOS : MED : FHE : FHAKED : NUMASIOI という文は生なかの人物には思いつけないほど真実味を帯びているか

47

らである．[f] 音のためにFH という綴りを用いるのは，エトルリア語的慣習のなぞりで贋作にしては本当に手が込んでいることがわかる．

1990年代以後に刊行された学術書にも，この碑文をラテン語最古の証拠から排除していないものはある．たとえば，クセジュ文庫の『ラテン語の歴史』（ジャクリーヌ・ダンジェル著，遠山一郎，高田大介訳）である．筆者は，無責任ながら，これが本物であってほしいと願っている一人である．

確かに本物であると認められている最も古いものは，ローマから東に20キロほど離れた土地で発掘された，前7世紀終わりのものとみなされる葡萄酒壺に彫られたふたつの単語である．

SALVETOD TITA 「Tita よ，健在なれ！」

salvetod は古典ラテン語では salveto となる形で，未来命令法二／三人称単数形である．祝われた人物 Tita 氏が何者であるかは，もちろんわからない．

動詞，名詞で語末の -d が消える現象は他の単語の例でも同じである．上の留め金の med「私を」も古典ラテン語では me となるので，それだけ，留め金の文が真実らしい証拠である．ともかく，イタリア各地で見つかるこの時代の碑文資料のなかで，正真のラテン語と言えるものはこれが最古である．

前6世紀から前4世紀に至るまで，ラテン語資料は引きつづいて発見されているが，その量はかなり乏しい．壺に引っ掻くように書かれた3行の文とか，家の礎石に彫りこまれた文などが見つかるが，ともかく短いものばかりである．多くは古典ラテン語とは異なる語形をまだ保っている．

前3世紀になると，これは前述のようにローマがイタリア半島の覇者となった時代であるが，貨幣，墓石に彫られたラテン語資料が多くなる．現在ヴァチカン美術館に収められている「スキピオ家の石棺」に彫られた碑文がその一例である．これは，高さ1.5メートル弱，幅約3メートル，奥行き1メートルもある堂々たる石棺で，その前面にスキピオ一家（その子孫の一人がハンニバルを破ってローマを救ったスキピオ・アフリカヌスである）の事績が彫られている．この石棺はすでに古代において有名で，キケロその他によって言及がなされている．

文学的試みがはじめて記録されるのは，前240年ころのことである．このころ，ギリシア文学を元にしたラテン語叙事詩が書かれたとされている．これは，すでに触れたタレントゥムの陥落という出来事と不可分の関係にある．この問題については，後で第5章1節「文学はいかに始まるか」で触れる．

このころまでのラテン語は，われわれの学ぶラテン語（古典ラテン語）と語形，統語法で異なっていることがあるので，古拙ラテン語と称される。

断片としてではなく，ある一定の長さを持った完全な作品として残されている文献の最古のものは，先ほど触れたプラウトゥスの書いた喜劇21篇である．彼のラテン語は，ギリシア語単語の多用や，古めかしい語形，異例な統語法といった特徴はあるものの，古典ラテン語の範疇に十分に入るものである．

散文としては，大カトー（前234〜前149）の著作のうちで『農業論』が残されている．

前2世紀には引きつづき悲劇，喜劇，叙事詩が書かれ，そ

のなかでラテン語はますます洗練されていき、前1世紀のいわゆる黄金時代へと突入していく．

農民の言語ラテン語

ラテン語は，その始まりからして農民の生活言語であった．その典型的実例として，日本語「ライバル」となるまで遠い旅をした rivalis なる名詞がある．これは，日本語，英語と同様，恋愛であれ勝負事であれともかく競争の中身は問わぬ「好敵手」，「はりあう相手」を意味する．しかし，英語の river から連想してもらってもよいが，元来の意味は「同じ川から水を引く人」である．農民にとって水争いが死活の問題であること，洋の東西を問わない．競争相手を表す単語の核となった要素が「水」であったことに，その言語の使い手の特徴が現れているということである．ギリシア語でその対応語を探すなら，agonistes という言葉があるが，これは「agon（競技）で競う人」である．agon は，詩のコンテストでもある．

英語 culture の語源 cultura の元来の意味は「耕すこと」である．これの元となった動詞 colere は，「畑を耕す」という本来の具体的意味から始まって「ある事柄に集中する，それを高めようとする」という抽象的用法をとるようになったのであった．

「財産，金」を表す語 pecunia は「家畜」を表す pecus から派生した．「幸福な」の形容詞 felix（英語 felicity はこれの派生語から出た）は同時に「多産な」であった．英語の egregious「とりわけ勝れた」の語源 egregius の原義は「家畜の群れのなかから選（え）りすぐられた」であった．コンピューター computer を作った動詞 compute の語源は「集めて（con）＋

50

考察する (putare)」＝「計算する」であると前に書いたが，この putare の本来の意味は「枝を剪定(せんてい)してきれいにする」で，それが「数を数える」となり，そして「考察する」にまでなったのである．

そのようなところから出発したラテン語が，ローマが政治的に大きな存在になるにつれて，生活言語以上の役割を受け持たされる．犯罪や財産権に関する法律を明文化しなければならない．政治的布告もなさなければならない．

ローマの最初の法律書，いわゆる「十二表法」は，前に触れたように前5世紀に書かれた．これは全文は残らず，引用されて残った断片でしか見ることができない．その冒頭，裁判の開始に関して以下のような文面が見られる．

Si in ius vocat, ito. Ni it, antestamino. Igitur em capito. 「もし告発者が裁判所に被告を呼び出すなら，被告は出頭すべし．もし出頭しないなら，告発者は証人を立てるべし．その後になって告発者は被告を捕らえるべし」という意味である．原文の短さと日本語訳の長さとの対比が面白い．

最初の文だけをもっとわかりやすく解説すると次のようになる．

    Si   in ius   vocat,
「もし（告発者が）　裁判所に　（被告を）呼び出すなら，
    ito.
（被告は）行くべし」

つまり，動詞がふたつあって，最初は直説法現在，後は命令法未来，ともに三人称単数なのであるが，それぞれの主語は文脈で諒解(りょうかい)されるものとして省かれている．その後の文

51

についても,大体同じ構文である.ここにひとつの文体ができているのであるが,このような実用的文の模範となっていたのはやはりギリシア語であった.

前2世紀のカトーの散文にも,彼の表面的な反ギリシア文化的姿勢にもかかわらず,ギリシア語を手本とした洗練さを模索していることが認められる.

ギリシア語との差

このように前1世紀に至るラテン語の歴史は,古拙ラテン語から古典ラテン語への洗練化の歴史であると要約できる.この点が,言語に関するギリシアとローマとの大きな相違である.ギリシアでは,前8世紀にまずホメロスの叙事詩が現れる.それはすでに文学語として完成された言語であった.

ホメロス以前のギリシア語としては,ミュケナイを中心としたミュケナイ文明を証拠立てる「線文字B文書」があった.しかしそれは主に行政文書で,その散文とホメロスを結びつける文化的紐帯は極小である.ホメロスの叙事詩言語は長い文化の断絶,ときにはそれは暗黒時代とも呼ばれるのだが,その断絶の後に奇跡のように突如現れたものだ.

ホメロスの後に創作された叙情詩,悲劇,喜劇は,その言語の面においてはそれぞれが最初から一定の様式を作り上げていた.それとは異なりローマでは,言語資料が碑文の形で現れてのち数百年の間に,徐々に言語が洗練され,文学語が形成されたのである.

このような対照性は,面白いことに結果として現代人にとってのラテン語のある優位性を,少なくとも学びやすさを用意した.古典ラテン語は実に均質な言語となっており,文学的価値のある文献はすべて,方言的差異などはまったく気に

せずに，古典ラテン語文法の知識一本で読めるのである．中世に書かれたラテン語だとて同じである．別の文法があるのではない．

　ギリシア語はそこが違う．ギリシア文学を学ぶ人は，散文のみならず韻文も読もうとするなら，つまり叙事詩，叙情詩，悲劇，喜劇までも読もうとするなら，いくつかに分かれた方言の差異をも知らなければならない．ホメロスの詩はイオニア方言とアイオリス方言を核とした独特の人工的言語で作られている．もちろんプラトンが書いたような，アテナイで使われていたアッティカ方言のギリシア語を学んだ人には，それに馴(な)れることはそれほど難しくはないとはいえ．しかし，叙情詩はすべて方言的特徴をその魅力のひとつとするものだし，悲劇に至っては，会話はアッティカ方言なのに歌唱の部分にだけドーリス方言を用いるという独特の慣習を持つ．

　ローマ人はそのようなギリシア語の特徴には気づいていた．英語の dialect「方言」はギリシア語起源で元来は「会話，討論」の意味だが，1世紀のローマの修辞学者クインティリアヌスはそれを「話しぶり」のように用い，それがめぐりめぐって「方言」として近代語で用いられるようになったのである．

　それゆえ古典ギリシア語の辞書は，プラトンのみならずホメロスもサッポーもソポクレスも読める実用的なものにしようとするなら，中冊子にまとめることすら不可能になってしまう．ラテン語なら，かなりコンパクトな辞典であっても，多くの作家を読むのに不自由することは少なく，そのような小型中型の辞書は欧米ではいくつか出版され，活用されている．筆者の密(ひそ)かな願望は，そのようなコンパクトな羅日辞典を自分で作ることである．

III ラテン語文法概説

 今までラテン語の周辺ばかりを記述してきた.ここで,いったんラテン語の内部に入っていって,ラテン語の性格,特徴を述べることにしたい.

1 ラテン語は難しいか

語形変化はやさしい

 これからラテン語について解説を始めるのだが,ラテン語を学びはじめた人は,まず例外なく「難しい」と言う.学びはじめて途中で挫折した人を,筆者は何人も知っている.その難しさとは,たとえば英語だけを習っていた人がフランス語を習いはじめたときに感じる「難しさ」をさらに深めたようなものかもしれない.

 要するに,初学者は単語の語形の変化を急にたくさん覚えなければならなくなるのである.英語なら,単語の形の変化に関しては「動詞の現在形は三人称単数にはsかesをつける」「名詞の複数形にはsかesをつける」といった程度の規則をまず覚え,さらに「不規則動詞」と言われるものの過去形,過去分詞形(sing, sang, sung とか bring, brought, brought というふうに)を暗記する程度なのだが,フランス語では,すべての動詞の綴りは人称と数に合わせて変化するし,名詞は男性だの女性だのに分類されて,形容詞もそれに合わせなければならなくなる.さらに,動詞には英語よりはもっと複

雑な時制変化がある.

ラテン語では，暗記しなければならない語形の変化は動詞，名詞ともにそれよりもずっと多い．だから，一見難しそうに見えるのはしかたがないかもしれない．参考のために，その変化の一例を書いておく（なお，本章4節「ラテン語の音韻」でくわしく触れるが，ラテン語の母音には長短の区別がある．しかし本書では，原則として長短の区別は記さぬことにする）．

男性名詞 canis「犬」に形容詞 niger「黒い」がついた場合

	単数	複数
黒い犬は	canis niger	canes nigri
黒い犬の	canis nigri	canum nigrorum
黒い犬に	cani nigro	canibus nigris
黒い犬を	canem nigrum	canes nigros
黒い犬から	cane nigro	canibus nigris

動詞 amare「愛する」の直説法現在の能動態形と受動態形

	単数		複数	
	能動　　受動		能動　　受動	
一人称	amo／amor 私は愛する／愛される		amamus／amamur われわれは愛する／愛される	
二人称	amas／amaris あなたは愛する／愛される		amatis／amamini あなた方は愛する／愛される	
三人称	amat／amatur 彼(彼女)は愛する／愛される		amant／amantur 彼らは愛する／愛される	

いかがだろうか．難しいだろうか．言っておかねばならないが，これは変化のほんの一例である．名詞変化には5種類

あり，canis は第3変化に属している．つまり，これ以外にもほかに4種類の変化の仕方があるということである．動詞に関しては，現在時制のほかにも未完了過去，完了，未来，過去完了，未来完了があり，さらに接続法の現在，未完了過去，完了，過去完了もあるのである．

英語だけしか知らない人が見れば，これだけでもう嫌になってしまうかもしれない．しかし，ラテン語を少し学びつづければ，それは本質的な難しさではないことがわかってくるのだ．

形式と意味の論理的関係

ラテン語の一見複雑怪奇に見える変化形の背後には，実に整然たる，ほとんど数式の行列にも見まがうほどの論理性が存在することが見えてくるのである．各単語はさまざまに形を変えるのだが，その形のひとつひとつの現れを「形式」と呼ぶとすると，それらの「形式」には常にその形式特有の「意味」が付随しているのである．この論理性を理解して，最初のある種の「丸暗記」の時期を過ぎてしまえば，変化形の多彩さなどは要するに「意味」の明晰さを保証するものに変化してしまうことがわかってくる．

たとえば左の動詞の例で言えば，一人称複数の語尾 -mus は能動態ではすべての時制，法において共通で，-mur は受動態においてそうである．だから，この形を認識する限りにおいて，少なくとも人称，数，態に関しては誤解の余地はないことになる．

「形式」が「意味」を明示すること．「形式」と「意味」との対応のなかに見られる論理性．これがラテン語にはあり，近代諸言語にはない特性である．

たとえばフランス語は，ラテン語の子孫のひとつとして「形式と意味との論理的関連性」はある程度は保持していても，ラテン語とは比較にならない．amare の子孫であるフランス語の動詞 aimer「愛する」の現在変化を学んだ人にはすぐにわかることだが，人称と数に応じて綴りの形を変えていても，発音に関しては一人称二人称複数を除いては同じである．発音が同じなのに形を変えているということは，要するに「形式」と「意味」の対応関係などはもう実在しないのに，それを無理やり維持しようとしている（あるいは対応関係があるふりをしている）ことである．だから，フランス語では英語と同様に主語を，つまり別の単語を，明示しなければ意味が表せなくなっている．

フランス語は明晰な言語だ，と主張したり信じこんだりする人がいる．しかし，ラテン語と比較すると「形式と意味との論理的関連性」はずいぶん薄いものだということは，知っておいたほうがよい．

同じくラテン語の子孫であるイタリア語，スペイン語の動詞では，その点フランス語よりは多少ましである．形式と意味の連動はかなり保持されているから，たとえば主語を明示しなくても人称と数は区別できる．しかしそれでも言語構造全体を見れば，ラテン語との差は歴然としている．

英語に至っては，先ほど例に出した sing, sang, sung; bring, brought, brought のように形式と意味の関連には論理性は影ほどもない．そして文全体の意味を摑むためにはまったく相互関連のないばらばらの文法的知識（たとえば，数々ある「熟語，慣用句」の類）を，玩具を大箱に放りこむかのように頭脳に詰めこむことでやっと英語は使えるようになる．先ほど，英語が世界共通語への道を歩んでいるとはいえ，世

界の他の言語と比較して優秀な言語とは言えないと書いたが,その理由の一端はここにある.

現在英語学者たちは,その相互関連の見えないばらばらの言語現象間になんらかの論理的意味を見いだそうとしてさまざまな理論化を試みている.それはそれで結構なことだが,英語の性質上それには限界があるのが実情である.

不規則変化は最小限

ラテン語の持つ「形式－意味」の論理性の一例は,英語,フランス語の辞書とラテン語の辞書を比べることで明らかになる.ラテン語の辞書には,その巻末に動詞変化表が添えられていない.それを辞書につける理由が存在しないからである.英語(ドイツ語も同様)の辞書には,必ずその最後に「不規則動詞変化表」というものが添えられている.フランス語に至っては,いやこれはスペイン語,イタリア語,ポルトガル語なども同じことだが,学習者のために「動詞変化表」といったものが一冊の小冊子となって売られているほどである.これは外国人学習者のみならず,フランス語話者の学生も必要とするものなのである.つまり,フランス語の動詞変化はそれだけ「複雑である」ということである.

ラテン語の動詞が,その数においてはフランス語に勝るとも劣らぬ変化をするのに,なぜその辞書には動詞変化表が不要なのか.その理由は,ラテン語の動詞は,少数の不規則動詞を除いてはどんな動詞であろうともともかく,各動詞の四つの形を覚えてしまうと,それ以外の形は,たとえどれだけ数が多かろうとも,完璧に規則的に導かれるからである.だから,文法書にはその規則は書かれてはいるが,辞書に関してはそれは不要となってしまう.

筆者は，ラテン語を教育するときには「ともかく最初の数週間は丸暗記に徹しなさい」と口を酸っぱくして言う．丸暗記とは，形式のなかに存在している意味を頭にたたきこむことである．その最初の段階を越せるか越せないかが，ラテン語をものにできるか否かの分かれ目なのである．ラテン語と並んで三大古典語をなすギリシア語やサンスクリットに関しても原則的には同様のことが言える．しかし，これらふたつのほうは無理やりに暗記すべき不規則な要素の数はラテン語よりはずっと多い．ラテン語はその点比較にならぬほど楽であることは確実に言える．

　昔，ある学会で「コンピューターでラテン語動詞の変化形を自動的に見つけだすプログラム」の発表に出あったことがある．発表者はスペイン語の専門家であった．もしスペイン語動詞の変化形を見つけだすプログラムの発表であったならば，筆者も歓迎したであろう．それが本当にできるなら素晴らしいことだから．しかしラテン語に関しては，そんなものはまったく無用なものだということが理解されなければお話にならない．それでもそのプログラムを歓迎する人も学会の出席者のなかには多数いたので，実に苦々しい思いを味わったのを覚えている．

　形式と意味との整合的関係の例として，別の例も紹介しておこう．
　日本語で「これ・この・ここ・こちら」，「それ・その・そこ・そちら」，「あれ・あの・あそこ・あちら」，「どれ・どの・どこ・どちら」と並べてみると，「こ・そ・あ・ど」が遠近，定不定の差を表すための代名詞，形容詞，副詞に共通して使われている．これがまさに形式と意味との整合的関係

の典型的例なのであるが,しかしこのような例は日本語では例外的現象にすぎない.ラテン語にはこのような事例がもっと多数あるということである.

日本語の指示代名詞の「これ・それ・あれ」の遠近3分法は,英語では「this, that」の2分法になってしまう.ラテン語は日本語と同じ3分法で,hic, iste, ille となる.この代名詞は日本語と同じく形容詞的に「この,その,あの」としても使われるのだが,同時に場所の副詞をも生み出す.それが次のような整然たる形をなす.

ここ(そこ,あそこ)で	hic	istic	illic
ここ(そこ,あそこ)へ	huc	istuc	illuc
ここ(そこ,あそこ)から	hinc	istinc	illinc
ここ(そこ,あそこ)を通って	hac	istac	illac

また,英語の構文で so...that..., such...that..., で表されるような,量,質,程度,様態その他における対応を含む構文で使われる副詞,形容詞も,量であるなら tantus−quantus,質であるなら talis−qualis,程度であるなら tam−quam,時間であるなら tum−cum(古形はquom)であり,そこには t−kw という音韻的対応関係を見せている.

これらは数ある例のなかの一部である.個々の単語の形(=形式)そのものが,常にその意味を表しているのだということがわかってもらえるだろうか.

2　ラテン語は屈折語である

屈折語とは

さて,今述べきたったラテン語の言語的性格を単純に要約

すると，「ラテン語は屈折語である」ということになる．先に述べた名詞，形容詞や動詞の形を変化させることを「屈折」と呼ぶからである．

「屈折」とは文法的な意味を表すために言語が用いる手段のひとつで，ラテン語は名詞，形容詞，動詞その他においてこの「屈折」をふんだんに用いる．屈折という現象は，ギリシア語，サンスクリットを代表とする印欧語に共通な性格である．この屈折は日本語には存在していない．日本語動詞の未然，連用，終止，連体といった活用と屈折は異なる．また，屈折は英語には痕跡(こんせき)しか残っておらず（前述の，sing, sang, sung; bring, brought, brought はその残滓(ざんし))，ラテン語の子孫でも大幅に衰弱してしまった機能である．

言語は，その類型的特徴から大まかに屈折語，膠着(こうちゃく)語，孤立語，抱合語の4種類に分類するのが便利な考え方（完璧に分類し尽くせることはないので，便利とだけ言っておく）で，ラテン語はまさに典型的屈折語である．日本語は，トルコ語や朝鮮語などと並んで膠着語に分類される．

膠着語日本語と対照させて，ここで「屈折」の概念と働きを簡単に説明しておこう．

「犬が逃げ出す」，「犬に吠えられる」，「犬を飼う」，「犬の尻尾(しっぽ)」，「犬は嫌い」，「犬も食わない」，「犬と散歩する」，「犬から逃げる」

日本語では，たとえば「犬」を用いて文を作るとき，その「犬」が文のなかでどのような意味役割を果たすのかは「犬」単独では示しえず，上のように「が，に，を」その他の「助詞」という独立した品詞が必ず必要になる．

「犬が子供を追う」と「犬を子供が追う」とでは「犬－子供－追う」の語順は一緒なのに明瞭に意味が違う．その違いを

表すのは「が」と「を」の意味の違いである．このように助詞的要素を糊(のり)をくっつけるかのようにして語の意味を補強し，最終的に文の意味を作り上げる言語が膠着語である．膠とは昔接着剤に用いた「にかわ」のことで，膠着語とは要するに「糊づけ言語」である．

ラテン語は，その意味の違いを，助詞を糊でくっつけるのではなく，単語そのものの形の変化で表す．それはすでにcanis「犬」の変化の例で示した．

これが，屈折語的性格を歴史の中で極度に薄めていった英語ならどうなるか．英語には助詞にあたるものはない．それに類似した機能を持つ品詞としては，たとえば前置詞がある．前置詞を使わずに文法的意味を表すためには，語順もある．主語ならば動詞の前に，目的語ならば動詞の後に置くように．だから，前記の日本語文は，"A dog chases a child." "A child chases a dog." と動詞の前後の名詞の順序を変えることで意味の違いが表現される．日本語では動詞は最後に来るのではあるが，「～を」と「～が」の前後関係は意味の違いは作らない．

語順に左右されぬ言語

さてラテン語は，ある意味では日本語と似ていて，語順は重要ではない．主語になるものが動詞の前に来ても後に来てもそれはどちらでもよい．重要なのは，単語の「形式」が主語であるべき形をとっているか，目的語である形をとっているか，ということである．

「犬が子供を追う」はcanis「犬が」，puerum「子供を」，agit「追う」の3語で表されるが，その3語の語順は自由である．だから，可能性としては，以下の6通りがあり，文全体の意

味の差はない(強調の置き所に関しては,異なってくるが).

1. Canis puerum agit.
2. Canis agit puerum.
3. Puerum canis agit.
4. Puerum agit canis.
5. Agit puerum canis.
6. Agit canis puerum.

なぜ意味の違いが生じないかというと,日本語では「が」がつくと動詞の実行者であることが示されたように,canisの語自身のなかに「agitの主語である」印が含まれているからである.puerumには「目的語である」印が含まれている.文法用語で言うと,canisは主語の格=「主格」であり,puerumは目的語の格=「対格」である.

「子供が犬を追う」なら,puer「子供が」,canem「犬を」,agit「追う」の3語で,やはり6通りの文ができる.

しかし,主格と対格の関係は,いずれの場合でも

canis 主格　canem 対格

puer 主格　puerum 対格

のなかに現れていて,間違えようがない.

canis, puer が主格であり,canem, puerum が対格であること.ラテン語の学習初歩において無理やり暗記しなければならぬというのは,このようなことである.

ついでに言うと,canis, puer ともに単数であり,男性名詞である.だから,「子供」としておいたが,男の子であることは間違いない.英語の child も日本語の「子供」と同様性に関しては中立であるが,この場合ラテン語はどちらかに決定しなければならない.

また，日本語においては，「犬」も「子供」も単数であるか複数であるかは区別されていない．この点は英語でもラテン語でもはっきりとどちらかに決められている．

さらに言うと，動詞 agit は三人称単数の形で，長文において主格の単語が遠く離れていても，あるいは省略されていても，その主語が何であるかについては紛らわしいことはない．

3　ラテン語の構造

この書はラテン語の文法書ではないから文法の記述は最小限にしておき，特に重要と思われることだけを説明しておきたい．

(i) 品詞の区別

ラテン語には，明確に機能を区別できる九つの品詞がある．名詞，動詞，代名詞，形容詞，副詞，数詞，前置詞，接続詞，間投詞である．

古代ローマ人は先輩ギリシア人文法学者の学説に影響されすぎていて，名詞を実体詞と呼んで形容詞と合わせて名詞として扱っており，名詞，動詞，分詞，代名詞，前置詞，副詞，接続詞，間投詞の8品詞ということにしている．英語の伝統文法で品詞の数を名詞，動詞，代名詞，形容詞，副詞，前置詞，接続詞，間投詞の8とするのは，ラテン語の8の数に合わせたからである．この伝統文法式考え方では助動詞や冠詞の行き場がないから，8品詞論は不合理であると考えるのは正しい．20世紀後半になって起こった新しい言語理論では英語の伝統文法を批判することが盛んで，特に品詞分類に関

してはまるで信用されていないようだ.

しかし,文法を記述するにあたってまず最初に品詞の分類を考えるというのは,当たり前のようだが実に意義深いことなのである.ラテン語文法がこの点においてギリシア語文法の精神を受け継ぎ発展させ,それを英語など近代の言語の文法学に伝えることで日本語の文法記述にまで影響を与えたこと,その歴史的重大性をわれわれはもっと認識すべきであろうと思う.

日本では「品詞」という語は,ある辞書には明治7年 (1874) にはじめて使われた訳語と出ており,それ以前に漢語として使われたのかどうか筆者は知らないのだが,ともかくこれは英語の parts of speech の訳である.この少し落ち着きの悪い英語は,ラテン語の partes orationis からの直訳で,それはまた,ギリシア語の mere logou「文の諸部分」にまでたどり着く.この語句 mere logou はプラトンの著作にはじめて現れるのであるが,その意味を適切に定義した最初の人はアリストテレスである.

ただし,アリストテレスの時代にはまだ品詞の厳密な概念は確立しておらず,われわれが考えるような品詞の分類は行われてはいない.それが完成するには紀元前1世紀まで待たねばならない.ともかく,品詞分類という文法の最重要な概念はギリシア語にまでたどることができる.これはギリシア人の思索が優れていたからではなく,彼らの言語が,ラテン語と並んで,ある種の普遍的な文法概念を生み出し後世に伝えるのにまことに適切であったからである.

古代インドでも古代中国でも,自国語の文法はギリシア人のそれよりも早い時代に記述されている.しかし,彼らの言語に基づいた文法理論が他の多くの言語にも応用しうる可能

性があったかどうかについては，筆者は否定的である．

　言語の要素を品詞に分類するためには，まず文は単語に，意味を持つ最小の単位に切り分けられねばならない．日本語を考えると，これはそれほど簡単明瞭ではないことがすぐわかる．「きりわけられねばならない」という文がいくつの単位からなっているのか，すぐには答えられないだろう．

　ラテン語，ギリシア語はその点，英語と同様に切り分けが容易な言語である．それと対照的なのがサンスクリットで，この言語においては単語と単語がその境目を曖昧にしていくつも結びつき，複雑な意味を構成しうる仕組みを持っており，それが統語法の重要な部分を担っている．その正反対が中国語で，文は個々の漢字という視覚的に明瞭に分割された単位からなっている．その点はよいと言えるが，しかし中国語ではその単位が果たす役割は，品詞という概念では定義されえない．ひとつの語が動詞の役割も名詞の役割も果たしてしまうからである．

　誤解している人もいるだろうが，現代の英語の習慣のように，単語ひとつひとつを分離して「分かち書き」をすることはずっと新しい現象で，古典時代には文中に単語の切れ目を空白で示す習慣はなかった．単語の切り分けは可能であっても，日本語と同様に切れ目なく書いていたから，単語という単位が自明のごとく意識されていたのではなかったのである．ともかくギリシア人は，長い時間をかけた上でではあるが，文を単語という意味の最小単位に分割すること，それらを機能の観点から分類すること，それらの機能を記述し命名すること，をやり遂げた．

　紀元前1世紀，ディオニュシオス・トラクスによるギリシア語文法において8品詞が分類され，命名され，定義された．

ローマ人はそれを受け継いで自国語に合わせてそれを少し改変し、それが、近代の文法の模範となった。

品詞について付け加えると、ラテン語には定冠詞も不定冠詞もなかった。フランス語などラテン語の子孫にはそれがあるが、冠詞とは要するに言語の変化の過程でできた新しい要素であって、半可通な日本人がときどき考えるような、日本語と西洋語との違いを示すものなどではない。

英語の the, a にしてからが、古代英語には存在しなかった単語なのである。前者は「あの」を示す指示形容詞から、後者は数詞の「1」から変化したものにすぎない。ドイツ語、フランス語その他の定冠詞、不定冠詞も同様の過程で誕生したものである。ロシア語はついに冠詞を作り出さなかった。

(ⅱ) 名詞と形容詞

ラテン語の名詞、形容詞に関して知っておかねばならぬことは、「性、数、格」の概念である。このうち、「単数」「複数」の別である「数」は英語を学んだ人にとっては難しいことではなかろうが、「性」と「格」については解説が必要だろう。

「性」とは

ラテン語名詞は男性、女性、中性の3種に分類されている。名詞を形容する形容詞は、この性の区別に従って形を変えるのが原則だから、やはり3種の性の形がある。「偉大なる父」は magnus pater,「偉大なる母」は magna mater,「偉大なる帝国」は magnum imperium となる。

例外的に、男性にも女性にも使える単語はある。canis「犬」がその一例で、「黒い犬は」は canis niger であると書

いたが，それは雄犬を言おうとしたからで，雌犬を言おうとするなら canis nigra としなければならない．

ドイツ語，ロシア語にもこの三つの性がある．フランス語，スペイン語，イタリア語は男性，女性のみで，英語には性の区別はない．日本語にも，もちろんそれと同種の性の概念はない．

ところで，この「性」とはなにか．文法における「性」は英語ではジェンダー gender であり，生物学的性別を言う sex と直接的関係はないことはわかるだろう．それなのに，男性，女性というふうに，動物的性別の名称がついている．そして，「父」は男性名詞であり，「母」は女性名詞である．「性」を持つ言語において，このように文法的性と生物学的性が大まかに一致することは普遍的に見られる現象だが，しかし本来的には両者は別物であった．だから，明らかな生物学的性が文法に反映しない例が少なからず見受けられるし，そもそも生物学的性とは無関係な事物でも文法においては性別されてしまうのである．

文法的「性」とは，要するに名詞をあらかじめいくつかの類に分類しておいて，それらの扱いになんらかの区別を設けること，それだけのことなのである．それに類似した現象は世界の多くの言語に見られる．たとえば日本語で無生物は「ある」と言い，有生物は「いる」と言うが，要するにそれは主語の有生・無生の区別に従って存在の動詞を使い分けるということなのである．

ラテン語を含む言語の祖先，印欧祖語においては，この有生・無生の区別が元来の類別であったろうと考えられている．その有生のほうが動物の性の類推からさらに2種（男性，女性）に分けられ，残された無生が中性となったのが，ラテン

語, ギリシア語, サンスクリット, ドイツ語, 古代英語などの3分類法である. ラテン語の子孫はそれをふたたび2類別に戻したが, そのさい中性のほうが男性に吸収されてしまったのであった. 英語は14世紀には性の区別を失っていた.

数

数に関しては単数・複数のふたつで, これは英語と同じである.

日本語には数という文法範疇はないから, 「馬の写真」と言ってもそこに写っているのが1頭なのか数頭なのかはわからない. 英語なら必ず a horse か horses のどちらかに決めなければならないのでこちらのほうが厳密なようにも見えるが, しかし horses と言ったとて2頭から何十頭までのどれなのかはわからないのだから, 厳密さの点では五十歩百歩であるとも言える. 世界の言語を見ると, 文法的数は単数・複数の二分法以外にもいろいろあるのである.

サンスクリットは単数・双数・複数の三分法である. 1頭の馬, 2頭の馬, 3頭以上の馬, それぞれ形が異なる. そして, それらにつく形容詞の形もそれぞれ異なり, それが主語となれば動詞の形も異なってくるのである. ギリシア語にもそのような要素があったが, 古典期には一組のもの, たとえば目とか耳などに関してのみ双数の形が使われ, 2頭の馬も5頭の馬も形, 扱いは一緒である. しかし, 考えてみれば2頭の馬のようにたまたま2の数字になった場合と, 目や耳のように必然的に対をなす場合とでは数概念が異なるとも言えるはずで, 事実両者を区別した形を持つ言語もあるのである (トカラ語の例).

ラテン語も先史時代には双数があったらしく, duo「2」,

ambo「両方」などの単語の語尾にその双数の痕跡がわずかに残っているのだが，文法においてはずっと単純化されている．

英語の複数形の作り方は単純であるが，それは中期英語以後の文法簡略化の結果であって，古代英語ではもっと多種，複雑であった．ラテン語も同様である．

英語における不規則的複数形のうちのいくつかは，ラテン語のそれをそのまま使っているものである．formula「公式」の複数形formulae, focus「焦点」のfoci, datum「データ」のdata, axis「軸」のaxes, species「種」のspecies, index「索引」のindices などがそうである．もっとも，formulas, indexes のように規則的変化も使われるようになっているし，data に至ってはそれが単数扱いされて datas という複数形も誕生している．

格

格変化についてはすでに多少述べているが，名詞が文中で果たす役割，英語なら語順なり前置詞で示され，日本語なら助詞で示されることをラテン語（および他の屈折語）は語形の変化，いわゆる屈折で表す．そのそれぞれの形を格と呼ぶのである．この格変化を明瞭に記憶することが，ラテン語を理解する鍵である．

ラテン語には主語であることを示す主格，目的語であることを示す対格，所属を示す属格，間接目的語であることを示す与格，分離・手段その他いくつかの意味を示す奪格がある．呼びかけのときに使われる呼格もあるが，これは大部分の単語では主格と同形である．単数と複数ではもちろんそれぞれ形が異なる．格が異なっても形が等しい場合もあるので，ひ

とつの単語は8から9の形をとる.

その変化の種類は名詞で5種類,形容詞で3種類である.実例について短く紹介しよう.

「芸術は長く,命は短い」ということわざがある.「一芸に秀でるには人生はあまりに短い」という意味なのに,「人は死んでも作品の芸術は長く残る」と誤解する向きもあることわざである.

ともかくその原文は ars longa, vita brevis で,前半を直訳すると「芸術・長い」で,後半は「命・短い」である.動詞がないのに英語の art is long, life is short と同じ意味になるのは,すべてが主格形なので英語の be 動詞にあたる語は省略可能になるからである.

ふたつの部分を別々に数,格で変化させてみる.

	単数	複数
主格・呼格	ars longa（長い芸術は）	artes longae
属格	artis longae（長い芸術の）	artium longarum
与格	arti longae（長い芸術に）	artibus longis
対格	artem longam（長い芸術を）	artes longas
奪格	arte longa（長い芸術から）	artibus longis

	単数	複数
主格・呼格	vita brevis（短い命は）	vitae breves
属格	vitae brevis（短い命の）	vitarum brevium
与格	vitae brevi（短い命に）	vitis brevibus
対格	vitam brevem（短い命を）	vitas breves
奪格	vita breve（短い命から）	vitis brevibus

一見複雑怪奇に見えることはわかる．しかし，ここには厳密な規則性があって，法則さえわかれば何の複雑さもない．

ars「芸術」は第3変化の女性名詞である．brevis「短い」も第3変化の形容詞である．だから，同じ変化形をとる（単数主格形にはバリエーションがあるが）．

vita「命」は女性名詞で第1変化の名詞である．「長い」はlongusで，女性名詞には第1変化と同じ変化をする．だから，「長い命」なら，vita longa, vitae longae, vitae longae, vitam longam, vita longa, etc. と変化することになる．

(ⅲ) **動詞**

動詞には時制が6，法が3，態は2ある．それらはすべて，人称（一人称，二人称，三人称）と数（単数，複数）ごとに異なった語尾を持つから，それぞれ六つの異なった形を表す．

英語のみを知る人なら，その複雑さに驚くかもしれない．ラテン語は，物事の記述における厳密さを極限までに追い求めようとする言語なのである．ラテン語に内在するこのメカニズムこそが，西洋世界の共通学術語としての地位を長く保ちえた理由でもある．

時制

時制は一応6種（現在，未来，未完了過去，完了，過去完了，未来完了）であるが，そこには時間の区別以外の要素も入っている．時間に関して，われわれは現在，過去，未来という区別をする．しかし，その区別が言語に構造化される仕方は言語ごとに異なる．

言語にとっては，過去，未来といった時間の差異以外にも，継続している動作なのか完了している動作なのかの区別が重

要な意味を持つ．英語で現在と現在進行が区別され，また過去と現在完了が区別されることから，そのことはわかるであろう．この「継続・完了」の区別は時制とは異なるアスペクトと呼ばれる文法範疇で，ラテン語では時制とアスペクトが混在した形で動詞の変化に反映していると言える．

法の意味

法は3種（直説法，接続法，命令法）である．法の意味については理解していない人が多いようなので，実例で説明するのが一番よかろう．

「見る」の意味の動詞の不定詞は，videre である．これを現在二人称単数の形にすると，直説法は vides，接続法は videas，命令法は vide となる．これらはすべて1語で1文となりうる．

　直説法　Vides.　「あなたは見ている」
　接続法　Videas.　「あなたは見るべきだ」
　命令法　Vide.　（一人の人に向かって）「見ろ」

これらの3文は，ある人が眼前にいる別の人の「見る」という行為について発話していることについては同じである．しかし直説法がその行為を単に叙述しているだけなのに対して，接続法のほうは発話者がそれに「義務」という別の意味をも重ねて言っている．命令法は「発話者が命令する」という意味を重ねて言っている．

法（ラテン語で modus, 英語で mood）とは，本来的にはこのように動詞のなかに込められる話者の意志のあり方を言うのである．「真っ直ぐに説く法」であり，「命令の法」なのだ．ただ，接続法は単文中における「義務」の意味のほかに，複文において義務的に使われる用法でもあったので，「接続の

ための法」の名称が固定してしまった.

英語には命令文というものがある．それは，命令法ではない．

You see. に対する See. は動詞の形の違いではなくて「主語を省くと命令の意味の文になる」という文の作り方の違いであるから，命令法 imperative mood ではなく命令文 imperative construction なのである．英語の伝統的文法でそれを命令法と呼ぶことがあったのは，ラテン語の文法を英語に無理やり押し付けたせいであり，正しい説明ではない．

同様に，接続法という言葉を英語の文法に適用するのは，誤解を生むことになるだろう．would や should を用いた構文に subjunctive mood という用語を用いることは，伝統的文法ではいまだに見られるが，やはりこれは subjunctive construction 接続構文にすぎないのである．

また，英語では to see という形を伝統文法で不定法と呼ぶこともあったが今では不定詞と言う．それは動詞の一変化形ではあっても法の一種ではないからである．ただ，ほとんどの人にその理由が理解不可能であろう「不定」という言葉は残った．これも，ラテン語での用法のせいなのである．ギリシア語，ラテン語の文法では「〜すること」の意味の形は法の一種であるという考え方があった．そして，他の法とは異なってその意味は決定できぬ，不定のものであると説明されて modus infinitivus という名称がつき，それが英語にそのまま使われたのであった．

態の2種，能動態と受動態については説明の必要はないであろう．

動詞の 4 基本形

 さて，英語動詞の活用において，過去形は単語の変化で示され，現在完了は have という助動詞と過去分詞で表される．現在完了のように形の変化でではなく補助的単語の助けでその意味を表現する形式を迂言法と言う．英語の未来完了はHe will have seen it. のようにいくつかの補助語を伴ってやっと文となるのであるからまさに迂言法の最たるものである．これがラテン語なら，目的語を除けば viderit のごとくに主語も含めて 1 語ですんでしまう．屈折語とはこういうものなのである．ひとつの動詞は140ほどの異なった形に変化することになる．これはかなりの数で，それを覚えなければならぬとしたら複雑すぎると考えられてもしかたがない．

 しかし，ラテン語動詞は少数の不規則動詞を除けばすべて5種の規則変化動詞（伝統的に第1，第2，第3，第3B，第4と呼ばれる）に分類されており，それぞれ，その内部においてはまったく同一の変化をする．そして，各動詞の変化形のうちともかくも基本の四つの変化形を覚えておけばその動詞が第何種の動詞であるのかがすぐにわかり，その動詞の変化形がすべて自動的に導き出されるので，なにも恐れることはないのである．

 4 基本形とは直説法能動態の現在一人称単数，不定詞，完了一人称単数，完了分詞である．以下に動詞の活用形の見分け方を述べよう．

 「来た，見た，勝った」という言葉がある．カエサルが，反乱を簡単に鎮圧したことを故国に報告したさいの文面として記録され，簡明なる手紙文の模範として使われる．原文はveni, vidi, vici. で，日本語訳には出せない音の効果を狙った

名文であるが,これらは完了一人称単数「私は〜した」で,4基本形の三つ目に相当する.

「来る」を例にとると,現在一人称単数「私は来る」はvenio,不定詞「来ること」はvenire,完了一人称単数「私は来た」はveni,そして完了分詞(英語の「来る」come, came, comeの過去分詞comeに相当.ついでに言うと語源も等しい)がventumである.これは第4変化動詞として分類される.「見る」の4基本形はvideo, vidēre, vidi, visumとなって第2変化動詞に,「勝つ」はvinco, vincere, vici, victumで第3変化動詞に分類される.

(本章4節で詳しく述べることであるが,ラテン語では母音の長短は意味の差に直結している.「見る」の不定詞はvidēreで,「勝つ」の不定詞はvincereであり,両者の-ēre, -ereにははっきりとした違いがある.ただし,すでに述べたとおり本書においては煩雑を避けるために母音の長短の区別は最小限にしか記さないことにする)

すでに出たamare「愛する」が第1変化で,この場合はamo, amare, amavi, amatumとなる.

つまり,不定詞語尾の母音(-are, -ēre, -ere, -ireの-reを除いた部分)で4種の変化は決まる.第3変化-ereのバリエーションが第3Bと呼ばれる変化で,この変化の動詞は現在一人称単数の語尾が-ioとなる.

「賽は投げられた」という言葉がある.同じくカエサルが,クーデターとみなされるはずの決定的行為に踏みこんで,もう後戻りはせぬことを内外に示すために言った言葉とされる.「サイコロはもう投げられたのだから,その目は変えられない.出た目で勝負するほかはない」と言うのである.

原文はAlea iacta estであるが,iacta estの部分が動詞

「投げられた」で，直説法，完了，受動態，三人称単数の形である．主語 alea「サイコロ」が女性名詞なので iacta est だが，主語が男性名詞なら iactus est となる．この「投げる」が第3B変化動詞で，その4基本形は iacio, iacere, ieci, iactum である．

では，この4基本形からどのようにして全変化形が出てくるのか．

基本形の3番目，完了一人称単数形から導き出されるのは直説法能動態の完了，過去完了，未来完了と，接続法能動態の完了，過去完了，それに完了不定詞である．

それらの受動態形はすべて，4番目の完了分詞から出てくる．また，未来不定詞，未来分詞もここから導き出される．

それらを除く形は，1番目と2番目の組み合わせ，つまり第何変化であるかですべて自動的に定まる．その規則はもちろん覚えなければならないのだが，ともかく例外はない．

(iv) 代名詞

代名詞体系は，英語などよりは格段に複雑で精緻(せいち)な構造をなしている．

人称代名詞

まず人称代名詞であるが，面白いことに一人称と二人称しかなかった．つまり，he, she, they にあたる単語はなかったのである．人称代名詞の主格形は以下のとおりである．

一人称単数	ego	複数	nos
二人称単数	tu	複数	vos

人称代名詞の意味については，第8章「ラテン語の言葉あれこれ」の ego のところでも触れることにするが，これらは数と格の変化はするが性に関しては区別はない．

ところで，日本語で「あたし」と「おれ」を比べると，一見いかにも性の区別があるかのようだが，これらも性の区別ではない．この言い換えは「ていねいさの度合い」にすぎず，文法的範疇としての性とは無関係の現象である．なぜこのようなことを書くかというと，「あたし」「ぼく」「おれ」のごときバリエーションに関してある日本人言語学者が，「これは一人称代名詞にも性の区別がある珍しい現象である」などと書いていたからで，言語学入門書を何冊も書いて出版し，日本言語学会の会長までもつとめたことのある専門家がこんな誤りをしてはいけない．

三人称の人称代名詞はないのだが，英語の he, she, they 等の代わりに使われる言葉はあった．それを指示する必要がある場合には，指示代名詞で代用したのである．

指示代名詞

指示代名詞はすでに述べたとおり，日本語の「これ，それ，あれ」とほとんど正確に対応する hic, iste, ille の3分法である．それが，遠近の関係のみならず，hic「わたしのこれ」，iste「あなたのそれ」，ille「あの人のあれ」というふうに自称，対称，他称と対応することも日本語と対応している．

これら指示代名詞は性・数・格の変化をする．主格形のみを書くと以下のようになる．

	単数			複数		
	男性	女性	中性	男性	女性	中性
これ	hic	haec	hoc	hi	hae	haec
それ	iste	ista	istud	isti	istae	ista
あれ	ille	illa	illud	illi	illae	illa

「彼,彼女」等の言葉を使わなければならぬ場合には,このうちの ille(男一人に),illa(女一人に),illi(男たちに,あるいは男と女の混成に),illae(女たちに)が主に用いられた.これらが,たとえばフランス語の彼 il, 彼女 elle 等へと発展していったのである.また,これらが後で定冠詞にもなったことはすでに触れた.

これに対応する英語をあげてみると,

「これ」単数 this 複数 these

「あれ」単数 that 複数 those

だけである.ラテン語の代名詞がより精緻な構造を持っていることはわかるであろう.

指示代名詞は指示形容詞「この,その,あの」でもあり,形容詞として使われる点は英語と同じである.

本章1節「ラテン語は難しいか」で述べたとおり,指示代名詞は副詞をも派生させる(hic「これ」→hinc「ここから」).

前2世紀の喜劇作家テレンティウスの『アンドロス島から来た娘』にこんな科白(せりふ)がある.

Hinc illae lacrimae.

動詞がない文だが,直訳すると「ここからあの涙が」である.

ある老人は,自分の息子がかつて流した涙に引っかかっていた.無関係なはずの女の葬式に息子が泣いていたのが不可

解だったからである．しかし，実は息子はその女の妹に激しく恋してその身の上に同情していたのだと後になって知って，やっとあのときの涙の意味を諒解する．

「今やっとわかった，あのことの原因はこれだった」と言わんとするときの名文句としてこれは，その後100年以上も経ってキケロやホラティウスに使われ，そして近代にまで一種の格言として生き延びた．

代名詞はこれだけではない．他に4系列がある．同じく主格形だけを書くと以下のようである．

	単数			複数		
	男性	女性	中性	男性	女性	中性
それ	is	ea	id	ei	eae	ea
自身	ipse	ipsa	ipsum	ipsi	ipsae	ipsa
同じ（人，もの）	idem	eadem	idem	idem	eaedem	eadem
誰，なに	quis		quid	qui		quae

is, ea, id の系列は限定代名詞・形容詞である．これらは，指示代名詞・形容詞ほど明瞭な指示性は見せないが，すでに言及された，つまり不定ではない名詞を表したり，形容したりする．形容詞としてはちょうど英語の that に対する the のような位置にある．ただし，これは定冠詞ではない．また，この系列は ille などと同様，人称代名詞のようにも使われうる．

英語で，「つまり」というときの略号として i.e. があるが，これは id est「それは～である」の頭文字である．そしてそれは英語の it is と語源的に完全に一致している．

ipse, ipsa, ipsum の系列は,「その人自身, そのもの自身」を意味する.「〜自身」として形容詞としても用いられる.

大きな英和辞典なら載っている言い回しとして, ipse dixit という名詞句がある. 直訳すると「彼自身言った」で,「独断的主張」の意味で用いられる.「彼が言った」ということ以外に信憑性の保証はないからである. ただ, キケロがこの言葉を使ったときの意味は,「彼が言ったのだから絶対で, 他の権威は無用である」ということであった.

形容詞の用法の一例としては, Senectus ipsa est morbus. という句がある.「老年そのものが病気ですよ」という老人の嘆き. やはりテレンティウスの『ポルミオ』から.

idem, eadem, idem の系列は,「同じ人, もの」である. 英語の id.「同じもの, 人」という略称はこれから来ている. また, 日本語アイデンティティーとなった identity の語源 identitas の前半にはこの idem がある. これについては第8章「ラテン語の言葉あれこれ」を参照してほしい.

quis, quid の系列は疑問代名詞「誰, 何」である. 少し形を変えて疑問形容詞としても用いられる. 英語の who, which, what と語源は等しい.

4　ラテン語の音韻

日本人にはやさしい

ラテン語の文法についてその概略を短く書いたが, やはり,「難しい」という印象は消えないであろう. ラテン語の発音

はどうだろうか．もちろんラテン語は死語だからそれを使って生活する人はいないわけで，ネイティブスピーカーの発音を聞けるのではない．しかし，18世紀以来の比較言語学による研究と，それ以前の知識の伝承によって，紀元前1世紀のラテン語の発音はかなり正確に復元できていると考えられている．それによると，ラテン語の発音はかなり単純で，しかも嬉しいことにそれを古代ローマ人のように発音することは，欧米人よりは日本人には特にやさしいのである．

音韻体系を簡単に述べると，ラテン語は10母音と17子音を持つ．そのほかに半母音がふたつ．フランス語にあるような鼻母音や円唇母音はないし，また摩擦音は [s]，[f] のみと貧弱（英語にある，[θ]，[ð]，[v]，[z]，[tʃ] などはない）で，音声学的には単純な言語と言うべきである．言い換えると，発音のしやすい言語であるということだ．

ただし，現代ヨーロッパでは各国で歴史的に定まった発音がバラバラにあって，歴史言語学の理論で復元された発音は必ずしも実践されていない．ローマ最大の文人であるキケロ Cicero を日本人はキケロと（あるいはもう少し正確にキケローと）発音するのであるが，このような正確な発音は欧米では必ずしも実践されてはいない．学者であってもイギリスやフランスではシセロ，イタリアではチチェロと発音するであろう．

母音の長短は区別される

また，10母音というのは多いようだが，これはアイウエオの5母音のほかにそれぞれの長母音があるからで，それらの発音も日本人にはやさしい．

日本には，森，森井，毛利という姓がある．だから，われ

われはモリさん，モリーさん，モーリさんを言い分けるし，聞き分ける．Morley という外国人ならばモーリーさんと発音して，その三つの姓と区別する．要するにわれわれは母音の長短を口でも耳でも容易に区別するのだが，実は，これは多くの外国人には難しいことなのである．テレビで日本語をかなり流 暢にしゃべる外国人を見ることは今や少しも珍しくはないが，この母音の長短にだけは馴れていない人がまだいるようだ．

　そして，ラテン語を正確に発音するためには，その「母音の長短の区別」が是非必要なのである．なぜなら，母音の長短だけで意味が変わってくるからである．意味が変わるというのは，日本語の，オバサンとオバーサンの差を考えればよろしい．極端な例をひとつ挙げる．levis という綴りは，母音の長短を考慮に入れると 4 通りの発音が可能である．そして，この場合，その四つの発音が意味を区別してしまうのである．

　短短（レウィス）　　　　　　　「軽い」単数主格
　短長（レウィース）　　　　　　「軽い」複数対格
　長短（レーウィス）　　「なめらかな」単数主格
　長長（レーウィース）「なめらかな」複数対格

　これは極端な例なのであるが，しかし，長短どちらであるかで単語の意味が変わってしまう例は少なからずある．であるから，ラテン語辞書には長母音には必ずその印が付けてある．「軽い」は levis，「なめらかな」は lēvis とするように，長母音の上には横線を引くのが一般的な仕方である．ただし，すでに述べたごとく本書においては，必要最小限の箇所以外では長短の区別は記さない．

　なお，母音の長短は意味の判別だけではなく，ラテン語詩

の韻律に不可欠の要素であり，それを知らなければラテン語詩は鑑賞できない．ラテン語を正確に学んだことがある人かどうかの判断は，各母音の長短の別をどれだけ正確に知っているかでわかるようである．ラテン語詩の韻律については，第5章2節「文学と音楽性」で詳しく触れる．

アクセントも日本語と同じ

さて，母音の長短と並んで，日本人にとって特に発音をやさしくしてくれるのは，ラテン語のアクセントである．ラテン語のアクセントは，少なくともローマ人文法学者の証言に従うなら，日本語と同じ高低のアクセントであった．

母音の長短を正しくつけ，アクセントのある箇所を高めて読むことで，ラテン語詩の韻律は正確に復元できる．異論はあるものの筆者はそう信じている．

アクセントとは，ひとつの単語のなかで，それを構成する個々の音節をなんらかの仕方で差異化する現象である．差異化の仕方は大まかに言って2種類ある．強弱の差をつけるか，高低の差をつけるかである．日本語は高低のアクセント，英語は強弱のアクセントを持つ．

ギリシア語は明瞭に高低のアクセントであったが現代ギリシア語では強弱のアクセントに変わっている．アクセントは1言語内でも時代とともに変化しうるのである．だから，日本語でももしかしたら将来，「橋」と「箸」の差が高低の順序ではなく強弱の順序に変わるかもしれない．

ラテン語の子孫言語のアクセントはすべて英語と同じく強弱の差である．だから，ラテン語でもそうではなかったのかという説はある．イギリス，ドイツの学者は全体としてそう考えているようだ．彼らに言わせると，ローマ人学者のアク

セント論は，単にギリシア人学者の説を鸚鵡返しに繰り返しているだけで信用できないというのである．しかし，筆者は高低アクセントであったと信じて，そのように読んでいる．

IV 拡大するラテン語

 七つの丘の街,ローマに植民を開始した人々は,未来においてその土地が永遠の都ローマと呼ばれ,自分たちの言葉が永久に世界に残るなどとは夢にも思わなかったに違いない.しかし,結果としてはそうなったのである.その過程,その理由はいかなるものであったのであろうか.

1 ラテン語勢力の拡張

 ローマの勢力が伸張するにつれてラテン語がイタリア半島の隅々に広がっていった.それは,そこにすでに存在していた別言語との接触,および角逐を意味した.ラテン語がイタリア半島で見いだした言語には,すでに言及したオスク語,ウンブリア語,エトルリア語のほかに,北イタリアではポー河流域に進出していたケルト人のケルト語,その北にいたヴェネト人の言語があり,南イタリアではメッサピア語があった.また,南イタリアとシシリー島にはすでに,文化的威信が高いギリシア人の言語が地歩を築いていた.

イタリア半島から外へ

 その後,ローマ勢力の進撃は海外にまで進む.第3次ポエニ戦争の後,前2世紀後半には,イタリア半島,コルシカ島,サルディニア島,シシリー島の他にイベリア半島のほぼ全域(ピレネー山脈中の現在のバスク地方は残される),ギリシア,

マケドニア，その北のアドリア海沿岸部すべて，小アジア沿岸部，そしてカルタゴがローマの版図となっていた．さらに進んで前1世紀中ころには，ユリウス・カエサルの討伐によってガリア，現在のフランスの地がほぼすべて平定され，シリア，エジプトもローマ領となる．キリスト紀元後の帝政時代になると領土の拡大はさらに進む．

ローマ帝国の版図が最大であったのは紀元後100年ころ，トラヤヌス帝の治世下で，それがどこまで広がったかは「はじめに」の部分ですでに述べた．

これらのほとんどすべての地にラテン語による司令が行き渡り，ローマ人兵士，役人，商人が多数そこを交通することになったのである．それのみならずローマ市民，あるいは退役軍人が各地に入植を開始し，海外領土の植民地化も進んだから，ラテン語はそのような人間たちによって各地に運ばれた．

ローマは，積極的に現地人をラテン語化する政策を採ったのではない．しかしなによりもそれは征服者による行政，司法の言語であり，また大部分の地域ではより進んだ都市文明をもたらす言語でもあった．また各地には学校も作られ，そこでの教育はラテン語でなされたから，イタリア半島以外の土地の人々にもラテン語が母語となる現象が徐々に起こったのである．

近隣諸島とイベリア半島

もっとも，ラテン語化の早さ，進み方，またその程度はローマ帝国の領土の各地域でそれぞれ異なっていた．半島の外で最も早くラテン語化が始まったのは，シシリー，サルディニア，コルシカの3島であり，ついでイベリア半島と南部ガ

リアの地域で,つまりローマの勢力が海路で近づける地域である.これらは後に,前記のバスク地方を除いて完全にラテン語化され,今現在ラテン語の子孫が話されている.これらの地域にその前から存在していた言語については資料は少なく,少数の碑文と人名や地名からかろうじてその存在が垣間見られるのみである.

ガリア内陸部

その後,ローマ軍は陸路を進んで内陸ガリア全域を征服し,その地でのラテン語化も始まった.ガリアでは,イベリア半島と並んで特に多くの学校が作られ,ガリア人の上流層は好んでその子弟にラテン語を学ばせた.また多くのガリア人がローマ軍へ編入されたので,母語のラテン語への転換が都市部から起こっていった模様である.

ただし,ガリア人が本来のケルト系の言語を捨て去るには数世紀かかり,それが話されなくなったのは,6世紀ころらしい.フランスのブルターニュ地方で現在も話されている通称ブルトン語(その話者の用語で言うとブレイス語)は大陸ガリア人の言語の残存ではなく,ローマ人に追われて一度ブリテン島に逃れたケルト系言語話者がその後アングロ・サクソン人に追われてふたたび大陸に戻って来たさいにもたらした言語と解釈されている.

中部ヨーロッパ

同じく内陸部でも,現在のハンガリー,オーストリア,スイスなどの地域では元来人口密度が低く,ラテン語化の度合いも同時に低かった.このあたりでローマの支配力が長く続いたのは,ドナウ河(ダニューブ河)の南側なのであるが,

現在その地ではゲルマン系,スラブ系その他の言語が話されている.むしろドナウ河の北側のルーマニアで,ラテン語の子孫と呼んでも構わないルーマニア語が現在話されているのである.ルーマニア語とラテン語との関係はまことに興味深い事情をはらんだ問題なのであるが,これは以下でも触れる「ロマンス語」の問題であり,本書の範囲内ではない.

ブリテン島

ブリテン島へのローマの遠征は前1世紀中ころにカエサルが試みている.しかしそれが真にローマ領となるのは紀元後1世紀である.そこにおいてローマ人が見いだした言語もガリアと同じくケルト語であった.ブリテン島は遠方であるゆえにラテン語話者の入植者は少なく,また410年にはローマはそこを放棄して守備する部隊を帰国させてしまうから,その後相ついで侵入したゲルマン系部族,特にアングル族とサクソン族の言葉がそこの大半を覆ってしまう.

今イギリスにローマ時代の言語的遺物として残るのは,地名である.Manchester, Rochester, Winchester などに見られる -chester はラテン語の castra「陣営」から来ており,その街の起源が何であったかを知らしめる.

地中海東部

ローマ人は地中海を mare nostrum「我らの海」と呼んだのだが,それの西部の状況とは反対に,地中海の東半分においては,ラテン語化は遅々として進まなかった.もちろんそれは,その方面においてすでに共通語として広まっていたギリシア語の文化的威信のせいである.ギリシア本土においては,ラテン語は民衆の第一言語として広まるどころかギリシ

ア語に押されて、行政のための言語にもならなかった。ローマ人にとってギリシア語の修得はなくてはならぬ教養であり、よく言われるように、軍事的、政治的にギリシアを征服したローマは、文化的にはかえってギリシアに征服されたのである。附言すると、イタリア半島の最南部プーリア州においては、古代ギリシア語から変化したグリコと呼ばれる現代ギリシア語とは異なる言語の話者が、現在も残っているほどである。

小アジアにおいても、民衆の言語はギリシア語であった。それは古典ギリシア語のうちでもアッティカ方言を元にした共通ギリシア語で、「コイネー」と呼ばれており、新約聖書のギリシア語でもあり、かつ現代ギリシア語の元となったものである。

北アフリカ

北アフリカでラテン語が出あった主要言語は、コイネーの他にコプト語とカルタゴ語である。

コプト語は古代エジプト語の末裔(まつえい)で、基本的にはギリシア文字で書かれている。ローマと接触したときのエジプトはプトレマイオス王朝の支配下にあった。その始祖プトレマイオスはアレクサンドロス王の武将で、アレクサンドロスの築いた大帝国が彼の死後瓦解(がかい)した後、エジプトを受け継いで支配することとなったのである。であるから、その子孫であるクレオパトラ女王は人種としてはマケドニア人であるが、文化的にはエジプトに同化していた。彼女は多くの言語に通じていた才女で、彼女の使える言語のひとつは当然臣民の言語、コプト語であったはずである。

エジプトはクレオパトラの死(前30年)の後ローマ領とな

ったから当然ラテン語化が始まったのであるが,しかしコプト語が死に絶えることはなかった.それは,キリスト教信者のための言語となり,エジプトがイスラム教徒に占領されたはるか後,10世紀になってもエジプトのキリスト教信者によって細々とながら使われていたのである.

カルタゴはかなりラテン語化された.帝政期には何人かの文人を出しているし,キリスト教期になって,ラテン語で著作した初期の教父たちの多くはアフリカ出身である.しかし,カルタゴ語が死に絶えたりはしなかった.アウグスティヌス(354～430)の時代になっても,カルタゴ語が十分に残って機能していたことがわかっている.

アウグスティヌスはヌミディア,現在のアルジェリアの生まれであるが生まれついてのラテン語話者であった.しかし彼はカルタゴ語の多少の知識も持っていた様子で,またそれがキリスト教信者の間で使われていることに著作で言及している.それのみならず,同じセム語族に属するヘブライ語とカルタゴ語との類似性にも気づいており,カルタゴ語を軽視する様子はうかがえない.アウグスティヌスは異教徒であった時代に私生児を儲けているのだが,その母はカルタゴ語話者であったらしいと考えられている.と言うのも,息子である少年の名前がAdeodatusという,いかにもラテン語らしくないラテン語なのである.これは,a-deo-datus「神から授けられた男」としか解釈できないが,前にも書いたとおりラテン語にはこのような複合語の伝統はなく,別言語から影響を受けたcalque(借用翻訳)でしかありえないのである.そしてそれは,カルタゴ語の名称の構造から容易に説明できると考えられている.

基層語

このように、ラテン語はそれが広まるにつれて多くの言語を飲みこんでいったのだが、同時にそれらから影響も受けざるをえなかった。ラテン語が広がっていく過程でその底に埋もれて話されなくなった言語、それでいてなんらかの形で上層のラテン語に影響を与えたかもしれぬ言語、それを基層語と言う。

さらに3世紀以後になると、ローマ社会にはさまざまな言語が入りこんでくる。ゲルマン語、スラブ語、ハンガリー語、トルコ語、アラブ語などである。それらもラテン語に影響を与える。しかし、それらはすでにあったラテン語の上にのしかかってきた言語で基層語ではなく上層語である。だから、それらとラテン語との関係はラテン語問題と言うよりはその子孫言語たるロマンス語の問題となる。その問題については、当然本書の後の話題となる『ロマンス語の世界』とでも称すべき書物で扱うのがふさわしいので、本書ではこれ以上触れない。ここでは、キリスト紀元以前にラテン語に影響を与えた基層言語について考察してみる。

地中海語

基層語の最も古いものについては「地中海語」という名称が使われるが、それについての資料はほとんどない。

ラテン語話者を含む印欧語話者がイタリア半島に入ってきたとき、それがいつであるかは確実には言えぬことはすでに述べたが、地中海世界はもちろん無人ではなかった。ギリシア語もラテン語も、地中海地域の先住者の言葉をかなり取り入れていることがわかっている。しかし、その先住者の言語がいかなる系統に属するのかはよくわからないので、それら

を漠然と「地中海語」と呼んでおく習慣なのである.

しかし, 印欧語話者がその地中海語から取り入れたのであろうと考えられている単語のなかには, 現代にまで残されたものが少なくない. 言葉が取り入れられたということは, 文明のある程度の高さを表している. その典型的な例が葡萄酒と油である. 英語の wine「葡萄酒」と oil「油」はともにラテン語から長い中間過程を経て入った単語であるが, その元となった vinum, oleum は, ともにギリシア語にも類似の語があるものの印欧語としては解釈できず, 地中海語からの借用であろうと考えられている.

「葡萄酒」はギリシア語では oinos で, ギリシア語ではかつてあった語頭の [w] の音が消えるのが規則であるから起源が等しいことは明瞭である. これらと語源が等しい「葡萄酒」を表す語はセム語族にも見られるので, そこから印欧語族が借用したとの説もあるが, ともかく葡萄から酒を造ることを, 印欧語人は知らなかったらしい. 彼らが知っていたのは蜂蜜から酒を造ることで, そのための単語ならいくつかの言語に残されている.

余談ながら, その蜂蜜を表すサンスクリットは madhu, ギリシア語は methy である. 英語では mead「蜂蜜酒」として残っている. ラテン語にはこの系統の語はない. この語源となった語と, 中国語の「蜜」は共通の源に発するとする説を, なにかで読んだ覚えがあるが, はたしてそれが真実なのかは筆者には明らかではない.

oleum「油」は, oliva「オリーブの木, 果実」の縁語で, つまりローマ人にとっての油とはオリーブ油なのであった. オリーブは温暖地域の木で, 印欧語族はそれを知らなかったのであろう. ギリシア語でも elaion「油」, elaia「オリー

ブ」で同起源である．地中海世界では，そのときから現在に至るまで食用油の第一はオリーブ油である．

plumbum「鉛」（ギリシア語では molybdos）も地中海語から受け入れた文明語のひとつである．これは英語の plumb「鉛錘（えんすい）」，plumber「鉛管工」として，発音されない b とともに現代にまで残されている．

人が気候の異なる土地に移住したとき，見知らぬ植物に出あうことは当然で，ラテン語話者も新しい植物名を取り入れた．代表的なものは，rosa「ばら」，lilium「ゆり」，ficus「いちじく」，cupressus「糸杉」で，すべて英語にまで残っている．

エトルリア語，ケルト語

これまでの例は，ギリシア語，ラテン語がともに地中海の先住者から受け取った単語の例であったが，イタリア半島内におけるラテン語独自の基層語もある．それは，この章の最初で述べたいくつかの言語である．しかし，そのうちで語彙の面でラテン語との一定の関連を持つのはエトルリア語とケルト語である．ケルト人はローマが勢力を伸ばす以前にイタリア半島北部のポー河流域に住み着いていた．そのほかに当然ギリシア語も大いなる影響をラテン語に与えたのだが，それは基層語としてではなく，主にギリシア本国からの文化的影響力としてであるので，後で別に扱うことにする．

エトルリア語の話された地域は文化的には先進地域で，大いなる影響をラテン語に与えたことは当然考えられる．しかし，そのエトルリア語そのものの資料の量が限られていて，現在のところ知られている単語の数は250語程度であり，またその解読も完全ではないから，そこからラテン語に入った

単語を取り出すことはやさしくはなく，研究者によって説は分かれる．

一例として，社会制度にかかわる重要な単語，servus「奴隷」(英語の servant「召使い」はこの語から出ている) をエトルリア語からの借用と考える人がいる．奴隷と自由民との厳然たる区別はローマ社会の根幹にかかわる制度であるが，しかし印欧語人は奴隷制度を保持しておらず，地中海社会に入ってからその制度を取り入れた可能性があるからである．同じく奴隷制度を社会の根幹に据えていたギリシア人の「奴隷」を表す語 doulos も小アジアのリュディア語起源である．しかし，ラテン語に関してはエトルリア語の資料からは裏付けがなく，今のところ定説とはなっていない．

なによりもエトルリア人が，ギリシア文化から多くの影響を受けている．先に述べた文字の借用がその典型的な例なのだが，そのため，現在の資料でのエトルリア語とラテン語の類似というものは，ギリシア語がラテン語に入るさいのエトルリア語の仲介者的役割を示しているというのが真実らしい．

いっぽう，ケルト語から入ったもので代表的な語は carrus「四輪の荷車」である．前1世紀のカエサルの『ガリア戦記』には，ガリア人の使う荷車として carrus は当たり前のように使われているから，それ以前にすでにローマ人にはなじみの単語であったはずである．もちろんこの語が英語 car の遠い祖先で，この語はその後さらに，carry「運ぶ」, charge「義務，責任」, chariot「戦車」などを生み出すのである．carrus の類語 carpentum「二輪の荷車」もケルト語で，これから英語 carpenter「家具職人」が生まれる．元来は「荷車造り」であったのだが．

ケルト人は勇猛果敢で知られていて，当然戦争技術に秀で

ていたとおぼしく，その方面の単語をラテン語に与え，それがまた結果として子孫たるフランス人そのほかに廻り廻って与えられた．gladius「剣」がそうである．これに「小ささ」を示す接尾辞 -olus がついた指小辞形 gladiolus は「短剣」であると同時に花の名前でもあった．ローマ人の gladiolus がグラジオラスと同じ花であるのか，筆者は確かめてはいないのだが．また，日本語で自由契約の寄稿者をフリーランサーと言っているが，これの正しい英語は free lance で，lance は「槍」である．この語の語源 lancea もやはりケルト語からラテン語に入ったのであった．

生活用品としては，髪の染料としての sapo（日本語シャボンの元であるフランス語 savon の語源），ビールの一種 cervesia（スペイン語の cerveza「ビール」の語源）などがある．

2　ギリシア語とラテン語

言語の抗争

さて，ラテン語が出あった最大最強の相手は言うまでもなくギリシア語であった．

海洋民族ギリシア人は，鉄や銅の鉱物資源を求めて地中海各地に赴いており，交易のみならず植民地を作ることも彼らの重要な目的であった．前8世紀にはすでに，南フランスやイベリア半島沿岸にまで植民が開始されていた．ギリシア人が統一国家を形成せずにポリスに分かれて切磋琢磨していたことは常識であろうが，海外に植民地を作るのも各ポリスの個別的行動であった．フランスの重要な港町マルセイユは，この時代のアテナイを中核とするイオニア系住民による植民都市マッサリアに端を発する街である．

ギリシア本土に近いイタリア半島南部とシシリー島にはイオニア系，アカイア系，ドーリス系ギリシア諸ポリスの植民地が特に多数作られた．ナポリのもともとの名前はネアポリスで，ギリシア語で「新しい街」を意味する．前5世紀には，シシリー島の中央部，イタリア半島のナポリより南の地域は完全にギリシアの領土と言ってもよかった．であるから，徐々に勢力を増していったローマが，早晩そのギリシア人と衝突することは避けられなかったのである．

　この，イタリア半島におけるギリシア人の勢力範囲をローマ人はマグナ・グラエキアと呼んでいた．これが，現在ギリシアを呼ぶ国際的地名，Greece, Griechenland などが生まれるゆえんである．実は，ギリシア人自身は自分たち全体にそれに類した呼び名を用いることは昔も今もない．現在のギリシアの国名はエラス Ellas，「ギリシア人」は現代ギリシア語ではエリニコスであり，これらの語源であるヘッラス，ヘッレニコスが，ほかにも呼称はあるが，ギリシア人が自らに用いた用語である．Greek の語源となったグライコスとは，元来は西部ギリシアの一部族の呼び方にすぎなかったのに，ローマ人はギリシア人全体に当てはめてしまい，それがラテン語の威力で現在世界中でギリシアの呼称となっているのである．

　さて，ギリシア語とラテン語は同じ印欧語に属するゆえに一定の特徴を共有すること，ギリシア文明の発達はローマよりは格段に早かったこと，地理的には近接していて，ローマに軍事的には敗北したが，文化的優越性のゆえに大きな影響をローマに与えたこと，これらのことは今更述べる必要はないであろう．

　では，純粋に言語学的見地から見たギリシア語とラテン語

との近親関係はどのようなものであったのだろうか.

　この2言語は，印欧語族を大まかに東方と西方の2グループに分けたときには，ともにその西方グループに入ってはいる．しかし，それ以上に深い近縁関係はないようだ．というのも，同じ語根から出た単語を共有することはあるとはいえ，この両語にのみ残って他の印欧語には見られない単語の例は少ないし，また共通の文法的特徴を排他的に持つこともないからである．
「葡萄酒」や「油」が共通しているのは，同じ基層語を共有した結果であるから，系統的に近縁であることにはならない．また，「機械」がギリシア語ではメカネ（英語 mechanic の語源），ラテン語ではマキナ（英語 machine の語源）であったりするのは，ギリシア語がラテン語に借用されて，そのさいに音韻変化が起こったからで，系統とは無縁な文化的関係の深さの実例にすぎない．

傍層語としてのギリシア語

　ラテン語にとってのギリシア語は，すでに述べた基層語でも上層語でもなく，すぐ近くにあって長時間影響を横から与える言語，つまり傍層語である．英語では，基層語は substratum, 上層語は superstratum, 傍層語は adstratum と言う．現代においては，傍層語は必ずしも地理的に近縁でなくても他言語に影響を与えうる．日本語について言えば，かつては中国語が傍層語，今では英語が傍層語である．

　さて，傍層語としてのギリシア語がラテン語に与えた影響は多大なものがあり，grammatica「文法」, philosophia「哲学」, rhetorica「弁論術」, architectus「建築家」, tragoedia「悲劇」, comoedia「喜劇」, poema「詩」など，ギリシア語

からラテン語に入って土着化し,それが近代語にまで残った例は数多い.これらは知識人の手によって導入された単語で,同様な例はほかにも多数ある.

庶民による単語輸入

ギリシア語からラテン語への単語の流入は,実は最初は庶民の口を介して行われた.その理由は,ローマが急激に拡大して,それにつれて市民権を持つ人々の数が急に増大したためである.

前3世紀のローマ市民権保持者の数は35万人程度とみなされる.いっぽう最盛期アテナイの市民権保持者の数はせいぜい3万を超える程度であった.ローマ市民権保持者に女性,子供,奴隷と在留外国人を合わせると,ローマの勢力圏での都市部の人口は100万を軽く超えていたであろう.20世紀前半における印欧語比較言語学の代表的学者であったフランスのアントワーヌ・メイエの表現を借りると,ローマでは「古来の居住者は,よそ者とその子孫のなかに沈没させられた」のである.そして,そのよそ者が一番なじんでいた言語はギリシア語であった.

プラウトゥスの喜劇では,笑いを取るための表現としてギリシア語単語が頻発される.呪(のろ)いや喜びを表す間投詞にもギリシア語そのままが使われる.そもそも,「浮かれ騒ぐ」と言うための単語が pergraecari「ギリシア式にやる」という表現なのである.プラウトゥスよりも上品な喜劇を書いたテレンティウスの作品では,ギリシア語単語の数はずっと少なくなる.

庶民によるギリシア語導入の典型的な例は,海洋用語である.

英語の governor「知事」の語源はラテン語 gubernator「水先案内人」であるが、これはギリシア語 kybernan「船を導く」を借用してそれから作られた行為者名詞である。リレーの最終走者をアンカーと言うが、anchor のもともとの意味は「錨(いかり)」である。その語源 ancora はギリシア語の ankyra がラテン語に入ったものだ。そのほか、「舳先(へさき)」、「艫(とも)」、「船人」を表す語をはじめとするかなりの単語がギリシア語から借用されている。

poet「詩人」の語源 poeta も、一見ギリシア語 poietes からの文化人による借用に見えるのだが、実はギリシア伝説を歌ってイタリア各地を巡業する吟遊詩人の名称として入ったのであろうと、ラテン語語源学の大家フランスのアルフレド・エルヌーは述べている。

英語の punish「罰する」の語源 punire は poena「罰」から作られた派生語であるが、この poena も早くにギリシア語から庶民によってラテン語に取り入れられた単語である。法律用語にギリシア語が混じるのは、要するに罰せられる側＝庶民の用語が定着したせいなのである。

借用の回路がどのようなものであったか特定されぬギリシア語起源の言葉には、たとえば動物名がある。英語の虎、ライオン、イルカ、象などは皆、ギリシア語がラテン語に入り、そして後世において汎(はん)ヨーロッパ的に固定したものだ。

文化人による単語輸入

庶民によるギリシア語流入が終わると、文学者による、ギリシア語単語の文学的効果のための意識的借用が始まる。

ギリシア語と比べてラテン語を「貧弱」と感じることは、ギリシア語とラテン語のバイリンガルであったキケロやルク

レティウスが表明していることでもある.だから,ラテン語では意味が伝わらないとして文学者がギリシア語単語をそのまま用いることは前からあった.

ローマ文学史に最初に登場するリウィウス・アンドロニクスがホメロスの『オデュッセイア』のラテン語版を作ったとき,冒頭で呼びかけられた詩の女神はローマの土着の神カメナであった.しかし,カメナでは叙事詩の雰囲気が出なかったのであろうか,リウィウス・アンドロニクスから50年遅く生まれた「ローマ文学の父」エンニウス(前239〜前169)の叙事詩においては,呼びかけられるのはギリシアと同じムーサ Musa である.そしてそれがローマ文学の伝統となって,英語の Muse にまでなった.musike「ムーサの術」はラテン語では musica となって,英語 music となった.

なお,キリスト教の時代になってギリシア語はふたたびラテン語に大きな影響を与えることとなる.それについては,第9章2節「キリスト教とラテン語」で述べることにする.

3 ラテン語の増殖力

再利用可能な資産

ラテン語は,無縁の言語にまでも,多分永久に,影響力を行使しうるであろうと筆者は考えている.その理由は,それが単に大きな資源をなかに秘めているからだけではなく,その資源を最大限に再利用可能にさせる性質を内在させているからである.言語資源の再利用の可能性,それは生命力の強さと言ってもよいと思うが,それについてはラテン語に勝る言語はない.その点,ラテン語と対照させて考えると日本語

はいかにも資源再利用力の乏しい言語に見えてくる.

　日本語は,その歴史のなかで単語をどんどん古びさせて別の語と置き換え,捨ててきた言語である.そして捨ててしまった単語の後釜(あとがま)を埋めるものが日本語そのものから出てくることは稀である.日本人は新しい語彙が必要と感じると,その材料調達先としては外国の語彙貯蔵庫に頼るのである.古いものの再生,再利用という概念にしてからが,現在はリサイクルといった英語起源の単語で語られるのが,その点いかにも象徴的である.

　リサイクルのリはラテン語,サイクルはギリシア語から来たものである.リは,「ふたたび,たびたび,逆方向に」といった意味を付加するための接頭辞であり,サイクルは「輪,円環」を意味する名詞であった.英語 recycle はそのラテン語とギリシア語を利用したまったくの新造語で,名詞としても動詞としても使われはじめたのは20世紀である.まさに,古い言語資源のリサイクルの好例である.そしてそれを日本人も喜んで使用する.

　日本人が英語を際限なく取り入れるから変だと言うのではない.明治時代に西洋から新しい事物,観念が流入したとき,先人はそれをそのまま取り入れることなく翻訳語を作ろうと努めて,philosophy は「哲学」となり,republic は「共和国」となったのではあるが,その翻訳のさいに使われた言語資源は結局は漢語であった.「神道」という漢語的言い回しを嫌って「かんながらのみち」と言い換えようとするような,江戸時代にあった努力が実を結ばないであろうことは誰にでも直感的にわかる.

　実に日本語はリサイクルしにくい言語で,ラテン語はその正反対,リサイクル用にお誂(あつら)え向きの資源をたっぷり備えた

言語である．そのことは，ルネッサンス時代以後に膨大な数のラテン語単語が英語に取り入れられたことからもわかるのだが，それについては，ここでは詳述する必要はないであろう．

重要なのは，ラテン語から取り入れられた単語を列挙することではなく，それを可能にしたラテン語の特性を認識することである．特性とは，ラテン語の語彙が単に豊富であったことではない．ラテン語の構造自体が，再利用のための力量を巨大な，あるいは無尽蔵なものにしたということである．

英語のリサイクルの例に見られた新語の作られ方は，名詞「サイクル」に接頭辞「リ」を付加することで新しい意味を創造し，それをさらに名詞としてではなく動詞としても使用する，ということである．このように，ひとつの単語から意味的に関連した別の単語を生み出すこと，たとえば名詞から形容詞を，形容詞から動詞を生み出すことを派生という．派生は，たとえば英語では活発にかつ自由に生じる現象であるが，日本語ではその構造上生産的ではない．

modern「近代的」に対する pre-modern を「前近代的」と訳すまではうまくいったのだが，post-modern になるともう訳しようがなく，カタカナでポストモダーンと言わなければならないのが，その実例である．

英語は，このように接頭辞や接尾辞を駆使することで派生語を作ることができる．その能力があるということは，言語内部にダイナミズムを有していることを意味している．しかしここで，ふたつのことを言っておかねばならない．

ひとつは，英語で派生のために利用される要素の大部分がラテン語起源であることである．上の例に出た pre, post, modern はすべてがラテン語に由来している．英語は，派生

という言語をダイナミックに機能させる現象においても,ラテン語の支配力からは自由になれないのである.もちろん英語にもラテン語とは無関係な派生のための接辞,たとえば副詞や形容詞を作る -ly や名詞を作る -ness などがあるが,そのようなゲルマン語的接辞による派生は今では生産性がそれほど活発ではないのである.

第二は,英語は派生という現象においても,ラテン語の持っていた「形式と意味の関係の論理性」は持ちえないことである.

先に例を挙げた新造語 recycle について言うなら,それは名詞として使っても動詞として使っても形は一緒である.そのような例は英語では数多くある.ある単語を名詞としても動詞としても形を変えずに用いることができることを「便利だ」と考えるなら,英語はよい言語である.しかし,ラテン語のような言語を知ると,それがいかにもおかしな現象に思えてくる.

ラテン語であれば,名詞は「名詞である」と主張しているかのように名詞特有の形式性を持ち,動詞に関しても同様である.名詞がすぐ動詞として使用されたり,その逆があったりすることはない.英語の不定詞のように,動詞の不定形が動詞の目的語として使われること(I like to dance の to dance のように)はあるが,それは要するに動詞の一用法ということである.

もちろん英語だとて,動詞の過去形,分詞形では recycled, recycling のようにその役割特有の形式を持つ.しかし,それはそれだけにとどまり,ラテン語の派生語の事例で見られるような,各語形の集成が整然たるヒエラルキーを形成しているような現象は見られない.

ある単語が形を変えずに名詞としても動詞としても働く例は英語以外の言語にもたくさんあり,それはそれで何の違和感も感じさせないのかもしれない.「意味」を作るのは各要素の「形式」ではなく,各要素の作り出す関係性(たとえば語順)であるのが英語であり,また多くの近代語であるから.

 しかしラテン語のような言語を知ると,そのような融通無碍性は,ある種の「だらしなさ」に見えるのである.ラテン語においては,たとえば動詞には動詞としての決まった形があり,それが名詞と混同されることはありえない.そこには,「形式」が厳然と「意味」を規定する厳しさがある.繰り返すが,「形式」と「意味」との厳密な関係性,そこにこそラテン語の魅力がある.

 言語学においては,諸言語の価値の高低を論ずるのはルール違反である.しかし,言語の魅力の高低を論じるのは許されるはずだ.筆者はときどき思うのだが,ラテン語をよく学んだ人は,等しく近代語を「堕落した言語」と見てしまうのではなかろうか.たとえばフランス人の古典語学者は,自分の母語よりはその祖先言語のほうを優れたものと思ってしまうのではなかろうか.

派生はいかに行われるか

 このようなことを抽象的に語ってもしょうがない.ラテン語が論理的体系性をその構造や形式性のなかに内在させている実例を,派生という現象で見てみよう.英語にもラテン語にも共通に見られる派生においても,結果として単語群の内部に作り上げられる関係性は,ラテン語と英語とでは大きく異なっていることがわかる.ラテン語のそれに見られる整然たる系統的,あるいは階層的関係性が,英語ではほとんど明

瞭には見えなくなる．このことをひとつの語根から発生した単語群を例にとって考えてみる．

　日本語にアクションという言葉が入っている．アクターも入っている．アクチュアルという言葉も入っている．英語の action, actor, actual であり，その三者が意味と形態の双方で関連性を持っていることは漠然とは知られる．ほかに act, actress, active, activity, activate 等の語を思い浮かべる人は，それらの関連性も感じるであろう．しかし，たとえば日本語のアジ，アジテーターという言葉の元になった agitation, agitator, それを生み出した agitate,「身軽な」を意味する agile, エージェントと日本語でも使われる agent のような単語群と，action その他の語との関連性を考慮に入れる人は，日本人はもちろんのこと，英語話者だとて多くはいないだろう．英語を教える人だとて，そんなことは無用の知識と考えてもよいのである．

　しかし，ともかくもこれらの単語はすべてラテン語の同一語根から発している．そしてそれが直接的，間接的に英語に入ったのである．直接的というのは，古典ラテン語に存在した単語から英語に入った単語である（ほとんどの場合フランス語を介してだが，これも直接的と言っておく）ということ．間接的というのは，古典ラテン語にはなかったのに中世において新しいラテン語として作られてそれが英語にも入った例（actual, activity など）と，中世ラテン語にもないのに，フランス語や英語において新たに派生した例（actress, activate, 動詞としての act）のことである．

　繰り返すが，このような歴史的経緯などは，英語話者にも英語学習者にも持っておかねばならぬ知識ではない．しかしそれは要するに，これらが英語ではばらばらな単語としてし

か存在していないことを示してもいるのである．そして，これが重要なことなのだが，ラテン語では，英語などとは異なり派生という現象で増殖した個々の単語群はその内部の階層的相互関係を明瞭に見せている．英語においてはそれが見えない．action, agitator, agent, agile はバラバラな単語群にすぎない．要するにそれらは外来語である．ところがラテン語はそれらの相互関係を，人間の系統図であるかのように，どれが親でどれが子，孫，兄弟であるのか明瞭に見せてくれる．

ラテン語を知る者にとってラテン語をいかにも機能的に，そしてそれゆえに魅力的に見せるもののひとつは，これから述べるような，その語彙内部に存在している体系的相互関係の存在である．以下にそれを少し詳細にたどってみよう．

ag- にはじまる言葉の流れ

ラテン語にまで遡(さかのぼ)れば，先に述べたアクション，アクターなどの単語はすべて，ひとつの語根 ag- から発生している．これはギリシア語，サンスクリットにも存在する語根で，大まかに言って「前へ駆り立てる，押す」という動作を意味している．前に触れた，ギリシア語の agon「競技」もこの語根から発した単語である．

語根 ag- からまず，agere という動詞が作られる．「動かす，駆り立てる」という意味を持つ．-ere の語尾からわかるように，これはラテン語規則動詞のうちの第3変化に属している．第3章3節「ラテン語の構造」で触れておいた4基本形は，ago, agere, egi, actum である．

語根 ag- に，完了分詞を作る接尾辞 -tum（英語の -ed に相当するものと考えるとよい）がつくと，actum「なされた」が作られる．ラテン語には -gt- という子音連続はありえないの

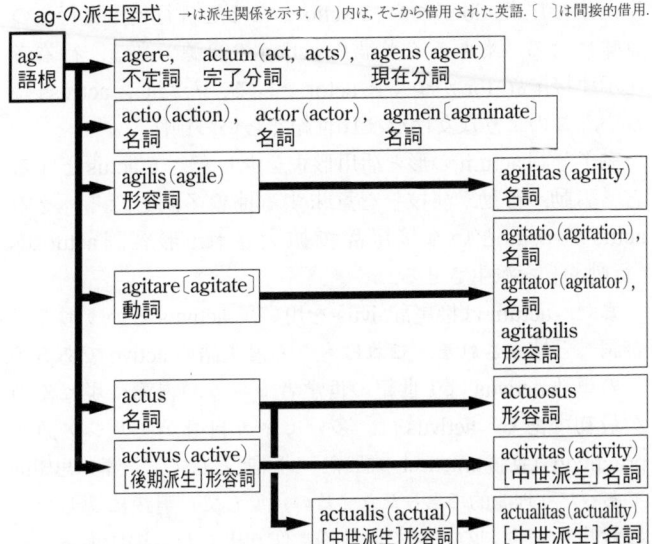

ag- の派生図式 →は派生関係を示す.（　）内は,そこから借用された英語.〔　〕は間接的借用.

ag-語根		
	agere, actum(act, acts), agens(agent) 不定詞　完了分詞　　　　　現在分詞	
	actio(action), actor(actor), agmen〔agminate〕 名詞　　　　　名詞　　　　　名詞	
	agilis(agile) 形容詞	agilitas(agility) 名詞
	agitare〔agitate〕 動詞	agitatio(agitation), 名詞 agitator(agitator), 名詞 agitabilis 形容詞
	actus 名詞	actuosus 形容詞
	activus(active) 〔後期派生〕形容詞	activitas(activity) 〔中世派生〕名詞
	actualis(actual) 〔中世派生〕形容詞	actualitas(actuality) 〔中世派生〕名詞

で ag- の g はその後の無声音 t に同化して無声音 c（発音は [k]）となるのである．これが英語 act の語源である．actum が複数形 acta となると名詞化して「公式な出来事の記録」という意味になる．英語で議事録のことを複数形で acts というのは，これを文法模倣的に移し入れているのである．

この動詞から規則的に生まれる現在分詞（英語で -ing をつけて現在分詞を作るのと同じこと）は agens「動かしている」で，それが英語では agent となった．英語の act と agent では両者の関係はラテン語を知らぬ者には見えぬものだが，ラテン語ではそれが英語の moved と moving のように，完了分詞「なされた（人，もの）」と現在分詞「なす（人，もの）」として明瞭に見えるのである．

ag- はその他にいくつかの名詞を生み出す．抽象名詞を生

み出す接尾辞 -tio がついて actio となると「行為，実行」の意味になる．もちろん英語の action の語源である．行為者を示す接尾辞 -tor がつくと actor となる．ただし，actress はない．このような女性形は16世紀くらいの創作．

完了分詞 actum の形と活用形式を少し変えて actus とすると「駆動，行動，演技」を意味する抽象名詞となる．その actus が -osus という接尾辞で拡大され，形容詞 actuosus「行動的」を派生させる．

また，actum は接尾辞 -ivus を用いて activus という形で形容詞へと拡大される．これはもちろん英語の active であるが，この単語 activus は1世紀の哲学者セネカの書簡に現れるのが最初である．activus は，多分セネカ自身がギリシア語の practicon（英語 practical の語源）の翻訳として，「（単に思索的であったり理論的であったりするのに反して）実践に適した」の意味を表すものとして自覚的に作り出したものであったのかもしれない．activus はすぐに後代の文法家によって採用され「（動詞の）能動的」の意味に活用されることになる．そして英語の active となった．

語根 ag- に抽象名詞を作る働きのある -men という接尾辞をつけて agmen となると「動き，動くもの，行軍」を意味する名詞ができる．この場合，m は有声音なので，g の音は保存される．後続音によるこのような変化は自動的に起こることなので，agere, agmen, actio, actor 等が同一語根から出ていることは自明のこととして理解される．この agmen からは英語で agminate「群れをなした」という形容詞が作られている．

ag- は接尾辞 -ilis をつけて形容詞 agilis「身軽に動く」を生み出し，それはさらに名詞化接尾辞 -tas を介することで名詞

agilitas「身の軽さ」を作る（英語 agile, agility）.

また，-itare という，一般に反復動作を表す要素を含む語尾をつけることで別の動詞 agitare「駆り立てる」が生まれる．これの完了分詞 agitatum を元にして17世紀ころに作られたのが，英語 agitate である．英語の名詞 agitation, agitator はこの agitate からの派生のように見えるが，実は名詞のほうが先に存在していて（ラテン語 agitatio, agitator），それがその元らしく見える動詞 agitate を生み出すのに寄与しているのである．

agitare は可能性を表す -abilis をつけて agitabilis「動きやすい」を生み出すが，これからできた英語 agitable は今は廃語である．agitare を遠い始祖として英語として使われた新語はほかに agitant, agitational, agitative, agitatorial, agitatrix, 音楽用語としてイタリア語から入った agitato がある．

さて，act, action と同根であろうと予測させる英語 activity, actual, actuality などはどうなのであろう．

これらは，古典ラテン語には存在しないのに中世になって作り出されたラテン語が元となっている．

まず，activus（これが学者的な造語であることは述べた）がすでに触れた接尾辞 -itas をとって名詞化され，activitas となる．これが activity の語源である．

actus は -alis という接尾辞で拡大されて actualis となる．これが actual の語源である．これがやはり -itas で拡大されて actualitas となる．もちろん actuality の語源である．これを日本人もアクチュアリティーとして使っている．

activitas, actualis, actualitas などはすべて，古代ローマ人は露知らぬ単語なのであるが，しかし，立派にラテン語としては通用する．派生のための方法論が正統的であるなら，後

代の人だとてラテン語新語を造っても構わない．ラテン語は，それを話す人が存在しなくなってもその拡大の原理を保存し，活用することで生き延びてきたのである．

さらに，作られた英語から新しい単語が作られる．activate, reaction などがそうである．これらはいかにもラテン語の子孫らしい風貌なのであるが，それに正確に対応するラテン語はない．

たとえば reaction は，17世紀から英語で使われている．reaction に相当する意味のラテン語は reactio であろうと思われるだろうが，実は正しいラテン語は redactio で，これは agere の派生語 redigere（red＋agere）から作られたもの．

ところで，ニュートン（1642〜1727）の『プリンキピア』（正式には Philosophiae Naturalis Principia Mathematica で『自然哲学の数学的諸原理』である）は後で述べるようにラテン語で書かれているのだが，そのうちの「公理，運動の法則」の第三力学法則である「作用と反作用」の理論で，「反作用」に対して彼はいみじくも reactio という非正統ラテン語を用いているのが面白い．

なお，派生の可能性を豊富に持っている点では，ギリシア語もラテン語と同様である．しかし，ギリシア語の場合，ラテン語の派生語群が見せていた整然たる階層的相互関係はラテン語ほどには明瞭に見えてこないのが実情である．その理由は，ギリシア語においては二次的な音韻変化の度合いが甚だしく，元来は同一の語根から派生した単語群も，形の上での類似性が見えにくくなっていることである．

このようにラテン語では派生のための接尾辞が豊富に揃っており，それらで拡大された派生語が多少の形を変えて英語

にも入っていることを見た．英語においてそれらの接尾辞は，今ではラテン語系以外の単語にもつけられて英語をさらに豊富にするのに役立っている．

すでに見た，-ivus からの -ive，-alis からの -al，-itas からの -ity は，英語内部において独自の生産力を発揮しはじめ，新しい派生語を作っている．ほかに，-arius からの -ary，-abilis からの -able，-itudo からの -itude などもそうである．英語内部においてそれらで拡大された派生語の数は数え切れない．ときにそれは，まったくラテン語とは無関係の単語からの派生語を作ることにも用いられる．たとえば，talkative, oddity, readable 等の元になった単語はゲルマン語なのである．

派生は，接尾辞だけではなく接頭辞によってもなされる．接尾辞は別品詞を派生させる機能が主であるのに対して，接頭辞は「意味」をさまざまに色づけする機能のほうが強いから，その分だけ自由に適用されやすい．

そんなわけで，「ふたたび，たびたび，逆方向へ」の意味の re-，「下へ」の意味の sub-，同じく「下へ」あるいは「分離」を意味する de-，「外へ」の e-, ex-，「一緒に」の意味の con-，「以前の」の prae- (pre-)，「多数の」の multi-，「賛成する」の pro-，「反対する」の contra- と anti-，「反」の in- (im-, ig-)，「中，間」の inter-, intro- など，実に多くのラテン語起源の接頭辞が英語でも機能している．これらとともに作られる新語については，例を挙げるまでもあるまい．

ニュートンが作った（？）新語

ラテン語は，新語生産のための豊富な素材と強靭(きょうじん)な方法論を秘めた言語で，そのゆえに，すでに話す人がいなくなった後までも生命力を更新させる力をその内部に保持していた

のである．いわば，ラテン語は自己増殖能力を備えた永久機械で，外部からの補給なしで増えつづけることが可能なのだ．ラテン語が不死である理由，のみならずこれからも永久に世界の言語に影響力を行使しつづけるであろう理由はそれである．

ニュートンが『プリンキピア』で「反作用」の意味に古典ラテン語にはなかった reactio という語を用いたことをすでに見た．正しいラテン語は redactio（＝red-actio）なのだが，ここでの接頭辞 red- は先に述べた接頭辞の re- と同義で，後に母音が来るときには -d をつける（「行く」ire に対して「戻る」は redire）のが通例であったからである．しかし，そのような細かな差異はさっぱりと無視して新しい単語を作ってもそれは通用した．

このようなことはニュートンにとっては例外ではない．彼の「公理」の第二力学法則，いわゆる運動の法則の原文は次のようなものだ．

> Mutationem motus proportionalem esse vi motrici impressae, et fieri secundum lineam rectam qua vis illa imprimitur.
> 「運動のせいで起こる変化は，加えられた動かす力に比例しており，その力が加えられる方向へ直線的に生じる」

ここにある motrici「動かす」という形容詞は，古典ラテン語の最大の辞書 *Thesaurus Linguae Latinae* にも，中世ラテン語の最大辞書 *Glossarium Mediae et Infimae Latinitatis* にも登載されていない．それでもラテン語をよく知っている

人ならばその意味はわかる．これは，motor（稀ではあるが古典ラテン語にある単語で，「動かすもの，人」を意味する．英語 move の語源である movere と行為者を示す接尾辞 -tor から造られた語．もちろん英語 motor の語源でもある）が形容詞化して女性形 motrix を作り，それが女性名詞 vis「力」の単数与格形につくために正しく motrici と格変化したのであろうと理解しうるからである．

motrix は古典ラテン語にはない．しかし，男性形語尾 -tor とその女性形語尾 -trix の組み合わせはあった．fautor「男のパトロン」に対する fautrix「女のパトロン」のように．だから，たとえ motrix なる単語はなかろうとも，motor から motrix を作る潜在的派生力はあったので，それをニュートンを含む後世の人々は喜んで利用したわけである．

付け加えると，vis「力」という語は古典ラテン語では一種の欠陥名詞で，すべての変化形が揃ってはおらず，ニュートンがここで用いているような単数与格形は一般には使われない形であった．それなのにニュートンはためらわずに用いている．その原理は同じである．「古典ラテン語では存在しなかったり，忌避された形でも，正統的な造語法の上で可能な形ならラテン語として通用する」という原理である．

この原理があるからこそ，死語であるラテン語も実用性を保って生き延びたのだ．そしてそれは17世紀までにはヨーロッパの至るところで通用する共通語であり，現在でもその造語力によって日本語にまでその影響力を及ぼしているのである．

「アマデウス」の意味

さて，今まで述べきたった造語力とは，接尾辞，接頭辞を

用いて拡大していく派生語を作ることであった．ところで，ギリシア語とサンスクリットには，もうひとつ別の便利な造語法があった．それは，複合語である．複合語とは，ふたつの単語を接続，融合することで新たな意味を持った語で，ギリシア語の例で言うと，たとえば人の名前は大体において複合語で出来上がっている．アリストテレスはアリストス（最善の）とテロス（完成）からなり，「最善の完成をなす人」という意味と解釈される．ソクラテスなら，ソス（十全たる）とクラトス（力）の組み合わせで，「力の欠けたるところなき人」と解釈できる．

サンスクリットに至っては，複合語を独特の仕方で発達させ，それを高度の統辞法にまで高めてしまった．もっともこれが，サンスクリットの学習を初学者に格別難しくしている原因なのであるが．

ラテン語は，複合語造語力は非常に弱かった．だから，人名でもソクラテス式の命名法はない．しかし，後世の人はラテン語の真の性格を知らずにでたらめの複合語で人名を作ったりしている．アウグスティヌスの息子の名前 Adeodatus がその早い一例であった．

モーツァルトの名前のひとつはアマデウス Amadeus であるが，これは明らかに amare（愛する）とデウス deus（神）の組み合わせである．ギリシア人なら「愛する」ピロスと「神」テオスを組み合わせてテオピロス「神に愛された人」という名前は可能なのであるが，ローマ人はそのような造語法は知らなかった．

しかし，モーツァルトのこの名前は，ラテン語にある「神に愛された人は夭折する」ということわざ（Quem di diligunt adolescens moritur）を考慮に入れると，彼の一生にいかにも

ふさわしい.

　ラテン語の子孫であるフランス語やスペイン語も複合語を作るのは苦手である. その点, 英語は rice paper, speech sound のごとくに楽々と名詞を重ねて新語を造る. 英語が容易に複合語的新語を造りうることはそれがゲルマン祖語から受け継いできた特質で, 祖語を同じくするドイツ語などはその複合語作成能力では英語以上, サンスクリットにも劣らないと言えるかもしれない. 英語はドイツ語ほどではないにしても, ともかくゲルマン祖語にあった複合語造成力を保っており, それに加えて先に述べたラテン語的造語力を取り入れた. 英語はそれでさらに便利になった.

　歴史上実に多くの言語から単語を取り入れたことと造語力を強化したこと, この点が英語の強みである. 筆者は英語学者ではなく, 英語のみが世界で幅を利かせることには大賛成とは言いかねるのであるが, それでもこの強みだけは認めたいと思う.

4　碑文を読む楽しみ

　ラテン語の知識を持っていると, イタリア半島を旅するときの楽しみが増える.

　イタリアは遺跡の宝庫であり, その遺跡に文字が刻まれていることも多いからである. イタリアは大理石をはじめとする建築用石材の産地で, それらの石材は文字を刻んで長く保存するのに向いている.

　イタリアの博物館, たとえばローマの中心部にある, トラヤヌス帝の浴場 (テルメ) 遺跡を利用した博物館においては, 歴史的に必ずしも重要ではない無名人の墓碑のようなものは

屋外にたくさん並べたままになっている.それらをひとつひとつ読んでいくと,夭折した子供への墓碑銘のように,意外に心打つものがあったりするのである.

ところで,ラテン語で書かれた古代の碑文は,そもそもが時代と地域の双方において広範囲にわたっているから,もしそれをすべて収集し,その印影と活字化したものを書物の形で発刊するとなれば,それには莫大な経費と人手と,そして時間と学識が必要であるとわかるであろう.ところが,まさにその作業が行われ,現在も続いている.

ドイツにおけるローマ史研究の大家テオドール・モムゼンが19世紀中葉に創刊した『ラテン語碑文集大成』(*Corpus Inscriptionum Latinarum*)がそれである.この書物については第2章3節ですでに少し触れている.現在までその成果は17巻にまとめられているが,分冊としては70冊になる.13冊の補遺もそれに加わる.もちろんそれで終わるのではなく,ローマ帝国の版図のすべての地域からラテン語碑文を収集し,編集し,発刊する作業が150年以上にもわたって今も継続しているのである.これは,ローマ文明の埋もれた遺産の豊かさを知らせると同時に,ヨーロッパにおける文献学的研究の深さ,根強さを改めて教えさせる偉業である.

ティトゥス帝への凱旋門

さて,碑文は,ローマの街を歩くだけですぐに目につくのであるが,しかしラテン語が読めるからといってすぐに碑文が読めるわけではない.

まず,活字と違って彫られた文字の形が読みにくい場合がある.また,字数を節約するために一定の約束事によってなされる省略が多くあり,その約束事に無知なら,なにも理解

IV 拡大するラテン語

ティトゥス帝への凱旋門 (*Illustrated Introduction to Latin Epigraphy*)

できなくなる.

　手はじめに，ローマ市の中心部，フォロ・ロマーノのなかにあって誰にでもすぐに見られる，また短いので理解しやすい「ティトゥス帝への凱旋門」の上部に彫られた文を見てみよう．これは80年ころに建てられたものである．70年にローマ軍がエルサレムを包囲，破壊したことを記念して，そのことに力あったティトゥス帝を顕彰するためのものであると理解される.

　その前面には文字が大きく以下のように彫られている.

SENATVS

POPVLVSQVEROMANVS

DIVOTITODIVIVESPASIANIF

VESPASIANOAVGVSTO

すべて大文字で，vの文字が子音にも母音にも使われているのが，ラテン語の通常の用法であることはすでに述べたとおりである．

　読みやすくするために分かち書きに書き直すと，最初の2行がSenatus Populusque Romanusで，「ローマの元老院と人民は」という主語となっている．この言い回しはローマにおける法律文のための定型句で，ときにはＳＰＱＲと省略される．後の2行はdivo Tito divi Vespasiani f Vespasiano Augustoで「神君ウェスパシアヌスの子息，神君ティトゥス・ウェスパシアヌス・アウグストゥスへ」と読める．動詞は省略されているが，明らかに「これを捧(ささ)げる」という意味が込められている．

　ローマの第9代皇帝ウェスパシアヌスもその息子のティトゥス帝も死後神格化されたので，divus「神のごとき」という形容詞がそれぞれdivo, diviと変化して付加されている．

　divi Vespasiani fの最後のfは，ローマの碑文に最もよく現れる省略語形で，filius「息子」である．この場合，与格であるTito「ティトゥスへ」に格が合わされているので発音するならfilioと読まなければならない．

　見たように，この碑文は，それを贈られた人物の重大さを考慮に入れるとごく短い．短すぎると思われるほどである．

メテッラの墓

　別の有名なものとしてはローマ中心部ではないが，ローマ市から歩いていける距離にある「カエキリア・メテッラの墓碑」がある．直径20メートルの円筒形の巨大な建物にみえるが，前1世紀終わりに作られた，ある女性のための石棺を納めた墓所である．「メテッラの墓」として日本語の観光案

IV 拡大するラテン語

メテッラの墓 全景（上）と碑文（下）1920年ころの撮影
(*Illustrated Introduction to Latin Epigraphy*)

内書にも載っている遺跡のひとつで、ローマ市街からアッピウス街道を南に歩いていける距離にあるのだが、その道が今は車が激しく通るから危険で歩きにくい.

その巨大建物の道路側に面したところに以下の言葉を彫った大理石板がはめこまれている.

CAECILIAE
Q・CRETICI・F
METELLAE・CRASSI

1行目のCAECILIAEと3行目のMETELLAEがつながっていて、「カエキリア・メテッラへ（捧ぐ）」の意味. Q・CRETICI・Fは、「クイントゥス・クレティクスの（娘）」でである. Fはこの場合 filia「娘」の省略形. CRASSIは「クラッススの（妻）」の意味.

ここでローマ人の名前について知っておくと、この碑文の読み方に役立つであろう.

ローマ人（男性）の名前は通常三つの部分からなり、個人名、氏族名、家名の順で並べられる.

ユリウス・カエサルは正式には Gaius Iulius Caesar で、「ユリウス一族のうちのカエサル家に生まれてガイウスと名付けられた男子」である. 男の子にはこのように個人名がつけられるが、女の子には個人名はない. おかしな習慣と思われるが、女の子は、結婚してからも、生家の氏族名を女性形にして呼ばれる. だからユリウス・カエサルの娘はユリアである. それのみならずカエサルの伯母でマリウスの妻であった人、カエサルの姉でアウグストゥスの祖母となる人、カエサルのいとこでアントニウスの母となる人、アウグストゥス

の娘，またその娘，彼女らはすべてユリアであるから，ローマ史を読むときの女性の区別はややこしい．現代の女性名ジュリー（Julie）はもちろんこのユリアから来ている．

さて，この巨大な墓に葬られている女性の父はクイントゥス・カエキリウス・メテッルス・クレティクスである．カエキリウス・メテッルス家は前3世紀以来人物を輩出している名家で，名をなした人が大勢いるから，各人の特徴を表す通称を4番目につけて区別する習慣である．この場合のクレティクスは「クレタ島で勲功をあげた人」の意味．前69年に執政官に就任している人だ．

ついでに言うと，ローマ人の個人名のバラエティは限られていて20種類ほどであるから，綴りが全部書かれる必要はなくて，最初の1文字か2文字で表されてしまう．Qならクイントゥスであると決まっている．Mならマルクス，Tならティトゥスである．ただしカエサルの個人名ガイウスはGではなくCと略される習慣である．

この一族の女性は氏族名に家名をつけて呼ばれる習慣だった．だから，墓の主の名はカエキリア・メテッラなのである．記録されている同名のカエキリア・メテッラのなかには，独裁者スッラの妻だった人，キケロの政敵クロディウスの母だった人，また詩人カトゥッルスを魅惑して苦しめ同時に多数の詩を書かしめたレスビア（実名クロディア）の娘もいる．それらの間での区別を求めるなら，各人の父の通称を女性形にしてつける．スッラの妻の父はダルマティアで勲功をたてたのかDalmaticusなる通称があったので，彼女はカエキリア・メテッラ・ダルマティカである．

墓の主の通称はカエキリア・メテッラ・クレティカになったろうが，そのようにして文献において記録されてはいない．

要するにクラッススなる人の妻であっただけで，一族の同名の女たちのように善悪どちらかの理由で後世に知られることはなかった人なのだ．夫クラッススは，カエサル，ポンペイウスとともに三頭政治を敷いたクラッススの息子の一人と目される．しかし，特に政界で名を馳せた人ではなく，その妻になぜこのように立派な墓所が用意されたのか，実のところ筆者にはその事情はわからないのである．

コンスタンティヌス帝への凱旋門

現存する凱旋門中の最大のものとしてローマ市内にそびえ立つのがコンスタンティヌス帝へ捧げられた凱旋門である．これは，315年の建設で高さ21メートル，幅は26メートルある．

碑文には8行の文が刻まれているが，ここでは最初の2行だけを解説する．

IMPCAESFLCONSTATINOMAXIMO
PFAVGVSTO S P Q R

というのであるが，省略を補うと以下のようになる．

 Imp(eratori) Caes(ari) Fl(avio) Constantino Maximo P(io) F(elici) Augusto, S(enatus) P(opulus)q(ue) R(omanus)
 「偉大なる皇帝カエサル・フラウィウス・コンスタンティヌス，
  敬虔（けいけん）にして幸福なるアウグストゥスへ，ローマ元老院および人民が（贈る）」

IV 拡大するラテン語

コンスタンティヌス帝への凱旋門の碑文部分 (©PPS)

コンスタンティヌス帝（在位306〜337）は，名前を全部書くと Flavius Valerius Constantinus である．キリスト教を公認し，ローマからビザンティウムへの遷都を実行した人で，そのためにその都市は以後「コンスタンティヌスの街」コンスタンティノープルとなった．彼は「大帝」と呼ばれるが，「偉大」を意味する maximus の称号が現れるのはこの碑文がはじめてである．

Imperator は「軍事司令官」だが，アウグストゥス帝時代からは実質的に「皇帝」を意味する語．Caesar は，もちろんアウグストゥスが跡を継いだカエサル家の家名だが，ここではディオクレティアヌス帝（在位284〜305）の時代以来作られた「副皇帝」を意味する称号である．2行目に出る Augustus が「正皇帝」のための語である．

ディオクレティアヌス帝は広大な帝国領土を治めるためには一人の皇帝では力不足なので，自分以外にもう一人の正帝

125

をたて，さらにその下に副帝を二人おいて，4人で帝国を支配しようとしたのであった．この政策は当然，4皇帝の勢力争いを引き起こす元となった．

このあたり，4世紀のローマ帝国の権力争いを理解しようと思うと，登場人物の名前と相互関係を図示しておかないと頭が混乱する．コンスタンティヌスに始まってコンスタンス，コンスタンティウス，マクセンティウス，マクシミアヌス，マクシミヌス・ダイアと，同じ名前，似たような名前の人々が親子であったり他人であったり，同盟したり離反したり，ともかく忙しいのである．

コンスタンティヌス帝は最終的にその争いにうち勝ち，帝国の西と東を合わせた唯一の皇帝となって，当時としては異例の通算30年の統治を行うこととなった．

この凱旋門が元老院から彼に贈られたのは，彼が先に書いたうちの一人，マクセンティウスの軍を破って，帝国の西半分の唯一権力の座を固めたときである．Caesar と Augustus のふたつの称号が並べられているのがそれを示している．

コンスタンティヌス帝は313年にキリスト教を公認し（ミラノの勅令），325年には神学上の論争を収めるためにニケア宗教会議を招集して，アタナシウス派の主張する三位一体説をその後のカトリック教会の正統教義とするのに貢献した．

しかし，結局ローマ帝国は4世紀末には最終的に東西に分裂するのであった．

Ⅴ　ラテン語と文学

　この書物はラテン文学に関するものではなくラテン語に関するものであるが，それでも言語の表現形式としての文学に触れずにすますわけにはいかない．ローマの文学は，紀元前1世紀には黄金時代と称される時代に突入するのである．

　しかし，その黄金時代の文学を記述する前に，それらの文学作品の誕生を準備し，それに影響を与えた歴史，環境に関してまず述べておこう．

1　文学はいかに始まるか

　どの国においても文学史というものは存在するのであろう．つまり文学は，あるときに始まるのである．では文学とはどのように始まるものなのであろうか．

　日本の場合，『古事記』『風土記』『日本書紀』『万葉集』といった作品群から見られる事実は，それを固定したテキストとして書き記す動機が生じる以前に，すでに自然発生的な多数の短い歌謡や，国の始まりに関する神話伝説が存在しており，それらがその後書かれた文学にも大きな位置を占めていたということである．

　最初は自然発生的で文字の書けない素人の作り手が多数参加していた歌謡は，平安時代には専門家のみに許された技量としての文字文学，和歌に変容していく．しかし，その時代にあっても，『万葉集』などに見られる歌の詩形があくまで

も和歌の原形であり，自然観，恋愛感情などに関してもその連続性は明瞭である．そして，その自然発生的歌謡との連続性を保った日記，物語のような文学がその後生まれ，栄えていく．もちろん先進文明国中国からの刺激によって書かれた『日本書紀』その他の歴史書の存在はあるのではあるが，日本においては明治に至るまで人間の文学的表現を支配したものは，たとえば『源氏物語』であり，『新古今和歌集』である．つまり，自然発生的原初歌謡との連続性は途切れたことはない．

このように男女を問わぬ無名人間の個人的な感情の発露が徐々に短詞形文学の形をとり，それが長篇小説を含む傑作を作る土壌となった日本的な状況は，世界的な観点からは例外ではないのかという気がする．

たとえば，ギリシアにおいては日本とはまったく事情が異なる．そこにおいてはあるとき突如としてホメロスの2叙事詩が現れたからである．もちろんホメロスという人物の歴史的実在性については必ずしも確実ではない．しかし，残された作品を見る限り一人の大天才によって一挙にギリシア文学は生じたと見えてしまうのである．それ以前に神話や英雄伝説が存在したことは明らかだが，それらをわれわれが知るのは，ただホメロスの作品を通してでしかない．そしてその，『イリアス』『オデュッセイア』は現代に至るまでも世界の文学を代表するものの一部として尊重されており，古代ギリシアにおいては当然のごとくそれが最高の古典であった．

その後になって，叙情詩，演劇，散文の歴史などが現れたのだが，この2叙事詩を凌駕すると万人が認める作品は現れなかった．ギリシア文学は最初に現れたホメロスの作品によって最後まで支配されていたとも言える．

ローマにおいてはどうか．ローマは日本ともギリシアとも事情が異なる．ローマの特殊な状況，それは「ラテン語文学の始まり」が最初から明瞭に意識され，記録されていることである．ここでは，自然発生的な歌謡の存在は知られているが，それの資料はごくわずかしか残されていないのみならず，その後に隆盛となったラテン語文学に対しては少しも影響を与えていない．ローマにおいてはそのような自然発生的な原初文学がなかった．言い換えると，ローマにおいては最初から専門家の手による文学があったのである．そして，ローマにはホメロスもいなかった．固定的なテキストの形をとる文学がローマで生まれたのはギリシア文学の翻訳という作業によってであった．それはまた，ローマ文学は最初から文字を使うことが前提となっていたということでもあった．

　前272年，ローマが南イタリアにあったギリシアの植民地タレントゥム（現在のタラント）を自国の領土としたことはすでに述べた．その機会に，ギリシア人リウィウス・アンドロニクスが奴隷としてそこからローマに連れてこられ，主人の子供の教育に従事した後，自由人となって学校を開き，ギリシア語とラテン語を教えた，と伝えられている．

　外国人が自国語の教育に携わること，これは必ずしも異常なことではなさそうである．明治における東京帝国大学の言語学（博言学）の最初の教授はイギリス人のバジル・チェンバレンであったのだから．

　このリウィウス・アンドロニクス（前284ころ～前204ころ）は『オデュッセイア』をラテン語に自由に翻訳した．また彼は，ギリシア悲劇，喜劇のラテン語への翻訳・改作も手がけている．西洋における文学の翻訳の最初の実例である．そしてそれが，ラテン語の最初の文学と考えられているので

ある．彼の作品はわずかの断片が残されているだけでその真価はわかりにくいし，彼が後世に実質的な影響を与えたかは疑わしい．しかし，ともかくも彼がローマ文学の始祖であるとの意見は古代から一致している．

2 文学と音楽性

文学的価値としてではなく，言語にかかわる問題として重要なのが，リウィウス・アンドロニクスの翻訳における「韻律」の問題である．

文学が自然発生するさい，それは必ずや，歌である．つまり，言葉の意味に加えてその音楽的要素が大きな役割を占める形態である．その音楽的要素を韻律と呼ぶ．ギリシアでもローマでも，詩はもちろんのこととして演劇も韻文であったから，そこにおける韻律の法則は重要な要素である．

ギリシア文学が紹介される以前におけるローマの土着的詩歌には，特有の韻律「サトゥルニアン」があったことは知られている．そして，リウィウス・アンドロニクスの『オデュッセイア』の翻訳はその韻律で書かれたとされている．しかし，その韻律がいかなるものであったかは，現在残るわずかな資料からは明瞭にはわからないし，なによりもその韻律はすぐに廃棄されてしまったのである．

土着の韻律を廃棄した後で何が生じたのか．実はローマ詩人は外国語であるギリシア語の韻律を採用して作品を作るようになったのであった．

この事実は，ラテン語韻文について考えるさいに実に重要なことなのであるが，それについて述べる前に，日本の事情について考えてみよう．日本においては，韻律は文学の始源

から詩句のなかで一定の音節数を交替させることからなっている．特に，5音節と7音節の詩句の交替による韻律の感覚は8世紀奈良時代の日本人にも21世紀の日本人にも共通である．日本語の単語はそれぞれアクセント（高低のアクセント）を持っているのであるが，そのアクセントは和歌の韻律には参加しない．また，脚韻，頭韻のように，母音であれ子音であれ言葉の音色を共通にすることで律動感を作ることも例外的にしか存在しない．

英語の場合，ドイツ語でも同じことだが，韻律は日本語とまったく異なる．そこでは単語内部のアクセント（強弱のアクセント）が韻律を作る大きな要素で，1行の詩句のなかで強音節と弱音節を規則的に（たとえば強・弱，強・弱というふうに）交替させることが韻律の基本である．そして，詩句の最後の音節に同じ音韻を規則的に，たとえば2行ごとにまとめて配置したりする．つまり脚韻である．これは，文学的詩作品にのみ通用することではなく，英語の現代のポピュラーソングにおける歌詞においても同様の法則でリズム感が作られているのである．

ラテン語韻律の元となった古典ギリシア語の韻律は，日本語とも英語とも異なる．そこでは，強弱ではなく「長い」音節と「短い」音節とが明瞭に識別されていた．長い音節とは，長母音を含む音節と，短母音であっても子音で終わっている音節を言う．その長音節と短音節の一定の組み合わせをひとつの単位として，それを一定の数繰り返して1行の詩句とし，その行を繰り返して一作品とする．1行を形成する最小の単位は英語では foot，日本語では脚と称されるが，その脚は種類によって名称が異なっている．たとえば短音節・長音節の組み合わせならイアンボスという名称であり，長・短ならト

ロカイオス，長・短・短ならダクテュロス，長・長ならスポンデイオスである．短ふたつは長ひとつと等価であるとされるが，それは日本の俳句，短歌で長母音を2音節と数えるのと同じことである．

ある「脚」が一定数（6，7，8など）続けられて1行ができる．脚の種類，また1行を作る脚の数で，その詩の韻律は異なった名称を持つことになる．ホメロスの叙事詩『イリアス』と『オデュッセイア』は，ダクテュロス（そしてそれと置き換えられるスポンデイオス）が6脚続けられて1行となるもので，「ダクテュロス6脚韻」である．単語のアクセントである高低のアクセントは韻律には参加しない．その点は日本語と共通である．

このような韻律がラテン語詩の韻律となったのであるが，これは発音において母音の長短が明白に区別される言語でないと成立しないものである．現在のラテン語の子孫はすべて母音の長短の区別を失ってしまったから，必然的にこの韻律は放棄された．フランス語，イタリア語，スペイン語等，すべてラテン語詩とは異なった原理の韻律で詩歌が書かれる．人工的にラテン語式の韻律が現代語で試みられることがある，たとえばホメロスやウェルギリウスの作品がカタロニア語で原作の韻律をまねした形で翻訳されているが，朗誦した場合の音の印象は，ラテン語のそれとは似ても似つかぬものである．

3　文学とジェンダー

女はラテン語を書いたか
さて，今まで述べてきたようにローマ文学が人間感情の自

然な発露からの発生ではなく外国文学の翻訳から始まったこと，ローマ人が本能的に身につけていたはずの母語のリズム感を捨てて先進文化国の韻律法を採用することで詩文学を完成させたこと，これらの事実と遠くはあっても無縁とは言えないはずの現象として存在するのがラテン文学のジェンダー問題である．ラテン語は男のための言語であった．女はラテン文学に参画しなかった．

現在入手可能である最大のラテン語－英語辞典 *Oxford Latin Dictionary* の巻頭にある作家と作品の一覧表を見ると，それはラテン語の始原から4世紀までのすべてのラテン語作家をほぼ網羅していると言ってよいのだが，そこには女の名前はひとつもない．ラテン語で書かれた「女に関する文言」はまことに数多いのに，「女が書いたラテン語」は，古典ラテン語に関する限り直接的資料としては情けなくなるほどわずかで，皆無ではないというだけである．

ローマ人の社会，ローマの文学，ローマの言語とローマ女性との関係は，面白いねじれを見せている．社会のなかではローマ女は必ずしも弱くはなかった．しかし，言語表現に関しては無力であった．古代ギリシアの女性が文学を生み出していることを念頭に置くと，そのねじれがよく見えてくる．

ギリシアの有名女性たち

ギリシアにおける女性の地位は極端に低かった．ローマに比べてだってそうである．アリストテレスは，女は男より劣っているゆえに男に支配されるべきだと述べてそれを正当化している．一般市民の妻女は外出せず，家庭内においても近親者以外には顔を見せない習慣であった．女児には遺産相続権がなく，遺産を継ぐべき直系の男児がいない場合には，そ

の遺産を家系内に守るべく女児は父の近親者と結婚すること
を強制された．現代の感覚では，伝統的イスラム社会の実情
に近いのが，ギリシアの対女慣習であったのである．

この点ローマ市民の妻は，現代とは比べられないにしても
ギリシアよりはずっと自由であり，家庭内においても夫に対
して相応の権力をふるっていたらしい．キケロとその最初の
妻テレンティアとの関係のなかにそれは見えている．キケロ
は友人への手紙で，妻が持参金を自分のために遣ってくれな
いと泣き言を言っている．

このことと関連して浮かび上がってくるのが，名を残した
女性に関するギリシアとローマの対照性である．

ギリシアの有名女性は，フィクションに現れる．ヘレネ，
アンドロマケ，メデア，クリュタイメストラ，ペネロペアの
ような，叙事詩や悲劇のヒロインたちである．彼女らは，と
てつもない美人のゆえに大戦争を引き起こしたり，戦死した
夫への貞節を守れず勝利者の愛人とされて苦しんだり，自分
を裏切った夫への復讐(ふくしゅう)のために我が子を殺したり，王妃で
ありながら公然と恋人を作って長年の戦争から帰還した夫を
殺したり，出征したきり還(かえ)らぬ王たる夫を待って国を守るた
めに苦闘したりするなど，まことに常人の域を超えた経験を
することで，しかしあくまでもフィクションのなかで，名を
語り継がれている．

いっぽう，実在の古代ギリシア女性で個人名が後代にまで
知られている人と言えば，詩人以外では誰がいるのだろう？
ほとんどいない．悪妻の代名詞として日本人にまで名を知ら
れたソクラテスの妻クサンチッペがその例外の一人だ．彼女
は，アテナイ自由市民であるという意味でも例外である．そ
の他に名をよく後代にまで知られたギリシア女性とは，せい

ぜいソクラテスに恋の理論を教授したとされるディオティマ,政治家ペリクレスの愛人であったアスパシアくらいである.

プラトンは『饗宴(きょうえん)』のなかで,ソクラテスによる引用の形で好意的にディオティマに多くを語らせている.ソクラテスは彼女と何度も会話を交わしたらしいのである.しかし,ディオティマの実在性は証明されず,プラトンによるフィクションである可能性が強い.アスパシアについてもプラトンは好意的だが,彼女は小アジアのミレトス生まれでアテナイでは在留外国人の資格しか持っていなかったし,ある人々からヘタイラであると誹謗(ひぼう)される人だった.ヘタイラとは,ギリシア語を忠実に訳せば「女友達」であるが,悪く言えば「商売女」,江戸時代の高級遊女と思えばよい.ヘタイラで名を知られた女性ならほかにもいる.

実在アテナイ女性の名前の意識的消去については,顕著な実例がある.キケロの引用で残るのみの,アエスキネスの対話篇『アスパシア』に登場するのはクセノポンとクセノポンの妻であるが,その妻のほうは,アスパシアと対話しているにもかかわらず名前が書かれていない.

ローマの有名女性たち

ローマはその点が完全に異なる.ここでは,有名女性とは実在した人物のことである.グラックス兄弟の賢母コルネリア,詩人カトゥッルスに綿々たる恋愛詩を書かしめた浮気なクロディア(カトゥッルスはレスビアという仮の名で彼女を呼んでいるが),キケロと苦楽をともにしたのち離婚する妻テレンティア,愛されながら若死にするその娘トゥッリア,アウグストゥス帝の一人子で三度の政略結婚を強制されて最後は孤島に幽閉されるユリア,そしてタキトゥスの『年代記』

が記述する数々の貴族的強女・悪女たち，リウィア，アグリッピナ，メッサリナ，ポッパエア……．キリスト紀元前後の200年間だけでも，ローマの女性は社会のなかでかなりの存在感を示している．それ以前の，実在性は証明できぬとしてもローマ人にとっては前世代の人物として語り継がれた女性には，タルクイニウス1世の妻で自身権力を行使したエトルリア出身のタナクイルや，タルクイニウス2世の息子に凌辱(りょうじょく)されてのち自害する貞女ルクレティア（そのことが，王制打破革命の発端となった）などがいるし，帝政後期の女権力者たちも無視できない．

ところがフィクションに描かれた有名ヒロインと言えば，ただ一人を除いてはギリシア文学から借りきたった人ばかりである．そのことは，オウィディウスの『名高き女の書簡集』に選ばれた女を見れば一目瞭然(いちもくりょうぜん)である．ウェルギリウスの叙事詩『アエネイス』の副主人公でもあるディードー以外はすべてギリシア文学に現れた人を再記述しているのであるから．名を残したローマ女性とは，現実になにかの力を行使した人物だ．

それなのに，言語を用いた表現となるとローマの女は無力であった．ただ書かれるのみの「他者」であった．女の地位が極端に低かったギリシアでも，そこでは詩人サッポーの名声がそびえ立っている．彼女の作品は後世のギリシア，ローマ詩人から賛美され模倣されつづけた．彼女の後の時代にもエリンナ，コリンナ，ノッシスなどの女流詩人がいて作品を現代に残しているし，作品は散逸したとしても名前が記憶されている人も何人もいるのである．そのうちの一人には，詩人ピンダロスの師匠であったとの伝承すらある．

ローマ女性はすべて無教養で文字とは無縁であったなどと

考えてはならない．妻や娘宛(あて)のキケロの書簡が何通も残されていて（『親しき人への書簡集』14巻），そこから彼女らがそれを読むのみならず返事も書いたことは明らかである．グラックス兄弟が母コルネリアからの教育によって多大な影響を受けたことはローマ人の常識であった．コルネリアが息子宛に書いたとされる2通の手紙の断片が，前1世紀の著作家コルネリウス・ネポスの作品の一部として残されていて，それが，皆無ではないというだけの「女のディスコース」の一例となっている．キケロはコルネリアのこの手紙の言語の見事さを認めている．

ところで，キケロの妻テレンティアの書簡はキケロの書簡集には入れられていない．キケロは，政治的圧迫を受けて家族をおいて亡命した地で，孤立無援に残してきたテレンティアからの手紙を読んで泣いている（と返信に書いている）のだが．彼の書簡集に入れられている他の人からの手紙の書き手はすべて男性である．

女が学問をすること，それは存在したが，ときに悪意をもって報告されている．帝政時代の風刺詩人ユウェナリス（65ころ〜140ころ）はその女嫌いを標榜(ひょうぼう)する詩（『風刺詩』第6巻）で，嫌みな女の例として教養をひけらかす女をやり玉に挙げている．彼女らは，食卓に着いたとたんにホメロスやウェルギリウスを品評し，同席者の文法的誤りを指摘して一同を沈黙させたりすると言うのである．

詩作する女性，弁論術を実践する女性がいたことも，われわれは知っている．前1世紀の詩人ティブッルスの作品として伝承された作品の一部の作者が，実はスルピキアという名の女性であったことはほぼ確実であるし，後1世紀の風刺詩人マルティアリスは，別のスルピキアという自分と同時代の

女詩人の作品が公刊されていたことに言及している（第10巻,35）．また，キケロと並ぶ名声を誇った弁論家ホルテンシウスの娘ホルテンシアの雄弁も古代作家によって言及されている．しかし，誰一人として言語表現の分野で自分の作品に名をつけて残す結果にまでは至らなかったのである．

そう考えてみると，日本の状況もまた格別である．文学のはじめ以来，ここでは詩歌の表現機会には男女差別はない．『万葉集』においては，名もない庶民の妻の歌までが採録されてその後長く記憶されているし，それに続く歌集には女流歌人が華々しく活躍する．その伝統は長く続き，明治，昭和となっても和歌の分野が社会的に注目されるとき，そこには必ず女流歌人がいた．詩歌以外の分野でも，紫式部の例を挙げるまでもなく過去も現在も女性作家の重みは日本の常識である．このような状況は，多分世界の文学史のなかでも特異なことであろうと筆者は推測している．日本の女性が，社会の他の分野での活躍は大幅に制限されてきたことを考えあわせると，ここに見られる「ねじれ」も，注目されてしかるべきことなのであろう．

さて，女の肉声が自分自身のラテン語によって現代に届くには，キリスト教文献の出現を待たねばならない．現在のチュニジア，当時のカルタゴで，3世紀はじめのキリスト教弾圧の犠牲者となったウィビア・ペルペティアという女殉教者が書いたとされるラテン語文書が残されている．しかし彼女の手記は，もちろんラテン語としての質の問題もあるのであるが，古典ラテン語文学に入れられることはない．

さらにまた，それから100年か200年後に書かれた，キリスト教尼僧の手によるかなり長い聖地巡礼の記録も残されている．著者の名は一応「エゲリア」とされているが本名はわ

からず,身分としては王族の一人らしいがその故郷も南フランスかイベリア半島らしいという以上には詳しいことはわからない.

この『エゲリアの聖地巡礼記』のラテン語はもはや古典ラテン語ではなく,言語学的にはいわゆる俗ラテン語の資料,ロマンス諸語の原型の資料として読まれるべきものである.

4 喜劇の誕生

損なわれずに現代まで残ったローマ文学で最古のものは,喜劇である.プラウトゥス(前254ころ～前184ころ)という劇作家の作品が21篇存在している.小品はなく,すべてが現代の用語で言うなら多幕劇である.キリスト紀元前後から中世初期に至る間には,気が遠くなるほどの量の文学作品が散逸してしまっていて,これだけの数の作品を残しえた西洋古典作家は少ない.21という数は,だからプラウトゥスの芝居が途切れることなくファンを保っていたことの証拠となる.

演劇という娯楽,あるいは芸術形態はいずれの文明においても発生するものであろう.日本においても能や歌舞伎のごとき舞台芸術が,他文明からの働きかけなしに発達している.しかし,明治以後西洋ふうの演劇の影響力はまことに強烈で,それに倣った演劇も現在日本に定着している.

その西洋の演劇の遠流は古代ギリシアにおいてギリシア悲劇という形で創造されたのだが,その形態を近代に引き継ぐ重要な役目を果たしたのがローマ喜劇である.ただし,ローマ文学がギリシア文学の翻訳から始まったのと同じことで,プラウトゥスの作品は,また彼の後輩であるテレンティウス

の喜劇作品も，すべてがギリシアの原作の言語を替えた改作である．だから登場人物や舞台設定はすべてギリシア世界におかれている．原作のほうは名前さえわからない場合があり，よくてもそれが断片的に残されているだけであるから，両者の関係がどの程度であったのか，ローマ人作者の独自の技量がどこまでそこに反映しているかは，すぐには判断できない．しかし，彼らがただの翻訳者でなかったことは確かである．

　ローマ喜劇は，神話を扱った1例外を除いて市井の人物たちの作り出す物語が題材であった．たとえば，縁者のいない娘と市民階級の若者との恋愛が障害を乗り越えていかに結婚に至るかというような主題で，神々や有名人物は出てこない．その分だけお話は一般的であり，時代や土地を超えて通用するおかしみが盛りこまれている．そこには数々のストックキャラクター（吝嗇（りんしょく）でときとして好色な老人，口やかましく夫と争う老妻，秘密の恋人を作って父の金を持ち出そうとする若者，それを手助けする悪賢い奴隷，自称大英雄のほら吹き軍人，徹底して卑劣で貪欲（どんよく）な女衒（ぜげん），口先三寸で金持ちの家のただ飯にありつこうとするたかり男，妖艶（ようえん）に男を虜（とりこ）にする商売女など）が存在して，最終的にはご都合主義的なハッピーエンドがやってくる．

　個々のローマ喜劇の内容について述べることはここではしない．それよりも重要なことは，ローマ喜劇の西洋演劇史における位置である．

　ローマ喜劇が，その題材を外国の原作に仰ぎながらローマ人を徹底的に笑わせ，そして後世にまでそのファンを維持したということ，この事実は，その当事者は意識しなかったであろうが，時代や文明に左右されず普遍的に通用する喜劇テキストを作ることが可能であることを身をもって証明したこ

となのである．このことは，後世に喜劇の題材を残したこと以上に意義あることとして記憶されてよい．

喜劇の発祥はギリシアの古喜劇であるが，その代表的作家であるアリストパネスの作品は，ある時代にある場所にいる人々，つまり紀元前5世紀後半のアテナイ居住の人々にのみ向けて書かれている．そこではソクラテス，エウリピデス，クレオンといった現代にまで名前が知られている実在有名人が登場人物として現れて，その人の個性，事績を知っていることがその喜劇を楽しむための必須(ひっす)条件であった．また，当時アテナイが置かれていた歴史的条件を知っていることも必要であった．ギリシアの古喜劇では，劇世界はそれ自身では完結していなかった．

しかし，ローマ喜劇の登場人物はすべて無名人である．一応名前はついてはいても，名前自体は意味を持たない．その人の個性が何でありどんな環境にいるかは，劇が始まってから説明されるのみである．そして彼らがある問題に陥り，そこになんらかの解決が施されるまでの間に，共感や反撥(はんぱつ)を観客に抱かせ，同時に多くの笑いが醸成される．劇世界は劇の内部で完結している．

もちろん，このような種類の喜劇はギリシア新喜劇として発達したものでプラウトゥス，テレンティウスはそれを翻訳，改作したのだ．しかし，そのようなワンクッションを置いたあとでも，その作品はテキスト自体で後世の人を笑わせえた．つまり，次章で触れるキケロが，ギリシア思想をラテン語で表現することでギリシア文明の全世界化，普遍化に貢献したのと同様，ローマ喜劇は「笑いの技術の普遍化」に貢献したのだと言うべきである．

さらに，これはプラウトゥスについて言えるのだが，その

ような作品を作ることが「職業」となりえた．

　プラウトゥスは，劇場の仕事で生活を賄っていた人である．言い換えると，現代でもなかなか難しい「芝居で喰うこと」をしていた劇場人である．それでいて，彼の名前を冠したテキストが古典として伝承されたのである．まずこのことを記憶しておこう．職業的劇場人の作成した喜劇テキストが，中身を改変されずに作者の名を冠したまま時代と地域を超えて残ること，これは，たとえばシェイクスピアの場合がそうであるから当たり前のように見えるかもしれないが，古典古代では稀な，多分唯一の出来事である．彼の後輩テレンティウスのほうは，貴族の庇護を受けて生活している人であった．ギリシア演劇関係者は，悲劇，喜劇を問わずそれで生活していたわけではなかった．

　即興の筋を持ち，言葉よりは仕草・歌・踊りでもって，また俳優の魅力でもって，観客を喜ばせ笑わせる喜劇もローマには存在した．しかし，それらは当然のことながら残らなかった．残ったテキストは，それを演じる人にとっての価値と同時にそれをテキストとして読む人にとっての価値が大きかったから，改変されることなくそのまま伝承されたのである．これを，たとえば日本の喜劇の伝承と比較してみればよい．能と違って狂言のテキストは，確かに伝承はされたが作者名はない．それはそれを演じる人によって伝承されたのであって，その時々の演者の都合，恣意によって変更を蒙っている．この事情は，日本における近代，現代の喜劇の事情とさして変わらないだろう．ある作者の意志と不可分の関係にあって第三者には変更不可能なる喜劇テキストという観念は，現代においてもかなり乏しいのが真実である．

　シェイクスピア，モリエール，クライストその他の近代の

劇作家は,ローマ喜劇から粗筋を借りていくつかの作品を書いている.この3人についてプラウトゥスから素材を借りた作品を1例ずつ挙げると,それぞれ『間違いの喜劇』,『守銭奴』,『アンフィトリュオン』がそうである.しかし,プラウトゥスの場合,題材提供者であること以上に重要なのは,職業的劇場人でありながら自分の喜劇作品を古典として残す先例を作った事実である.

ローマ喜劇についてもっと詳しく知りたい人は,同じく中公新書に入っている小林標著『ローマ喜劇――知られざる笑いの源泉』を参照していただきたい.

VI　黄金時代の文学者

　紀元前1世紀には，ローマ文学黄金時代と称される時代がやってくる．しかし，皮肉なことにそれは同時にローマ社会が大変動を迎えた時代でもあった．

1　文学の黄金時代へ

　黄金時代に先立つ前2世紀の文学者として名を挙げるべきは，プラウトゥスと同じ喜劇作家であるテレンティウス（前185?〜前159）である．若死にした彼の作品は6篇にすぎないが，先輩プラウトゥスとは対照的に上品で端正な彼の作は古代から中世を通じて愛好され，すべてわれわれの時代にまで残ることとなった．

　テレンティウス以外にも喜劇作家はいたし，悲劇，叙事詩もギリシア文学に倣って書かれたのだが，完全な作品を残している人はいない．

　この時代，ローマ国家の海外への勢力拡張につれて拡大した貧富の差は，小規模土地自作農民を基盤としていた国家に深刻な社会不安を作り出していた．その不安を取り除くためにはなんらかの改革が必要であったのだが，伝統的権力者層にはそれを解決する力はなかった．大土地所有の制限という改革を試みたグラックス兄弟は，二人とも非業の死を遂げる．

　前1世紀は内乱，独裁，社会不和とともに始まり，それは前44年のカエサルの暗殺で時代の一区切りを見ることにな

る．この暗殺は，独裁制回帰によって社会不和を解決せんとしたカエサルに対する，共和制護持論者の敵意を鮮明に見せた行為である．しかし，キケロをその筆頭とする共和制を信奉する人々の勢力は，この暗殺をきっかけとして坂を転げ落ちるように凋落していく．キケロは翌前43年，カエサルの後継者とならんとしたアントニウスの送った刺客の手に倒れ，結局全権力はそのアントニウスを倒したオクタウィアヌス（前63〜後14）が握ることになる．

この動乱の最中に活動した文学者としては，叙情詩人カトゥッルス（前84ころ〜前54ころ）と，哲学的叙事詩『事物の本性について』の作者ルクレティウス（前94ころ〜前55ころ）がいる．

前27年，オクタウィアヌスはアウグストゥスという尊名を奉られ，事実上の王 rex として君臨することになるのだが，元老院をはじめとする共和政治の制度を名目上は残して rex の称号だけは絶対に避けたことは，第1章1節の「ロイヤルとインペリアル」の項で書いたとおりである．

アウグストゥスは，よき支配者たらんとして最大の努力を払った人物である．彼の独裁的統治の下でローマ社会は安定し，その後の繁栄，文化的隆盛への下地が作られた．

散文の分野では歴史家リウィウス（前59ころ〜後17ころ）が出て，ローマの伝説的古代から同時代までを叙述する野心的大作『ローマ建国以来の歴史』を完成させた．原作の四分の一しか現在残らないのは残念であるが，前3世紀，前2世紀のローマ史（ポエニ戦役はその重要な一部である）の資料として貴重である．

そして，なによりも詩の分野で，ウェルギリウス，ホラティウス，オウィディウスという，いわゆる黄金時代三大詩人

が活動を開始し、ローマ文学の価値を不動のものとした．

しかし、これらの詩人の業績を詳しく語る前に、ラテン語散文に少なからぬ寄与を施した二人の非専門的文学者について語らねばならないだろう．それは、弁論家、哲学者、政治家であったキケロと、軍人、政治家であったカエサルである．

2 キケロとカエサル

キケロの果たした役割

キケロ（Marcus Tullius Cicero, 前106〜前43）については、イギリスの古典学者マイケル・グラントによる次のような評価がある（『キケロ選集』, 1960）．

「ヨーロッパ文学・思想史上、キケロの与えた影響は、他のどの言語を使用する他のいかなる散文作家のそれをもはるかにしのぐ．西洋人を激しく揺さぶる文学・政治・宗教・倫理・教育上のほとんどの大論争において、キケロが援用されたのである．しかもたいていは相対立する両陣営によって」

ところで、アントワーヌ・メイエはその不朽の名著『ラテン語史概要』のなかで、キケロの代表的著作について「そこには独創的なもの、深遠なものはひとつとしてない」と言い切っている．そして、彼が果たした政治的役割についても厳しい見方をしている．つまり、彼がローマ政界で高い地位についたのは、彼の言語的才能があまりに優れていたからそのご褒美のように与えられただけなのに、そのことで彼は信じがたいほどの虚栄心を持ってしまった．彼は世界の変動には無自覚であり、その政治的見解のナイーブさは他人に軽蔑(けいべつ)されていたのであると言う．しかしそれに続けて彼は、「キケロは近代の普遍的文明の創造者の一人である」とまで称揚す

る.

　この見かけ上の矛盾は，キケロをいかに評価するかに関する近代ヨーロッパ人の論争の反映である．キケロの著作への毀誉褒貶(きよほうへん)の幅はまことに広い．第4章で言及したモムゼンはキケロの業績を酷評しており，その影響は長く続いた．20世紀も半ばをすぎてから，キケロ再評価の動きが始まった．

　筆者はこの問題について深入りする資格は持っていないので，本章ではもっぱら彼とラテン語史とのかかわりについてのみ書くことにする．ラテン語，特に散文ラテン語にとってのキケロの果たした役割の重要性ならば，それはいくら強調してもしすぎることはないのである．

　キケロは上流の家柄の出ではないにもかかわらず，まずその卓越した弁論術によって若年期から注目を集めた．それゆえローマ政界での出世は早く，その最高の地位である執政官には43歳のときに就任している．しかしその政治思想は保守的であり，時代の変化を見極めてそれに合わせた行動をとることはできなかった．この点が，超現実主義者であるカエサルとの相違で，それが悲惨な最期を招く結果を作った．

　彼が政治の局面で華々しく活躍していた時期の著作は，政治の場や法廷で彼がなした弁論の原稿である．政治的に不遇で活躍の場が閉ざされたとき，彼は弁論術について，政治学について，そして哲学についての思索的著書を書くことに没頭する．その結果が，マイケル・グラントが述べたような，ヨーロッパ文学，思想に最大級の影響を与えた多量の作品である．

　キケロが生涯で書いた書物の実際の量は不明であるが，ともかく西洋古典の著作家で彼以上に多くの書物を現代に伝ええている人はいない．古典ギリシア語ラテン語の作品のほぼ

全作品を英語との対訳で出しているローブ版叢書での冊数を見ると，キケロの作品は29冊ある．ラテン語作家でそれに次ぐのはセネカとプリニウスの10冊ずつにすぎない．ギリシア語作家の場合，プルタルコスの27冊が最高で，アリストテレスの23冊がそれに続く．

生涯で書いた書物の数でなら，彼を上回る人はいる．彼より10年早く生まれた百科全書派的作家ワッロには，長生きしたせいであるとはいえ，600巻を超える著作があったと伝えられる．しかしそのほとんどは散逸して伝わらない．これは時代の悪さもあるが，その後の時代の人々からの評価も関係している．

キケロの教養の素地はギリシア文化であり，彼はギリシア語を母語のように操る人であった．しかし彼の活躍の場は現実のローマ社会で，相手とする人々は専門的に哲学を愛好する人でなく一般的市民であるから，当然彼の弁論，著作はラテン語でなされなければならなかった．そのような事情で，彼を通じて実現したギリシア文明のラテン語化が，先に引用したメイエの「近代の普遍的文明の創造者の一人」という最大級の誉め言葉を生み出す．

キケロが学びラテン語化したギリシア文化はヘレニズム時代のそれであり，ギリシア中心の地域性を脱して人類全体へと呼びかける性格を有していた．つまり，地中海世界全体へと広がり応用されうるように変化していたものだった．そのようなギリシア文化をキケロは，メイエの言を借りると，「玄人としてではなく，世俗の人として，政界の人としてラテン語化したのであった．専門家向けであったものはすべて抜け落ちた．人格形成を希求する人にとって有益であるものだけがそこに残った．ギリシア文化からよきローマ社会に合

うように変えられたもの，それがヒューマニズムである．ヘレニズム時代のギリシア人がそれを準備し，ローマ人が，なかでもキケロが，そこから端正さと実行手段を同時に作り出すことでヒューマニズムに固有の性格と価値を付与したのである」．

メイエが言いたかったことは，キケロが重要であるのは，単にギリシア思想をギリシア語から後世の人により親しみやすいラテン語に翻訳したからではなく，それをどんな民族にも理解しやすい形に変えたからだということである．

キケロの作った語

キケロは完全なバイリンガルであったので，同じくバイリンガルである友人アッティクスへの書簡には，ギリシア語単語を平気で混ぜている．しかし，著作ではそれは最小限に抑えられ，ギリシア語単語で表される意味を正確にラテン語で表現するためにさまざまな工夫を凝らしている．ギリシア語を使わねばならぬ場合，「ピロソピア（哲学）とギリシア人が呼ぶもの」とか「グランマティキ（文法学者）と呼ばれるもの」と注釈をつけて表すことがある．プラトン哲学の最重要な概念であるイデアについては，イデアとしか書けなかった．ギリシア哲学の用語をどのようにラテン語に訳すかはキケロとアッティクスとの間での話題でもあった．

ひとつの工夫としてキケロは，ラテン語に類似の意味の語があれば，それにギリシア語における含意をも含めて使うことをする．

英語 reason「理由，理性」の語源はラテン語 ratio だが，この語の元来の意味は「計算」である．ギリシア語 logos も，「言葉，理性」の意味でよく用いられるとはいえ，その第一

の意味は「計算」であった．それでキケロは「言葉，理性」であるlogosの訳語としてratioを用い，そこに「理性」の意味を含ませる．キケロの影響でラテン語のratioの意味の範囲は広がり，それが一般的用法にまで広がり固定して後世にまで残り，結果的に英語のreasonにまで達する．日本人が，価格が手ごろなレストランについて「値段はリーズナブルで」などと解説するとき，そこにはキケロの言語操作の結果の終着点がある．

英語artは「芸術」という意味で受け取られる．その語源のarsは元来は「手わざ，巧みさ」を意味し，たとえば悪巧みにも用いられうる語であった．それが「専門的能力，技術，芸術」を意味するように高尚化していったことにも，ギリシア語techne（「技能，技術，作品」等の意味を持つ）からのキケロによる「意味の借用」があったと，メイエは言っている．

しかし，このこと以上に明らかにキケロの遺産とわかるものは，ギリシア語の語彙派生の方法を応用してラテン語でも新しい語を無理に派生させ，新語として強引に押しこんでしまったことである．英語のquality「質」，quantity「量」はこのようにして生まれた．

ギリシア語でpoiosという語がある．「そのような」という意味の形容詞であり，また「どのような」という意味を持つ疑問の形容詞でもある．そしてそれから派生した名詞としてpoiotes「そのようなもの，そのような性質」がある．

キケロは，poiosに相当する意味のラテン語形容詞qualisから強引に名詞qualitasを作ったのである．poiosの派生語poiotesも，もしかしたらプラトン自身の作かもしれぬ強引な新語であった．その強引さをキケロも援用したのである．

ともかく接尾辞による拡大の方法自体はラテン語として自然であると言わざるをえない．後世のヨーロッパ人がactusを-alisという接尾辞で拡大してactualisを作ったこと（第4章3節「ラテン語の増殖力」参照）のさきがけである．qualitasはフランス語のqualitéとなり，英語のqualityとなった．そして，それぞれの言語でなくてはならぬ単語としての位置を占めた．

同様に，ギリシア語形容詞posos「どれほど多い？」と名詞posotes「量」の関係を平行移動的に応用して，ラテン語形容詞quantus「どれほど多い？」から名詞quantitasを作る．形容詞medius「半分の」から名詞medietasを作る．これは英語には入っていないが，フランス語のmoitié「半分」の語源となっている．

英語のessence「本質」の語源essentiaの作り手もキケロかもしれない．少なくともセネカはそう述べている．to beに相当する動詞esseにそのまま-ntiaをつけて名詞「実体」を作ることは，本当はおかしい．正しく語源を考えて作るならそれはentiaでなければならぬのだが，これもギリシア語のbe動詞から作られた名詞ousia「実体」を念頭においた新語である．

カエサルと『ガリア戦記』

さて，次に言うべきことは政治的見解に関してはキケロとは正反対の立場をとったカエサルとラテン語の関係である．

ユリウス・カエサル（Gaius Iulius Caesar, 前100〜前44）についてはすでにたびたび言及してきた．彼は第一に軍人であり，そして政治家であった．軍人としての彼の力量は，8年の長きにわたってフランスの地，当時のガリアを討伐し，

それを永久的にラテン語圏に引き入れたことが証明している．政治家としての優れた感覚は，伝統的共和政体がもはや実体に合わなくなっており，なんらかの形の独裁体制が必要だと感じ取っていた点に現れている．もちろん彼は志半ばで倒れるのだが，彼が直感的に感じ取り実現しようとした新しい政体は，彼の後継者アウグストゥスによって現実のものとなりその後少なくとも200年間は国家を安泰に保った．

カエサルは私生活の面でも華々しい活躍をした人物で，エジプトの女王クレオパトラとの一冬の情事は特に有名であるが，それ以外にもさまざまなエピソードを残している．そのなかには，口にするのも憚られるような所業もあったようである．

それに加えて彼は，ラテン語の歴史にも大きな足跡を残した人物なのであった．ガリアを討伐してローマの属州とする過程を叙述した『ガリア戦記』De Bello Gallico は，ラテン語散文の一典型として永遠の命を保っている．彼にはほかに，その後の市民戦争を扱った『内乱記』という作品が残っており，また散逸したがキケロの書に反駁する『反カトー論』や，言語の理論を扱った『類推論』という書物も書いたとされている．

カエサルはキケロとは政治的見解に関しては相対立した間柄であったが，しかしキケロの文才への賞賛は惜しまなかったとプルタルコスが記録している．

カエサルがローマの政治，軍事において果たした役割は，キケロのそれとは比較にならぬほど大きい．国の運命を左右するような軍人，政治家であった人がこれほどまでに言語に自ら深く関与し，その作品が古典として後世においても高く評価されること，これはギリシア語の場合には見られぬこと

であり，さらには歴史を通じて他の文明でもあまり見られぬことで，ラテン語という言語の不思議さのひとつであると言える．

『ガリア戦記』においてカエサルは，簡潔そのものの文体で戦争の事実や，遠征した地域で見聞した地理風物を記述していく．彼が自己の業績を誇張しているとか，自分に不利なことは書かずにすませているとか，戦争の間に巨万の富を蓄えたとかの批判があるが，それは無視してもよいだろう．ともかく彼の文体がその後のラテン語のお手本のひとつとなってしまったのだから．

　現代のヨーロッパの教育においてカエサルの『ガリア戦記』がどのように扱われているのか，筆者はつまびらかにはしないが，かつてはこれは高校生程度の課程での必須教材であったようだ．そのせいか，ドイツから来た元高校生から，この書への怨(うら)みの言葉を聞いたことがある．これほど無味乾燥で面白くない書物はほかに知らなくて，習うのが苦痛だったというのである．

　筆者にはそのような感想もわからなくもない．現在のスイスの辺境にいた一ケルト部族の野心的な貴族が，豊かさを求め領民を唆(そそのか)してよりよい土地への一斉移住を図る．準備が進行するかと思うや，首謀者の貴族が謀反を疑われて自殺に追いこまれる．話が始まったとたんにその腰が折られてしまうのだ．ところが，歴史の流れとはこういうものか，いったん始まった移住への動きは止まらず，まるで巨大動物の群の無言の大移動が始まったかのようである．それがローマの属州を通りそうだというので，危険を感じたカエサルは領内通過を阻止しようとする．そんな事情から8年にもわたるカエサルのガリア大遠征は始まるのである．

VI 黄金時代の文学者

『ガリア戦記』の冒頭でガリアの地理や前史を概説した後,カエサルがはじめて自己の行動に言及するのは以下のようである.

「カエサルにそのことが,彼らがローマ属州を通過して行進しようとすることが伝えられると彼は急いで都を発ち,できる限り速い行進でアルプスの彼方のガリアへ向かい,そしてゲナワ(ジュネーブのこと)に着いた」

多くの事柄が,実にスピーディーに語られている.さらにまた彼は,自分についても一人称は使わない.主語ならば「私は」ではなく「カエサルは」であり,当然動詞も三人称単数になる.それにふさわしく可能な限り個人的感情を排除し,あくまでも自己を抑制した文章で淡々と綴っていくのである.

『ガリア戦記』のこの禁欲的な文体へは,キケロも讃辞を送っている.前46年に書かれた対話篇『ブルトゥス』は,キケロ,アッティクス,ブルトゥスの三人がローマ弁論家を論じたり評価したりするものであるが,そのなかでキケロはブルトゥスの口を借りてまずカエサルの弁論を誉めたたえさせる.そしてその後,弁論のみならず彼の著作も「強く賞賛されるべきである」と言わせている.それはキケロのカエサルへのおべっかにすぎぬとの説もあるが,ともかくブルトゥスによると,『ガリア戦記』の文体は「裸でまっすぐに立つ優美さ,着物をはぎ取るように言葉の装飾をすべてはぎ取ったもの」ということになる(『ブルトゥス』262).おべっかであっても,それを裸体像にたとえるのは実にうまい評価法であると思う.後世の人は皆そう考えたのだ.最初は苦痛の種と思われる書でも,読み慣れるとそのよさがわかってくるのである.

さらに指摘しておくべきことは、カエサルは用いる単語の形にも周到な注意を払っていることである。当時のラテン語には、動詞、名詞の活用形には方言差が存在して、基準が必ずしも定まらぬ場合があった。そんなときカエサルは、そしてキケロは、そのなかでも粗野な形は排し、ラテン語でurbanitas「都会性」とされる形に固執している。われわれが学ぶ「古典ラテン語」はこのようにして固定し、それ以後の標準ラテン語となったのである。

さて、名言を吐いたことになっているブルトゥスであるが、この書が書かれて2年後にカエサルの暗殺者の一人となるのだから皮肉である。キケロ自身は暗殺の陰謀には加わってはいなかった。しかし、それが成功したとの知らせに大喜びした手紙が残されている。

3 ウェルギリウス

ウェルギリウスの生きた時代

ローマ文学における最大の存在は、やはりこのウェルギリウス（Publius Vergilius Maro, 前70〜前19）である。彼の叙事詩『アエネイス』がなければ、ローマ文学の魅力は大きく減殺されるに違いない。この叙事詩は、文学表現とその内容の双方において、ローマ文学を世界文学史上で価値あるものとすることに寄与している。

『アエネイス』とは『アエネアスの歌』の意味で、ローマ国家の始祖であるアエネアスの事績を歌うのがこの叙事詩の内容である。作者はそれを完成させる前に死去したのであるが、未完の部分はごくわずかであるから、残された部分だけで十分に真価は味わえる。しかし、この作を紹介する前に言われね

ばならぬことは多々ある.

ウェルギリウスは，まさにローマの動乱期のただなかに生きた人であった．7歳のときカティリナの乱が起こっている．20代前半までカエサルとポンペイウスの抗争が続いていた．カエサル暗殺は25歳のときで，その後も苛酷(かこく)な内乱は継続した．カエサルの後継者の地位を争ったアントニウスとオクタウィアヌスの抗争は，後者が前31年，アクティウムの海戦で勝利したことで終止符を打ち，やっと確実な平和が到来する．このとき彼は39歳，そして51歳で死を迎える．

このように述べるのは，彼の生きた時代が彼の作品に刻印されており，その作品を理解するためには時代と環境をともかくも知らねばならぬからである．ウェルギリウスだけではない，ローマ文学においてはほとんどの作者についても同じことが言える．

時代を超えた文学作品というものはある．ホメロスの叙事詩，アイスキュロス，ソポクレスの悲劇はその典型的なもので，われわれはその真価を味わうに作者の生きた環境などを考慮する必要はないであろう．エウリピデスの悲劇になると，そこに「時代」の明らかな反映を見ることになる．それでも，エウリピデスの作品を味わうのに彼自身の人生を知る必要は必ずしもない．もちろん，知ろうとしても詳しいことはわからないということもあるのではあるが．

ローマ文学はそこが違う．ほとんどの文学にはその作者の生きた時代，環境，それを取り巻く人々が織りこまれている．作品を知るためには，作者を，その時代を知らねばならないのである．作者の人生についての資料も多く残っている．別の言い方をすると，われわれはローマ文学を読むことで，その作者の人間像をまざまざと見ることになる．作者像を現前

させてくれること，このゆえにローマ文学はいわば現代文学となるのである．キケロとカエサルについてもそうであった．この後で触れるホラティウス，オウィディウスにもそれは共通している．

ホメロスの叙事詩，ソポクレスの悲劇に代表されるギリシア文学は偉大である．しかし，文学者が必ずや対峙するであろう，作者と社会との間に生じる緊張的関係をこの上なく明らかに見せてくれるのは，ギリシア文学ではなく，ローマ文学なのである．

『牧歌』と『農耕詩』

ウェルギリウスの3作品のなかで最初に世に出た『牧歌』Bucolica は，彼が30代に達したころに書かれている．つまり，市民同士の陰惨な殺しあいが最高潮に達していた時代である．『牧歌』とはその名の印象どおり，快い田園生活のなかで牧夫たちが高尚な歌を交換しあう，ヘレニズム時代のギリシアで生まれた多分に技巧的な文学ジャンルで，彼の時代とはいかにもそぐわないと言えるはずである．

その第1歌では，舞台は理想郷の別名であるアルカディアであるのに，そこで対話する二人の牧人の一人はそこを追放されていく人物である．ここには明らかに，オクタウィアヌス派が共和制派に勝利した後で自軍の兵士たちに土地を与えるために行った，農地没収という現実が反映している．都会を避けて美しい自然を歌う現実逃避の文学ジャンルに，あえてその時代の厳しい現実が織りこまれている．ウェルギリウス自身，領地を没収される危機に瀕した時期もあったのである．土地没収の問題は第9歌にも歌われている．

実に，美しい自然という環境に囲まれてはいても，歌われ

るのは主に苦難である．恋の主題もいくつか出てくるが，ほとんどが苦しき恋である．そのなかには，第2歌での牧人コリュドンの，牧童仲間アレクシスへの報われぬ恋（アンドレ・ジッドが自身の同性愛的傾向を告白した書『コリュドン』ではこの二人の名前が使われている）や，第6歌での，クレタの王妃パシパエの雄牛への狂おしい恋がある．

希望はただ願望のなかだけにある．この書が書かれたときには，平和は確立していなかったのであるから．第4歌では，平和への願望が強く歌われているが，それは，「近いある日，一人の赤子が生まれ，その子が大きくなると世界が黄金時代に戻る」というものであった．

中世においては，この詩はキリストの誕生の予言であると考えられていた．だからウェルギリウスは，キリスト教徒ではないのにそれにふさわしい扱いを受ける価値のある人物であるとみなされていた．現在，ナポリ市にはウェルギリウスの墓とされるものがあるが，そこで聖パウロが，彼がキリストの福音を知らずして死んだことを悼んで涙を流したという伝説も残されている．

第二の作品は『農耕詩』Georgica で，これはヘシオドスの『仕事と日』以来長い伝統を持つ，実用的知識を与えるのを主眼とする教訓詩の体裁をとった作品である．この作品の発表は前29年で，このときオクタウィアヌスはすでに，ローマ社会の唯一の絶対的支配者としての地位を確立している．

全4巻にわたって作者は農業全般に関する主題を扱うのであるが，しかし，実用的価値を目指す部分は少ない．最近『牧歌』と『農耕詩』を翻訳出版（2004年，京都大学学術出版会）した小川正廣氏の言葉を借りると，「農業の世界に生きる人々の姿を描きながら，自然の中での人間のあり方を探り，

さらには人間社会の根本的問題を見つめ直すこと」が作者の主眼であった．平和を希求することと，闘争に駆り立てられることの二面性を持つ人間性の矛盾への示唆は，絶対的独裁者として帝政を始めることになるオクタウィアヌス，後のアウグストゥス帝へのアンビバレントな感情の反映とも見ることができる．彼は確かに混乱し疲弊したローマ社会に平和をもたらした．しかし，その前提には多くの市民の犠牲者（共和制派の多くは殺されている）があったし，また農民からの農地没収のごとき政策もあったのである．

『アエネイス』

さて，代表作の『アエネイス』Aeneis であるが，「滅亡したトロイアの王族の一人アエネアスは，生き延びた一族を率い，老父は肩に乗せ幼い一人息子の手を引いて都を逃れる．その後，長い放浪と数々の苦難を経てついにイタリアの地に上陸し，土地の人々との対立を克服してローマ建国の礎を築く」というのがその粗筋である．

純粋に愛国的物語に仕立てようとするなら，これほど適切な素材はないと言ってもよいであろう．しかし，作者はそのような安易な道はとらない．そもそも，ヒーローであるアエネアス自身，幸福感は味わえないのである．彼は神から与えられた使命を自覚している．その使命を達成するためにひたすらの努力をする．しかしそのためには，彼自身の幸福な生活は犠牲にされざるをえない．

悲劇の女王ディードー

『アエネイス』全12巻中の第4巻は，独自に生まれたヒロインとしてはローマ文学史上唯一の存在であるディードーと

アエネアスとの悲恋を描いている.

ディードーはアエネアス一行が嵐を逃れて漂着した土地であるカルタゴの女王である. 彼女はトロイア人の経てきた苦難の物語を聞いて同情し, 心優しく庇護の手を差し延べる. ところがそこに天上の神々が介入し, あらがい難い恋心が彼女の胸に燃え上がってしまう. アエネアスもその恋に応え, 二人はひとときは結ばれることになる.

この恋は, 実らない. アエネアスが土地の女王の入り婿になってしまったのでは, ローマ建国という大義は無になるわけであるから, 悲恋は当然の結果とも言えるのだが, 問題を複雑にかつ面白くするのは, その舞台がカルタゴだということである.

すでに述べたごとく, ローマは歴史時代にはカルタゴと3度にわたる戦いをしていて, 2度目のそれは, ローマを滅亡の危機にまで追いつめたものであった. カルタゴ軍の大将ハンニバルへの恐怖と相まって, ローマ人の間には, 狡猾, 残忍というカルタゴ人のイメージが固定していた. そして女王という存在である. カエサルとアントニウスを相ついで誘惑しローマの未来を危うくさせたかもしれなかったエジプト女王クレオパトラの最期から, まだ10年しか経っていない時代である. オクタウィアヌスは, その誘惑には乗らなかった.

このような歴史的経緯が, 伝説の時代の二人の恋と重ね合わされて読まれることは当然である. ディードー自身は愛すべき人物として造形されており, 決して敵役ではない. しかしいずれにしてもアエネアスとディードーは, 祖先の敵対ではなく, 子孫の敵対のゆえに悲劇を運命づけられている組み合わせで, いわば転倒したるロミオとジュリエットなのである. 絶望したディードーは, 神の命のままに心ならずも彼女

を捨てて船出するアエネアスの一行をよそに,火葬のための巨大な薪積みの建設を命じ,その上に登って自らを焼き尽くす壮烈な自死を決行する.

誇りある人物の,その誇りを守るための唯一の手段としての自死.これは,ソポクレスの『アイアス』における武将アイアスの行動でもあるが,彼の場合は神から送られた狂気のせいでなした愚行を恥じた結果であった.ディードーの自死は,自ら決断し実行した行動の結果の心理的破綻を繕うための選択である.しかも彼女は武将ではなく女である.ここに,ディードーの行為の独自性があり,そのゆえにいっそう鮮烈な印象が生まれる.ローマ文学史上唯一のヒロインとしての地位はここで確立される.

女の恋の描き方

そして,もうひとつ重要なファクターは彼女が未亡人であったということである.ディードーは,亡夫への貞節の念と,新しい恋心とに引き裂かれる思いを味わう.現代の読者には特に目新しい主題ではないが,ウェルギリウスの時代にあっては,女の恋情を扱うさいのこのような心理の描き方は,斬新なものであったと知るべきである.それまでの古典古代の文学における女の恋愛は常に一回的であった.処女が恋する.それが実る.あるいは実らない.それで終わりである.女に関しては,その後の恋は決して真面目な主題とはならない.もちろん,姦通という主題はあるがそれは悪として扱われるだけである.

女の恋の一回性という無意識の呪縛をうち破ったこと,ここに,俗な言い方ではあるが,「大人の女の恋」という新しいロマンティシズムが生まれた.それは,アエネアスの側に

ある「個人的幸福の追求と集団の利益との相剋(そうこく)の悩み」という事情と相まって,この作品全体に一種の,これも俗な言い方であるが「近代性」を与える.同様に遍歴の物語である『オデュッセイア』の主人公オデュッセウスも,魔女キルケに同棲(どうせい)を望まれて望郷の念との相剋を経験するが,彼はキルケに恋していたのではなかった.アエネアスは,真剣に恋していたがゆえに恋を犠牲にしたことで真剣に悩むのである.

第6巻においてアエネアスは,冥界(めいかい)を旅するという稀なる行為を行う機会に恵まれる.そこで遭遇する死せる人々のなかには,やはり彼が捨ててきた女の姿があった.彼は,心底からの謝罪の言葉を述べる.しかしそれは彼女には通じない.それ以後アエネアスは,またもやの俗な言い方であるが「罪の意識」を持ちつつ生きるほかはなくなるのである.
『アエネイス』について述べるべきことはもっと多くあるが,本書の性質上これだけにしておく.『アエネイス』には,岡道男・高橋宏幸両氏による新しい優れた翻訳(2001年,京都大学学術出版会)が出ているので,詳しいことはそれを参照してもらうのがよい.

4 ホラティウス

最もポピュラーなラテン詩人

ホラティウス(Quintus Horatius Flaccus, 前65〜前8)が現在に残している作品の量は,彼が後世に与えた影響を考えると驚くほど少ない.

彼の作品は,権威あるテキストの集成であるオックスフォード大学古典テキストでは1冊にまとめられているが,270頁程度である.

しかし彼の詩はすべて，ローマ帝国時代を通じて読まれつづけただけでなく，キリスト教作家にも大いに好まれ，模倣さえもされた．中世になると彼はその倫理性ゆえに尊ばれ，ダンテは『神曲』のなかで彼をホメロス，ウェルギリウスに次ぐ第三の地位に置いている．古典文学を発掘するに大きな功を果たしたペトラルカも彼を崇拝した．近代になっても，ホラティウスの影響はまったく衰えていない．第12章1節「ルネッサンスのラテン語とその後」で述べるが，19世紀の詩人ランボーですら，ラテン語で詩を書くときにはホラティウスを意識しているのである．

ホラティウスは前65年，南イタリアの生まれ，ローマで教育を受け，アテナイに留学している．そのころの社会的動乱では共和制派に属したので，オクタウィアヌス派の勝利の後は，一時生活に苦労したらしい．しかし文名が高まるにつれて，芸術家の庇護者であった富豪マエケナスの知遇を得ることとなり，詩作に没頭するにふさわしい境遇を手に入れた．

詩人としての自負

彼はまず，ギリシア詩の叙情詩の調べをラテン語で再現することを試みた．そして，それに成功したと考えていたようだ．

彼の代表作『歌章』Carmina は全4巻，100に少し余る数の叙情詩からなる書物である．第3巻までが彼が42歳のときに出版されている．これらの詩においてホラティウスは，アルカイオス，サッポーをはじめとするギリシアの叙情詩人のさまざまな詩形をラテン語でもって再現することに挑んだ．ギリシア・ラテン詩の韻律については，第4章2節「ギリシア語とラテン語」で多少触れておいたが，音節の長短の組み

合わせからなるこの韻律法は実に多彩,かつ複雑なものなのである.それをラテン語に移すことにホラティウスは取り組んだのであった.

そして,第3巻の最後の歌で彼はこう歌っている.藤井昇氏の御訳をお借りする.

> 「わたしは建て終えた,記念碑を——,青銅にも増して世々に滅びず,王者らの据えしピラミッドよりも高く,雨の腐蝕(ふしょく)も,荒れに荒るる北風も,はた,数も知れず続きゆく年月,去りゆく時代の流れも毀(こぼ)つ能わざる,そんな記念碑を——.(中略)さらにさらに,このわたしは,後の世のひとの讃うるところとなって,新たに育ちゆくであろう」

詩人の自負の現れというと,筆者なら与謝野晶子(よさのあきこ)の「劫初より造りいとなむ殿堂にわれも黄金の釘(こがねのくぎ)一つうつ」という短歌を思い浮かべる.晶子の,自負と謙遜(けんそん)の入り交じった表現の快さに比べると,ホラティウスの自負はあからさまに露骨である.

しかし,これは確かな予言でもあったのである.彼の書いた叙情詩は多くの模倣を生んだし,その影響が中世,近代にまで及んだことは先に述べたとおりである.

「黄金の中庸」

ホラティウスの詩の魅力の第一は,語の絶妙な配置・組み合わせが読者の脳裏に浮かばせる鮮やかな情景であるが,そこに織りこまれたさまざまな警句と,その底流にある作者の健全な思想も人を惹(ひ)きつけるものである.たとえ避けがたい

死について彼がたびたび言及するときでも，そこから知られる彼の想いは複雑であったり深刻であったりするのではなく，要するに健全である．だから，彼の詩からは人口に膾炙する名句が生まれ出る．

その典型は，aurea mediocritas「黄金の中庸」という言葉である．極端を避け，中間状態を維持することが人生の知恵であるという意味であるが，これはホラティウスの『歌章』第2巻第10詩から出ている．その一部のみを，戯れに漢文ふうに訳すとこのようになる（詩であるので，原文の長母音は区別しておく）．

> auream quisquis mediocritātem
> dīligit, tūtus caret obsolētī
> sordibus tectī, caret invidendā
>   sōbrius aulā.
> 「其レ黄金ノ中庸ヲ尊ブ者ナラバ，
> 破屋ノ塵トハ縁無クシテ安泰，
> 賢慮モテ高楼ヘノ妬トモ無縁ナラン」

その後，「松の木も巨大なら風に揺さぶられつづけ，そびえ立つ塔は倒れ方もひどい．雷も山の頂上を選んで撃つのであるし……」とつづく．

「中間状態」を言う mediocritas は英語 mediocrity の語源で，これは中庸と言うより，凡庸という否定的な意味になる．ラテン語 mediocritas もそのように否定的に使うことが可能な単語である．しかしホラティウスはあえてそれを「黄金の」という形容によって擁護することで共感を呼んだのであった．

同様の平衡感覚は，『歌章』第1巻第4詩にも現れている．

> pallida Mors aequō pulsat pede pauperum tabernās
> rēgumque turrīs.

「貧者の陋屋,諸王の高殿,蒼き顔もつ死神が戸を蹴る足に変わることなし」

　この詩は,春の喜びを華やかに歌うことから始まりながら,いつかは楽しみも果てること,人は死に運命づけられていることを述べる.しかし,作者は決して悲観的ではない.享受すべき生は今ここにあるのであるから.

　同じ巻の第11詩には,これも有名な carpe diem「この日を摘め」が見つかる.未来のことはわからない.起こったことを受け入れるだけ.そう話している間にも時は過ぎ去る.この日を摘め.次の日に信を置いたりせずに.

　carpe diem は,「今日のうちに花を摘め」とも解釈できるし,「今日を刈り取れ」とも解釈できる.いずれにしても彼は決して享楽的人生を推奨しているのではない.そこが,彼をキリスト教時代にあってもよく好まれた詩人にした理由である.

　ホラティウスの句で広く知られているものにはほかに,Nil admirari「なにものにも動ぜぬ心」がある.これは,『書簡詩』から来ている句である.『書簡詩』は,実在の人々に宛てた韻文の手紙の形式で自分の所信を述べるもので,ローマ文学で発生した新しいジャンルである.2巻からなっていて,第2巻の後半部が,後世に大きな影響を与えた『詩論』である.

　ところで,「ニル・アドミラリ」は「なにものにも感動しないこと」と解釈されているようだが,原文では少し違う.

admirari は英語 admire「賛嘆する」の語源で，意味もほぼ同じである．あるものに心底感嘆してそれを手に入れようと欲すること，それが admirari である．ホラティウスがこの書簡（第1巻第6書簡）でヌミキウスなるまったく無名の人物に与えている教訓は，「なにものも欲しがりすぎるな，それが幸福への唯一の道だ」ということで，これも「黄金の中庸」の勧めと軌を一にするものである．

『書簡詩』にも後世に残された名句が見つかるが，特に有名なのは第2巻の最初の書簡にある一節であろう．

> Graecia capta ferum victōrem cēpit et artēs
> intulit agrestī Latiō.
> 「ギリシアは捕囚となりながら勝利者なる蛮族を捕らえ，ラティウムの原野に諸術をもたらせり」

ギリシアとローマとの間における，軍事政治的側面と文化的側面とのねじれた関係をこれほど簡潔に，リズミカルに言い表した句はほかにないのである．

『詩論』と『風刺詩』

『書簡詩』の第2巻の後半は，『詩論』Ars Poetica として古代から独立したものとして扱われている．多分これが彼の最後の作品で，逝去する2年ほど前に書かれている．

ホラティウスの時代にはローマでは悲劇はほとんど影を潜めていたジャンルであるし，彼自身悲劇の創作に手を染めてはいないのであるが，この『詩論』では悲劇に関する理論の部分が最も長い．詩論というと現在ならアリストテレスのそれが最も権威あるものであるが，中世近世においてはホラテ

ィウスのこの書の影響力のほうがずっと大きかったのである．

ここでは，「大山鳴動して鼠一匹」という句の直接の源はこの『詩論』であると述べるだけにとどめる．大事の予感で大騒ぎしてみたがつまらない結果しか出なかったというこの言い回しの源流は，ギリシアのアイソポス（イソップ）の寓話に遡るらしい．ホラティウスはそれを取り入れて，真の実力がない詩人が，それなのに誰もが知っている雄大な主題に取りかかって，案の定つまらない作品しか生まないことを皮肉ってこう言っているのである．

ホラティウスにはほかに，『風刺詩』という『書簡詩』と同じ叙事詩の韻律の作品があり，ここでは人々の持ちがちな欲望が上品な形で皮肉られている．風刺詩 Satura という文芸ジャンルは，ローマ人が独自に作り出したものである．第5章3節「文学とジェンダー」で触れたユウェナリスの作品がその代表的なものであるが，ホラティウスの風刺には，彼の人柄を反映してユウェナリスのそれのような毒は含まれていない．

5 オウィディウス

流刑に遭った詩人

三大詩人の最後に来るオウィディウス（Publius Ovidius Naso）は前43年の生まれで，死亡は後17年のころらしい．彼もまた，「時代の子」であった．と言っても，その生年からわかるとおり，彼はウェルギリウスやホラティウスが強制されたような時代の悪さは経験していない．彼は，「ローマの平和」のその最初を心底から味わいつつ詩作にふけった人である．そしてその「ローマの平和」が，彼にとっての最大

の不幸の源となった．彼は「流刑」に遭う．紀元後8年に，つまり50歳を過ぎてから彼は黒海西海岸に面した街トミス（現在のルーマニアの都市コンスタンツァ）に追放処分となり，その刑は9年後に彼が死ぬまで解かれることはなかった．トミスは，ギリシア人のほかは文明を知らぬ蛮族しか住まず，冬には「髪に氷柱が下がり，髭(ひげ)は霜で光る（『悲しみの歌』第3巻10歌）」ほど苛酷な気候の土地である．

彼に追放処分を命じた人は，ローマの平和を作り出したアウグストゥス帝その人であった．彼はよき支配者たらんと努めた人であるが，また峻厳(しゅんげん)な道徳的規範を求めた人でもある．その結果，ただ一人の実子である娘ユリアをその不品行のゆえに孤島へ幽閉処分するよう自ら命じなければならなかった．ユリアは，父の命ずるままに三度の政略結婚と二度の離婚を強制されたのであるから，享楽的生活を求めたこともわからなくはない．オウィディウスの追放刑の具体的原因が何であったのかは，実はしかとはわかっていない．しかしともかく，華やかな恋愛詩を次々に発表して令名高かったこの詩人が，その詩の浮薄さゆえに，ユリアをめぐる上流社会のスキャンダルに関係したとして巻き添えを食った，というのが真相らしいのである．

恋について書く

彼の初期の作品は『恋愛詩集』『恋愛指南』『恋の療治』である．まさに彼は，恋愛詩を書くことで出発した．しかし，恋愛を主題とする彼の詩は，一時代前のカトゥッルスや少し年上のプロペルティウスの書いた恋愛詩とは異なる．この二人が現実の女性に対する自身の恋情を真心込めて詩に作ったのに対してオウィディウスは，「恋心を歌う」のではなく，

「恋について書いた」のである．実際，彼には恋愛遍歴のような記録はない．心底妻を愛していた人であることが後期の詩から知られる．

この3作はエレゲイアという詩形で書かれている．これは，2種の韻律が1行ごとに交替する形式である．最初の行は第5章2節「文学と音楽性」で述べた，「ダクテュロス6脚韻」というホメロスやウェルギリウスの叙事詩の韻律で，次の行はその6脚の前半3脚から最後の長音節を取り去ったものを2度繰り返して1行とするものである．その2行だけでひとつの詩となるものもあり，その組み合わせを繰り返して長大な詩とすることもあり，またその中間の長さの詩もありうる．

参考のために，カトゥッルスが恋人レスビアへの愛憎の念を吐露した有名な2行詩（第85詩）を書いておくことにする．エレゲイア詩形については，本書の最後の部分でふたたび触れることがあるので，この詩の韻律を行の上部に示しておく．— が長音節，⌣ が短音節を表している（音節の長短については，第5章2節「文学と音楽性」を参照のこと）．

> Ōdĭ et āmō. quāre id fācĭam fōrtāssē rēquīrīs.
> nēscĭō, sēd fĭērī sēntĭo et ēxcrūcĭor.
> 「憎い．そして恋しい．なぜそう思う，と訊くだろう君は．なぜかはわからぬ．だがそう思われて，心が引き裂かれる」

ローマ文学においては，エレゲイアは構想雄大な叙事詩とは対照的な，恋愛詩にふさわしい詩形として扱われるようになった．そのような感覚は，『恋愛詩集』Amores 第1巻の

最初の詩で，つまり彼の文学的出発を示す作品で明瞭に表されている．そこで彼は，「自分はダクテュロス6脚韻で英雄物語を書きたかったのに，いたずら好きなクピド（＝キューピッド）が現れて，自分に無理やり恋愛詩を書かせるようにした」という意味の言葉を書いている．そのさいオウィディウスは，「恋愛詩を書かせた」ことを「クピドが脚をひとつ取り上げた」と表現している．つまり，ダクテュロス6脚韻ですべて書くのではなくて，2行目ごとに1脚短くしてエレゲイアで書くように強制した，という意味である．現実の恋が詩の歌を書かしめたのではなく，恋の詩の韻律を強制されたから恋の詩になったというのである．

『恋愛詩集』第1巻の第5詩にコリンナという名の女性が現れてきて，「私」との間に濡れ場と言うほかはない情景が展開する．しかし，オウィディウスに対するコリンナは，カトゥッルスに対するレスビアではない．レスビアはカトゥッルスにとっては自分の心情を支配する存在であり，それであるがゆえに恋の喜びと，恋の苦悩の詩が生まれたのである．このような女をローマの詩人はドミナ＝「女主人」と呼んだ．奴隷に対する主人がドミヌスであり，ドミナとは主人の妻である．詩人は奴隷のように恋人に服従しなければならず，その苦しさが詩となる．オウィディウスにはその苦しさはない．彼は，ひたすら軽やかに恋の情景を華麗な響きで歌っていく．

『恋愛指南』Ars Amatoria は，恋を手に入れるためのさまざまな技術を教授しようという，その根本からして不真面目なものである．その最初の2行は以下のごとくである．

「もし誰かこの国で，恋するわざを知らぬなら，
　これを読みたまえ．詩を読み終えて賢くなって恋をしたまえ」

そこから，どのようにして恋人を見つけるか，目をつけた女を口説き落とすにはどうするか，手に入れた恋をいかにして長続きさせるか，が語られていく．その合間合間には，ギリシア神話のエピソードを豊富に織りこんで，面白い読み物に仕立てている．

『恋愛指南』の後には，その続篇と言うのもおかしいのだが，『恋の療治』Remedia Amoris が書かれる．これは前書とは正反対の教えの書で，恋が報われなかったときいかにしてその恋心を冷まさせるかが主題である．順調な恋なら構わない，のぼせ上がっていればよい，しかし失恋して首を吊ったり喉をかき切ったりする若者が出ぬように，別の教訓も教授しようと彼は言うのである．両書とも，ギリシア以来の伝統のある「教訓詩」の形式を踏み，そしてその内容からそのパロディーとなっている．

恋の小叙事詩

オウィディウスは，このようにひたすら楽しく恋を歌うだけで満足せず，そこに複雑な人間心理を織りこむことを試みる．その結果が『名高き女の書簡集』Heroides で，ギリシアの英雄伝説中に現れて世に知られた女性（それに，実在の詩人サッポーとローマ文学からディードーが加わる）が恋人に送った手紙と，それらへのいくつかの返信がやはりエレゲイア詩形で綴られる．

現実には，手紙のやりとりなど存在するはずのない状況ばかりである．その生死さえわからぬオデュッセウスに宛てて妻のペネロペアが手紙を書くはずはないのである．しかし，そのような異議申し立てはもちろん無意味であって，オウィディウスの狙いは，女たちが恋愛のゆえに陥った極限的状況

のなかでどのような心情を持つかを,彼一流の筆致で活写することだった.そのために,前時代の文学ですでに名を知られた女性が,仮にその気持ちを手紙に書き表したらどうなるかという形式をとる.しかも彼の試みは女の心理描写だけにはとどまらない.同時に彼は女の手紙という形式で,彼女らにまつわる物語を丸ごと,詳しく再説しようとする.いわば,一人称による小叙事詩を作るのである.

一例は,メデアがイアソンに送ったことになっている手紙である.メデア(ギリシア語ではメデイア)とは,エウリピデスの悲劇『メデイア』において,自分を捨てて王女と結婚した元夫イアソンに対する復讐として,自分が彼との間に生んだ子供をすべて抹殺することをあえてなす女として描かれているヒロインである.

オウィディウスは,イアソンの再婚の儀式が終わった直後のメデアの心理を200行余りのモノローグとして描く.最初彼女はイアソンに対して翻意を求め,哀切な口説きを行う.そのなかで,そもそもの悲劇の発端たる,イアソンを長とするアルゴ探検隊の出発から,メデアの生地コルキスにおけるギリシアの英雄たちの冒険,メデアとイアソンの恋,逃避行その他のエピソード,そしてイアソンの心変わりまでがすべてなめらかに語られていくのである.その後,彼女の心理は激怒へと移る.しかし,究極の復讐としての子殺し,エウリピデスの秀作のゆえにメデアという人間からは決して切り離せなくなった最終的な行為は,ここでは単なるほのめかしだけで十分読者に伝わるとされている.手紙の最後の1行は以下のごとくである.

「なにかは知らぬ,ともかくもっと大きなことを,わたしの心は確かに求めている」

オウィディウスも,悲劇としての『メデア』という作品を書いているのだが,残念なことにそれは伝わらない.

量的に最大の彼の作品は,『変身物語』Metamorphoses で,これはダクテュロス 6 脚韻による,ギリシアとローマの神話の集成である.

叙事詩や悲劇はすべて神々や英雄の行為を描いているのだが,その元になった神話・伝説をまとめた形で系統立てて叙述する試みは多くはない.ギリシアではヘシオドスの『神統記』の後には,ホメロスの作とされてきた『ホメロス風讃歌』があるが,その後はずっと時代が下がった,アポロドロスの作と伝えられる『ギリシア神話』があるだけである.この作品は 2 世紀くらいに書かれたものらしい.

オウィディウスの『変身物語』は,神話を題材にしてロマンチックな挿話に富んだ面白楽しい物語である.だからといって,それをギリシア神話そのものと受け取ってしまうのは誤解である.しかしともかく『変身物語』はギリシア神話の資料としては量的に他の作品をしのいでおり,それが後世へ与えた影響に関して言えば,他のものとは比較にはならない.彼はその最後に,「ローマが健在である限り自分の作品は読まれつづけ,自分の名声は永遠だろう」と言い切っているが,その予言は十分以上に実現した.彼の名声はローマ帝国が瓦解した後1000年以上を経過しても消えることはない.

しかしすでに述べたとおり,文筆活動真っ盛りのときに彼は追放処分に遭う.追放の地でも彼は詩作を続け,『黒海からの便り』,『悲しみの歌』などが今に残されている.この 2 作は木村健治氏によって翻訳されている(1998年,京都大学学術出版会).

VII 白銀時代の文学者

　初代のローマ皇帝アウグストゥスは，紀元後14年に病死する．この年から，第16代マルクス・アウレリウス帝の治世の終わる180年までをローマ文学の白銀時代と称するのが慣例である．

　ギリシア人，ローマ人は一種の下降史観を持っていて，最古のときに理想的黄金時代があり，それから徐々に人心が堕落していったと考えた．黄金時代の次に来る白銀時代は，少しは劣るがその後の鉄の時代よりはましだということである．

1　白銀時代

　キケロの散文，ウェルギリウスの韻文で代表されるローマ文学の完成の後の文学で，そこにはおのずと前時代とは変わった風潮が生まれた．

　この時代の文学全般について，大西英文氏の記述を引用させていただく．

「一言で『修辞の時代』と呼ばれるこの時代は，ルネッサンスの古典主義時代のあとに続いたバロック，マニエリスムの時代にもなぞらえることができる．均整や調和，典雅，流麗，美，理想，誠実，理性等々，『古典』によって培われた精神に対する意識的な反抗は，極端にいえばアンバランスや誇張，極論，過剰，醜，現実，言葉と意味との乖離(かいり)，パトス（激しい感情）等々の精神を生んだが，セネカ，特にその悲劇は，

こうした時代の精神のさきがけをなすものであった」(1992年，世界思想社『ラテン文学を学ぶ人のために』より)

白銀時代の文学者と言えば，ここで名の挙げられているセネカのほかに叙事詩人ルカヌス，歴史家タキトゥス，スエトニウス，風刺詩人ユウェナリス，マルティアリス，浩瀚なる『博物誌』の作者プリニウス等の名が出てくるのであるが，本書で扱うのは，セネカと，「小説」という新しいジャンルについてである．

2　セネカ

セネカの生涯

セネカ (Lucius Annaeus Seneca, 前4ころ～後65) について語る資料は，まず本人の著作である．現代に残るセネカの著作の量は，すでに述べたごとくキケロのそれには比べられないにしてもラテン語作家では二番目に多い．その内容は悲劇作品と哲学的著作の2種にほぼ分けられる．

それに加うるにタキトゥス (55ころ～118ころ) の『年代記』がある．この作品からは，宮廷社会におけるセネカの地位の変遷と，その最期の様子が知られる．彼は若くして弁論家，著作家としての名声を獲得し，そのゆえに命を狙われるほどの嫉妬を浴びたりもしたのだが，幼いネロの教師役に任ぜられて宮廷内で地位を急上昇させる．ネロの皇帝即位 (54年) 後は宰相的役割をも果たした．しかし，最終的にはネロの不興を買い，強制的自殺に追いこまれる．それは，自ら血管を切り血を流れるに任せて緩慢なる死を迎えるという，長い苦痛を耐えなければならぬことでは切腹にもたとえられる死に方である．

ストア派哲学者セネカ

タキトゥスが描写する,従容として死に赴くセネカの最期は,ストア派哲学者としての彼の著作に見られる禁欲的倫理主義にこの上なくふさわしい情景である.しかし,それ以前の彼の生き方を見,また哲学的著作と彼の悲劇作品とを対照させてみると,そこにはすぐには飲みこみにくい矛盾が見えてくる.

ストア派哲学とは,ヘレニズム時代に生じた新しい思潮のひとつである.この時代のギリシア哲学諸派はプラトンの時代とは異なり,その目的を真理の発見というよりは幸福の獲得,正しい生き方の模索としていた.同時代に生じた思潮のひとつエピクロス主義が,魂に苦悩がなく肉体に苦痛がないこと,それが浄福なる生の始めであるとしていたのに対し,ゼノンをその開祖とするストア派は,むしろ魂に緊張を強いて厳格な倫理的生活を追求することに重きを置いていた.ゼノンが自説を講じた場所が,誰もが自由に出入りできるアテナイ市内の柱廊(ストア)であったので,ゼノンに従う学徒はストア派と呼ばれるようになったのである.ここから派生した語から来た英語 stoic は「ストア派の」の意味以外にも禁欲主義的,克己主義的といった意味を持つことになった.それが日本語のストイックとなった.

ギリシアの哲学は,前2世紀には滔々とローマに流入してきた.ローマ人に歓迎されたのは,主にエピクロス派とストア派の哲学である.もうひとつのヘレニズムの思潮であった懐疑主義は,ローマ人には大きな影響は与えなかった.

エピクロス主義に基づくローマの文学としては,前1世紀のルクレティウスの『事物の本性について』という叙事詩が

ある.キケロはエピクロス派からもストア派,懐疑主義からも自由に学んだ人で,彼の哲学的著作は一種の折衷主義からなっている.

セネカは,第16代皇帝マルクス・アウレリウスと並んで後期ストア派哲学者の代表的人物とされている.と言っても彼は体系的な学説をうち立てたのではない.良く,かつ幸福な生き方とは何であるかをストア派の立場から手紙の形,あるいは対話の形で述べていて,それが人々への指針となっているということである.

ルキリウスという人物に宛てた長大なる手紙の集成は,『倫理書簡集』と題される書物となっており,これは現在全文が新たに翻訳出版されつつある.それらのなかで彼は,平静な心で運命を受け入れること,死は生の苦痛からの解放と考えるべきこと,苦難を蒙ればそれは神から与えられた試練として忍耐することなどを述べる.彼の哲学書に見られる厳格な倫理主義的生き方は,異教文献でありながらキリスト教作家にも歓迎されたものであるし,近年日本においてもセネカの言葉を紹介する動きが出ている.

第3章3節「ラテン語の構造」で ars longa, vita brevis という格言を紹介しておいたが,これはセネカの『人生の短さについて』という書にある文言である.人生は確かに短い.しかしその活用法を知る人にとっては十分に長いというのがセネカの言いたいことである.

宮廷人セネカ

セネカの著作と彼の生き方の間には矛盾があると先に述べたが,たとえば彼のネロの宮廷における処世術がその一例である.彼が一時ネロ帝の宰相のごとき権力を握り,巨万の富

を蓄えたことはよく知られている．これは，ストア派的禁欲主義とは明らかに背馳（はいち）した行為である．さらに，全権力を握ったネロが徐々に怪物的様相を呈してさまざまな残忍な悪事を行ったさいに，取り巻きたちの第一人者であったセネカのストア派的思想が，どれほどそれを抑えるのに役立ったか大いに疑問である．タキトゥスが明確に記録しているところでは，ネロが実母を殺すという大罪を犯した直後に，セネカは自ら進んでネロを擁護するための文章を起草している．

　エピクロス主義とは異なり，ストア派の考え方は現実生活への積極的参加を拒まない．だから，彼が宮廷に背を向けて隠遁（いんとん）生活に入ることをしなかったことには理由はある．しかし結局彼は常に専制君主にへつらい，ご機嫌を取り結んでいただけではなかったのか．タキトゥスは，その死の有様を書くとき以外は，セネカにはかなり批判的である．それは，同時代人によるセネカへの芳しくない評価を反映しているのではなかろうか．

悲劇作家セネカ

　さらに，彼の悲劇作品を読むと，ストア派的思想と合致しない点がまた見えてくる．たとえば，ストア派は恐怖，欲望，快楽，苦の4種のパトス（人を揺り動かす強烈な感情）から脱することを賢者の徳とする．しかし，セネカの悲劇に見られるものは，ギリシア悲劇にあった恐怖，苦といった要素のことさらな誇張である．また，死者の霊を好んで舞台上に登場させることも，自然学を重んじたストア的態度に反すると言わざるをえない．

　セネカの悲劇として伝わった作品は10作で，『アガメムノン』『オエディプス』『メデア』『トロイアの女たち』のごと

くギリシア悲劇の素材を扱って，それをラテン語で自己流に改作したものである．ただ唯一の例外として皇帝ネロとその最初の妻オクタウィア，愛人のポッパエアが登場する『オクタウィア』があるが，これはセネカの真作とは認められていない．『オクタウィア』を含めて，セネカの悲劇はすべて翻訳されている（1997年，京都大学学術出版会）．

セネカの悲劇をギリシア悲劇と比較すると，大西氏の文言にあった「誇張，極論，過剰」といった特徴がすぐに見て取れる．たとえば流血沙汰である．ギリシア悲劇なら，使者による報告で伝えられる殺人や傷害は，ここでは舞台上で演じられる．好例は『狂えるヘルクレス』で，主人公による妻子殺しはエウリピデスの原作ではすでに起こったことが報告されるだけなのに対し，セネカ作では狂気に陥ったヘルクレスは舞台上で妻子を追い回して摑まえ，殺すために奥へ引きずっていく．

セネカ悲劇の影響

セネカの劇作品は，近代のヨーロッパの一時期においてはギリシア悲劇以上に影響を残したものであるし，また，現代の目から見てもそれなりの価値を認めることはできると言える．

オウィディウスの『名高き女の書簡集』からメデアの手紙を紹介したが，ここでも『メデア』を扱い，セネカの作劇法の一端を述べることにする．

肉親を殺すことまでして献身的に尽くした夫の裏切りに激怒して，その復讐のために夫その人ではなく自ら生んだ子供を殺す．エウリピデスの傑作『メデイア』におけるこの設定が彼の独創であるのかはともかく，この作品のせいで「メデ

ア＝子殺しの女」という設定は不動のものとなった．原作の時代（前430年ころ）からセネカまでの500年弱の期間に，約10篇ほどのメデア劇が書かれている．それらはひとつも残っていないのでそれがどのように改作されたのかには推測以上のことはできないけれども，エウリピデス以後の作家は，メデアを主題として選ぶ限りこの拘束からは逃れられなくなったはずである．

しかし，「不実なる夫は殺さず，無辜なる子供を殺す」という，誰の目にも不条理であるがゆえに観客へ与える衝撃度が強かったこの設定も，いったん成立してしまえば誰もが知っている前提にすぎなくなってしまう．だから，原作で劇的クライマックスのひとつを形成している「子殺しを決断するプロセス」は後続作品においては大きな劇的効果は生まない．メデア劇を新たに書こうとするなら，なにか新しい工夫を加えなければ衝撃的劇作品にはならないのである．

セネカの工夫は，ヒロインをエウリピデスが描いた人間的メデアから，その伝承の本来の形である魔女へと回帰させたことである．彼女は最初の登場人物として現れるや，女の悲運を嘆く言葉など一言ももらさず，ただ激しく復讐を誓う．そして，自分の計画を早速次のように漏らしてしまう．観客へ与える劇的効果はここでは，絶え間なく続くサスペンス感である．

「花婿殿のためにお祈りすべきことといえば，それはもっと悪いこと……．

生かしておこう．生きて，見知らぬ街から街をさまようように．（中略）

他人の家からめぐみを乞う，札付きのお客さまにし

てやろう．(中略)
　そして，ああ，これ以上の凶事は祈りようもない，
　子供たちを恋しく思わせてやろう．その父に似て，
　母にも似た子供たちを！」

　一言で言うなら，セネカは「異類婚姻譚」としてのメデア劇を書いたのである．エウリピデスの作品が「夫に裏切られた女が苦悩の末に復讐を誓い，自分に思いつく最も残酷な刑を夫に科する物語」であるのに対して，セネカのそれは「若い日の恋愛のゆえに人間の妻となり，人間界に移り住んでそこになじもうとした魔女が，やはり人間に裏切られ，その超能力で彼らを壮烈に罰して故郷へ戻っていく物語」である．つまり，「雪女」の物語と同じ構造を持っているのである．
　その幕切れの場面において，セネカのエウリピデス離れが視覚的にも明瞭に明らかにされる．エウリピデス作のヒロインは，自ら殺した子供の遺骸を抱いて，本来の神的な存在となって，竜の牽く車に乗って天上を去っていくのであるが，セネカの場合は，子供の遺骸をイアソンに向かって屋根の上から放り投げる．そのとき彼女は「子供は私の一族ではないから，死なねばならない」と言う．彼女がイアソンに投げかける「親御さん」という呼びかけは，「子供らの親はお前だけで，もはや私は無縁だ」という異類としての宣言である．
　メデアの非人間性を強調したこのような設定のために，この悲劇全体を否定的に捉える見方もあるが，筆者はむしろそれをセネカの新機軸であると解釈する．そして，面白いことに後世の劇作家は傑作であるエウリピデス作品ではなくセネカの『メデア』に影響を受けた作品を書くのである．
　フランス17世紀の劇作家，コルネイユとロンジュピエー

ル，20世紀のアヌイがメデア劇（フランス語では『メデ』）を作っているが，すべてセネカによっている．アヌイのそれなどは，セネカ作品にある科白をそのまま何度も借用しており，セネカの『メデア』へ捧げたオマージュと言ってもよいほどであると筆者は解釈している．19世紀オーストリアの劇作家グリルパルツァーにもメデアを題材とした『金羊毛皮』があるが，やはりセネカのほうに近い．それらはすべて，「異質なる者同士の非妥協的な相剋から生じる悲劇」である．エウリピデスの創造した鮮烈なヒロイン像は，セネカを通過することで別のもっと劇的な契機を創るものへと生まれ変わり，現代に届けられたと言えるのである．

3　小説というジャンル

小説の誕生

白銀時代の文学について述べるとき，どうしても触れねばならぬ作品に『サテュリコン』がある．それが，その形式と内容の双方においてまことに特異であるからである．

まずその形式．

『サテュリコン』は小説である．

小説，つまり内容がフィクションであって，ある程度の長さと複雑な内容を持ち，そして読み物として散文で書かれるもの，の発生は新しい．哲学や歴史とは異なって人を楽しませる目的を持つ文学は，まず耳から入るものとして作られるのである．だからリズムを持った韻文で語られる．長期間文明の持続があって，読む能力のある人の層がある程度膨らんでやっと，読み物が作られる．読み物ならば韻律は期待しなくてもよい．そして，散文であるなら作り手の側に要求され

る技量も小さくなる.

　ギリシアにおいてはヘレニズム時代に入るとそのような意味の小説が発生していたらしいが，断片以外には伝わらない．現在そのほぼ全文を読める最古の小説は1世紀のカリトン作『カイレアスとカリロエ』である．その後も小説はいくつか書かれており，そのなかでは2世紀のロンゴス作『ダフニスとクロエ』が最も有名である．三島由紀夫の中期の小説『潮騒』は，明らかに『ダフニスとクロエ』を念頭に置いて書かれたものである．

『サテュリコン』
『サテュリコン』の作者は，皇帝ネロの宮廷人であったペトロニウス・アルビテルであるとみなされていて，するとその成立は1世紀中ころということになる．彼がネロの命で自決をしたのが66年だからである．他のラテン語小説としては，2世紀のアプレイウスによる『変身物語』（通称『黄金のろば』）がある．

　文学事典によると，それから後，9〜10世紀まで，小説というジャンルは消えてしまう．その後最初に現れた小説が日本の『竹取物語』で，それを始祖として平安時代の日本でいくつかの作品が書かれた後は，『デカメロン』に代表される14世紀イタリアの novella と呼ばれる作品群まで，小説というものは現れないのだそうである．

　成立年代について言うなら，『サテュリコン』は最初の小説ではない．それをここで特に取り上げるのは，その内容がまことに特異であるからである．

　タキトゥスの『年代記』16巻には，ペトロニウス・アルビテルという名の高級役人についての描写がある．

「彼は昼は眠りのために,夜は活動と快楽のために使った.他の人ならば勤勉さで名をあげるところを,彼は怠惰であることで名をあげた……」

彼は教養は高く趣味は洗練されており,しかも,実務にかけても実に有能な人物であったとタキトゥスは書き記している.ところが彼はわざと無頓着で投げやりな行動をする.すると人々はむしろそれを優雅の印と受け取る.彼の趣味のよさには皇帝ネロも心酔し,彼のお墨付きをえたものしか「粋」とは考えなかったので,彼は趣味の判定者と呼ばれたという.アルビテルとは「判定者」の意味である.

このような描写から浮かび上がってくる印象は,知識人で仕事もできて,しかも流行の最先端を行く人物だ.現代なら「トレンドの仕掛人」というやつであろう.しかし,その特権的な地位も長続きはしなかった.彼はネロへの謀反の疑いをかけられ,自殺を命じられる.現代の趣味の判定者が大衆の気まぐれのままに浮沈するように,彼は皇帝の気まぐれで最高の地位から死へと突き落とされた.

この作者像以上に特異なのは,その内容である.『サテュリコン』の形式は,近世に作られた文学用語であるピカレスク・ノヴェル(悪漢物語)で説明するとわかりやすくなる.ピカレスク・ノヴェルとは,文字どおりには悪漢・ならず者(スペイン語でピカロ)の物語であるが,少し比喩的に解釈すると,社会からはみ出した人物,社会の規範に従属せず,むしろ積極的にその圧力に反抗する人物を主人公として,その人物が周囲の事物と摩擦を起こしながら遍歴を重ねることが物語の内容となるものである.遍歴はさまざまな地域の通過,さまざまな人物との遭遇を作り出すから,これは「長篇小説」を構成するためには恰好な仕組みである.

ここで無頼の彷徨をする主人公は，青年エンコルピオスと愛人の美少年ギトンの二人連れである．つまり同性愛者であるが，彼らは誘われれば異性との交渉を拒むことはない．道徳心はかけらも持たず，盗みをするのも平気な人間である．彼らは何の目的も持つ様子はなく，ただなにかに追われるかのように放浪を続ける．最初の同行者はこれも同類の人種のアスキュルトスで，彼はギトンをエンコルピオスからかすめ取ろうとし，ギトンもそれになびいては，空涙とともに元の鞘に収まるのを繰り返す．アスキュルトスが姿を消すころには，彼に輪をかけて堕落した好色な老人，自称詩人のエウモルポスが同行者となる．仇敵に追われる3人は見知らぬ土地をさまよう羽目となるが，そこで老詩人は詐欺師としての才能を発揮し，エンコルピオスも土地の女たちの情欲の対象となる．しかし，そこにはふたたび別の試練が待っていた……．

ピカレスク・ノヴェルにふさわしいように，この小説は安宿や大衆浴場，淫売窟といった時代の底辺，裏側を描写していく．特に圧巻は，「トリマルキオンの饗宴」と呼ばれている部分である．

トリマルキオンは解放奴隷の身分からのし上がって巨万の富を蓄えた人物である．下品で好色で無知，かつ虚栄と迷信に満ちたその男が催した豪華な大宴会において，彼と妻，また彼らと同類の招待客たちは無意味な長広舌の会話を延々と続ける．またその席では並の想像を超えた量と種類のグルメ料理が供され，その描写も続く．白銀時代の特徴のひとつである「過剰」の典型的例がここにある．

この作品は1969年にイタリア映画界の巨匠フェデリコ・フェリーニによって映画化されて日本でも『サテリコン』と

して公開されている.そこでは,この作品の「過剰」が過剰なまでに表現されていた.

主人公たちによる道徳性無視の徹底性も注目されるべきことである.少年からも少女からも快楽を貪り取って恥じぬ老人エウモルポスは,「自分には今日という日が常に最後の日だ」と断言する.その彼に愛人である少年ギトンを奪われそうになったエンコルピオスは,「美しいものが共有物であって何が悪いのか」と享楽生活を肯定する.

ネロ皇帝の治下,社会は繁栄を極めながら,独裁者の気まぐれの前にあっては安全を保証された人物は一人としていない.いつか突然残酷な刑が自分に科せられるのかもしれないのである.そんな時代の風潮を身をもって知る立場にあった人物が書いた小説であると考えると,『サテュリコン』の特異性はいっそうあらわになる.

『サテュリコン』の言語

もうひとつ,この作品に特に注目しなければならぬ理由がその「言語」にある.

ラテン語は非常に均質な言語であると書いた.しかし,言語は必ずや変化していくものであるし,文学で表現された言語とは別に,書き残されてはいない日常の民衆的言語も当然存在したはずである.『サテュリコン』の作者は,明らかに意識的に,古典ラテン語の規範から離れたこの時代の民衆的表現をそのなかに忍びこませているのである.

作者は登場人物を言語使用に応じて2種に分けていることがわかる.語り手であるエンコルピオス,その仲間であるアスキュルトス等が第一グループを形成していて,彼らは上品ではないにしても通常の言語を話す.無頼漢ではあるが作者

によって観察者の役割を受け持たされており、言語に対する一種の批評精神も付与されているのである．

 彼らと明らかに異なる話し方をするように設定されている第二グループが、すでに触れた大宴会のホスト役であるトリマルキオンとその取り巻きたちである．発音の仕方、使用語彙、単語の形態、文法に関して、彼らと第一グループとの間には一定の差異がある．

「トリマルキオンの饗宴」の場面における言語の分析は、古典ラテン語が最終的にロマンス諸語になっていく変容の歴史を知るための貴重な資料を与えてくれる．ラテン語の変容（これは第9章1節「一般大衆のラテン語」で詳しく扱う）を知る素材には無意識的資料と意識的資料の2種があって、『サテュリコン』の場合には明らかに、作者が意識的に民衆の表現を描写している点が貴重である．無意識的資料とは、後期に書かれた建築書、牧畜指導書、獣医学指導書など、著者が文学的教養を持たず自分たちの口語をそのまま書いている実用的書物に見られる余儀ない誤りなどを指す．ポンペイの遺跡に残された落書きもそうである．この場合、その書き手は古典ラテン語との落差は知らず、無意識のうちに同時代の言語の証言者となっている．

『サテュリコン』の作者は、二グループ間で同じ単語が異なって発音されていることを明確に記す．その場合、第二グループではアクセントのない母音が消失したり二重母音が単母音化したりしているのであるが、これはまさにロマンス語における特徴なのである．

 また、第二グループが不規則変化動詞を規則変化にしてみたり、中性名詞を男性名詞として使ったりすることも、ロマンス語における現象の先取りである．

語彙に関しても，作者は当時生じていた民衆的置き換えを写し取っている．二例だけ挙げると，古典ラテン語の「口」，「耳」はそれぞれ os, auris であるが，ロマンス語のそれらの元となったのはそれぞれ bucca, auricula である（フランス語では bouche, oreille）．そして，作者は二グループ間で os／bucca, auris／auricula の使い分けがあることを明瞭に示しているのである．

『サテュリコン』は全文が残されているのではない．だから，それがどのような結末を持つのか知ることはできない．いずれにしても，現存のテクストの最後は，詐欺師詩人エウモルポスの遺言演説となっている．「私の遺体を切り刻んで，人の見ている前で飲みこむこと」というのが，彼が相続人に課した条件なのであった．

VIII ラテン語の言葉あれこれ

　文学の話題が続いたので,ここでまた言語の問題へと移ることにする.
　ラテン語の単語のいくつかを取り上げ,そこに見られるラテン語の特徴と,さらに現代社会との関係を考察してみよう.

1　人間 homo

「人間的」と言わんとするとき,日本人はヒューマン,ヒューマニズムという語を使う.
　もちろんこれは英語の human, humanism で,これらの語を生んだのがラテン語 humanus「人間的な」である.英語には human と並んで「思いやりある」の humane があり,意味を分かちあっているが,実際はこちらのほうが古い語で,アクセントが語頭に移ることで1語が2語に分かれてしまった面白い実例である.
　humanism のほうは,近代ドイツ人が勝手にこしらえた擬似ラテン語 humanismus が元になっている.
　この humanus の元になっているのが,homo「人間」である.
　この2語を含んだ有名な句がある.

　　Homo sum. Humani nil a me alienum puto.
　「私は人間だからね,人間のことで無関係なことは何に

もないと思うんだ」(テレンティウスの喜劇『自虐者』77)

　これは喜劇の科白で「わたしは,人がやることだったら,何だって首をつっこみたくなるんだ」ということなのだが,書かれて200年経ったセネカの時代には人類の連帯感を強調する言葉のように引用されている(『倫理書簡集』95).そして近代になって,つまり humanismus のような語が作られる時代になって,これが人文主義という思潮を簡潔に表現した名句として解釈されるようになった.

　この句が原作ではどんな効果のために使われているのかを知っている者にとっては,ちょっとおかしい解釈であるとも言える.しかし,テレンティウスとセネカとの中間にはキケロがいたのである.キケロによってこの humanus が単なる「人に関する」の意味から「あるべき人間である」の意味へ,つまり現代の日本人が使う「人間的な」の意味へ大きく方向転換したのであった.テレンティウスが巧まずして書いた句が,キケロの業績のおかげで異なった意味合いを呼び起こし,それをセネカが意識的に明確化して,近世へと伝えた.これも,小さいながらラテン語世界が現代に与えた恩恵のひとつだ.

　さて,ラテン語で人間を表す最も普通の語がこの homo であるのだが,この homo は語源的には humus「土」と関係づけられている.つまり,ローマ人にとっての人間の原義が「土的な存在」であることがわかる.人間を「土」と関係づけて表すのは他の印欧諸言語にもあることである.英語ではほとんど消えかかっているが,bridegroom「花婿」の groom の部分は同じ語源からの変型と考えられている.

　人間を,土に帰るべき存在として捉えることはすぐに納得

できるだろう．しかし，その観念が「homo＝人間」という語に明確に組みこまれていることにローマ人はどれほど意識的だったのであろうか．

筆者の知識と記憶の範囲では，人間を「土的な存在」と考える表現は，つまり homo と humus が明確に関係づけられているのは，一箇所だけである．

『ヒュギヌス寓話集』として知られている２世紀の書物（内容はギリシア神話のダイジェスト版が主だが，日本人にとっては太宰治の『走れメロス』の題材となったお話の源流がこの本にあるということで多少重要である）に，「人間は，土から（ex humo）作られているのだから，homo と呼ばれるべきだ」との言葉が出てくる．

これは，粘土から作られた原人間の命名と帰属をめぐって三柱の神が争ったときに，仲裁に入ったサトゥルヌス神（大神ユピテルの父）が一種の大岡裁きをしたというお話のなかにあるものである．

争いをした三柱の神とは，最高の神であって粘土の像に魂を吹き入れたユピテル，その原料を提供した大地女神，実際に粘土をこねて人間像を作った別の女神（らしき者）である．

サトゥルヌス神の判断はこうである（原テキストには欠損があるので補って訳す）．「人に魂を与えたユピテルは，人の死後その魂を受け取るべし．原料を与えた大地女神は死後の肉体を受け取るべし．生存中の人間の所有者は製造したものである．ただし，命名に関してはその誰でもない，原料が humus であるから homo であるべきだ」．

現代の語源論を先取りした，まことに科学的な言葉に聞こえるのだが，古代人の語源論はプラトンのそれも含めて大体がでたらめで，これも一種の駄洒落のまぐれ当たりと見るの

が本当であろう．なぜなら，このお話全体がジョークめいていて，人間の製造者とされている女神らしき者の名がそもそもクラ（Cura）なのである．クラという神の名はローマ神話には出てこない．cura の意味は「気遣い，心配，悩み」といったものである．つまりこれは，「人は一生苦労から逃れられず，死ねば魂は天に帰るが肉体は土に還る」という教訓をあらわに見せたお話なのである．

駄洒落の世界ではない，真面目な考察で人間と土との関係を多少でも言語の面で表しているのは，筆者の知る限り前1世紀のウェルギリウスの『農耕詩』だけである．

その第1歌において，激しい雷鳴が獣や人間を恐怖に陥れる描写で，神と対比された人間が gentis humilis「土の種族」と形容されているのを見るとき，やはり人間を「土的存在」とする考えが残っていることを知る．

この humilis は humus から派生した形容詞で，その後英語の humble となるように「低い，劣った，無価値な」という意味で使われるのがもっぱらであるのに，このようなときに原義の「土に近い」が現れる．

この形容詞がフランス語を経由して英語 humble となったのだが，無関係に見える b の音は，フランス語時代に発音をなめらかにするように挿入されたもの．なお，英語ではもともとフランス語式に「アンブル」というふうに発音されていたのであって，語源にとらわれた h のついた綴りのせいで発音が「ハンブル」と固定するのは19世紀からである．humility「謙遜」も humilis の名詞形 humilitas を語源とするが，これには humble の場合とは異なって人工的な造語法が加わっている．

英語では human, humble, humility はそれぞれが十全たる

意味を担って機能している．しかしそれらのなかに存在している関連性は一般の英語話者には見えず，そもそもそれらが関連しているという知識など英語を知るためには不要である．いっぽうラテン語ではhomo, humanus, humus, humilitasは，濃淡の差はあれ相互関連を持った語として理解され，使用されている．ひとつの語根から多くの語が派生していき，結果として表面に現れる語彙の下には目には見えない紐帯が網の目のように張りめぐらされていること．先にも述べたが，これこそがラテン語を独特に魅力あるものとする要因のひとつなのである．

さて，「人間」の意ではラテン語ではほかに，mortalisという語も使われるが，これは英語mortalからわかるとおり「死すべきもの」でmors「死」からの派生である．つまり人間を不死なる神との対比として捉えている．このように人間を表す例はギリシア語，サンスクリットにもある．

英語のmanの印欧語的語源はよくはわかっていない．mind「心」と同系の，「考えるもの」と解く解釈もあるが決定的ではない．

ところで，ラテン語のhomo, mortalisは日本語の「ひと，人間」と同じで男女どちらにも偏らない．いっぽう英語のmanの場合は，第一の意味は「男」であり，それが代表して「人間」を意味することになる．その点で，ラテン語は，ギリシア語のanthropos「人間」と並んで，男女にとって平等である．なぜこのようなことを言うかというと，英語のように，第一の意味が「成人男性」である語を「人間」の意味として用いることを女性にとって屈辱的であり，差別的であると考える人は多数存在するからである．そんなわけで英語は現在，言葉における男女差別をなくそうとして，sportsman, fireman, cameraman, salesman 等を追放し，それぞれ athlete, firefighter, photographer, sales clerk 等と言い換える現象が進行している．一説には，human という語からさえ man を追放せよという意見があったというのだが，先に述べたとおりこの man は「男」とは無関係であるからこれは暴論と言うべきである．

2　男と女　vir, femina

では，ラテン語では「男」，「女」はなんと言うのだろうか．ラテン語では「男」を表す語としては vir と mas があり，「女」のためには femina, mulier の 2 語がある．

femina は本来は「産み出すもの」というような意味である．後半の -mina は意味を持たぬ接尾辞で，前半 fe- が「なる，産む」の意味を担っている．英語の be, been, ドイツ語の (ich) bin がこの語と語源を共有している．この femina そのものは英語には残っていないが，形容詞形が feminine「女らしい」として使われている．そこから「女らしさの特質」という意味で -ism をつけて femininism という語が派生するのであるが，これは現在では縮まって意味も大いに変化した feminism となっている．ギリシア神話のナルキッソス（英語などではナルシス）のように自分の姿に見ほれるような心理をナルシシズム narcissism と言って，それをナルシズムに縮めるのは日本人の誤用（英語でもないわけではない）だが，フェミニニズムがフェミニズムになったのを咎める人はいないようだ．

英語の生物学的な雌雄は female／male である．female は femina の指小辞形 femella「女の子」から来ている．だから，

一見共通な語源を思わせる雄のほうの male は, 実はまったくの無関係である. male は, ラテン語 mas「男」の形容詞形 masculus「男らしい」がフランス語を経由して入ったものでフランス語では mâle である. この masculus はスペイン語では macho となり, それが日本語にマッチョとして入った.

mulier は, フランス語で使われなくなってしまったので「女」の意味では英語では使われない.

「男」を言うもうひとつの語 vir はサンスクリットを含む多くの言語に同属語を持つ古い起源のもの. ところがこの単語はラテン語の子孫では消えてしまった. 古英語にも wer「男」として存在していたが, 現代英語では消えてしまっている. ただし, werewolf「狼 人間」の前半がそうだし, world「世界」の古い形は weorold「人の年月」である. 後半の -old はもちろん現代語の old.

英語 virtue「美徳」は, その vir の派生名詞 virtus「男らしさ, 勇気」から来ている. この語の原義は「男の持つべき美点」で, 古代においてはそれはやはり戦場で戦う勇気のことであった. 現代語ではその意味は消えている.

さて, ラテン語ではかくのごとく人間 (homo, mortalis) の意味に関しては男女平等であったのに, それから時代が進むと人間イコール男というふうに意味が変わってしまうのが面白い. homo が変化したフランス語 homme, イタリア語 uomo, スペイン語 hombre はすべて英語の場合と同じで, まず「男」を意味するように変化してしまい, ついで「人間」も意味することになっている. 同様な歴史は英語を含むゲルマン語でも起こったことで, man は最初は「人」だったのであるが, 徐々に現在のような「成人の男」のほうに偏

っていったのであった.

　別の言い方をすると, ラテン語でもゲルマン語でも「人間」,「男」,「女」が別々の語であった時代はあったのである. しかるにその双方で「男」を表す語は用法から消えてしまい,「人間」が残って, それが「男」をも表すようになった. すでに何度か引用した比較言語学者メイエはこの変化を, 民衆的な用法が本来の用法にうち勝ったためだと説明している. ドイツ語ではその偏りを是正する方向でMann「男, 人」と並んでMensch「人」が使われるようになったのに, 英語ではついにMenschに相当する語は作られなかったのであった.

3　精神, 心, 人格 animus, anima, persona

　ユンク心理学の用語として最もよく知られているもののなかに, アニムス, アニマ, ペルソナがある.

　ユンクの無意識に関する理論においては, アニムスは女性の人格内に存在する男性的要素, アニマは男性の人格内に存在する女性的要素である. アニマのほうはまた, 外面に現れた人格・性格に対立する内面に隠された人格を表す用語でもある. この外面に現れた人格, 言い換えると人が自覚的に社会に見せている人格を表す用語がペルソナである. それぞれ, ラテン語のanimus, anima, personaがそのまま採用されている.

　ペルソナは好ましからざる人物を表すペルソナ・ノン・グラータとして外交用語に用いられたり, キリスト教の三位一体説（父, 子, 聖霊は共通の本質として神性を持つとともに, それぞれ他から区別される個体性〔ペルソナ〕を持つというカトリック教会の正統教義）における用語でもある.

この語はもちろん英語の person の語源なのであるが元来は演劇用語で，原義は俳優が舞台でかぶる仮面の意味であり，これが形容詞化されると (personatus)，「変装した」，「偽りの」の意味になる．ところがこの語はそこから転じて芝居の役，またその性格をも表すようになり，最終的には人物を意味しうるようになった．ラテン語の「人間」は homo であることはすでに述べたとおりである．しかし，変化がめぐりめぐった結果が英語における用法となったのである．だからユンクはこの語をその最も本来の意味で用いていることになる．

persona の語源ははっきりとはわからない．本来のラテン語としては解釈しにくく，外来語である可能性が高い．ローマ人に演劇の伝統をもたらしたのはギリシア文化であり，それを仲介したのはエトルリア人であった．エトルリア語にはペルスという「仮面」を意味する語があり，ギリシア語には「顔つき」，「仮面」を意味するプロソポンという語があったから，このあたりに語源があるのかもしれないが，現在の印欧語言語学の資料からではこれ以上の明確な答えは出せない．

それはともかく，ローマ人文法学者はギリシア語プロソポンが持っていた文法用語としての「人称」の意味にこの persona を用いたから，それも person の意味として英語に残っている．

animus と anima は面白い関係を保っている．語尾 -us と -a は filius「息子」／filia「娘」，equus「雄馬」／equa「雌馬」の対が見せているように男と女の対を表しうるもので，当然前者は男性名詞，後者は女性名詞である．形容詞の場合には，-us は男性形，-a は女性形の語尾として使い分けられる．しかしアニムスとアニマに関しては意味の使い分けに関連しているのは生物学的性別ではなく，漠然とした「男性性，女性

性」の区別である．アニマは命の元としての「息，魂」であり，アニムスは「思考の主体，精神」である．アニムスはそうしてアニマと対立する概念であり，かつ，corpus「肉体」と対立する概念である．

アニマは命と関連しているから，-al という接尾辞で拡大して animal となると「命を持ったもの＝動物」であり，そのまま英語となる．規則変化動詞の語尾 -are をつけた動詞 animare は「命を吹きこむ」の意味をとり，これから派生した抽象名詞 animatio「命を吹きこむこと」が英語で animation となって，動画を表すアニメーションフィルムとしてよく使われるようになった．

宮崎駿(はやお)氏の作品でも見るとおり，日本人は動画を作るのは大得意だが，アニメーションフィルムのような長い単語は発音しにくく，勝手に省略してアニメと呼ぶのが慣例である．すると，アメリカでの日本製アニメの熱狂的ファン，つまりアニメオタクが日本人に倣って anime という呼称を用いはじめ，それが今ではほぼ世界中で通用する単語に成り上がってしまったようだ．そのことは，映画や音楽の分類に関して anime という単語が『タイム』誌のような大雑誌にも堂々と使われることでわかる．日本人は英語に自前の造語を提供したのである．多分大方のアメリカ人はアニミと発音するのだと思うが，はたして彼らはこの新語の由来を知っているのであろうか．ともかく，英語で anime と書かれているのを目にすると，この単語がたどってきた長い道のりが思われて，苦笑してしまう．

さて，男性名詞 animus のほうは精神自体のみならずそのさまざまな働きも意味するから，「欲望，勇気，怒り，喜び，誇り」等の意味にも用いられる．「アニムスなしではアニマ

は弱い」という詩句があるように，アニムスは上位にあり，男性的であり，アニマはその反対である．ペルソナの場合と同様，ユンクはラテン語での原義をよく保存して，自分の理論に当てはまる用語としてこれらの言葉を再活性化させたのであった．

ところが，本来は上位概念であったアニムスは，単語としては歴史が進むにつれて影が薄くなってくる．アニマのほうは，ラテン語の子孫においても原義である「魂」を意味する語として強く命脈を保っている（フランス語âme，イタリア語anima，スペイン語almaなど）．アニムスのほうは，本来の意味の「精神」としての用法は消え，それが残った言語においても，使われるのは主に「勇気を出せ！」という意味の間投詞としてである．

では，「精神」を表す単語はどうなったのか．フランス語で「精神」と言えばエスプリespritである．イタリア語ではspirito，スペイン語ではespírituですべて同系であり，ラテン語のスピリトゥスspiritusから来ている．この語の本来の意味は「息，呼吸」である．しかしそれが子孫言語では完全に「精神」の意味になっている．英語のinspire「霊感を与える」は元来は「息を吹きこむ」で，フランス語を経由してラテン語が取り入れられたものである．

ラテン語においてもspiritusが「精神」に類似した意味（人間における，非肉体的部分）として用いられることはあったが，それはギリシア語における用法から強い影響を受けたものであった．ギリシア語の「息」はプネウマであるが，それは同時に「命」であり，さらにそれを「霊感」として用いることはプラトンにすでにある．ローマの文人はspiritusをプネウマの訳語として使ったから，両者を同義語として扱い，

spiritus に「意識, 精神」の意味を重ねていったのである.

しかし, spiritus の意味が「息」から「精神」に変化していった（そして結果としてアニムスを周辺に追いやった）のには, キリスト教ラテン語の影響が決定的であった.

新約聖書においては「霊」,「聖霊」を表す語はプネウマで, それはラテン語ではアニムスではなく常にスピリトゥスと訳されている. 英訳聖書で whole spirit and soul and body（「霊」と「心」と「肉体」）となっているのはギリシア語原文ではプネウマ, プシュケ, ソマで, ラテン語訳では spiritus, anima, corpus である.

4 エゴ ego

日本では, エゴという語はエゴイズムの省略形のように扱われ, 利己主義をいうものとして評判が悪い. しかしこれの元となったラテン語 ego は英語の人称代名詞 I に相当する語にすぎないのである.

ところで, エゴイズムという英語も日本人が誤解して使っている単語のひとつである. 英語には egoism と並んで egotism という単語があり, 日本人の言うエゴイズム, つまり己の利益ばかりを主張したがる利己主義は正しくは英語では egotism である. 少なくとも本来の用法では. egoism のほうは, 哲学や倫理学の用語で,「倫理の基礎となるものは自身の利害への関心である」という主張を言う. だからこれは「主我主義」とでも訳すべき単語である.

いずれにしてもこの単語は本来のラテン語にはない. エゴイズムのほうは近代になって作られたラテン語 egoismus から来ている. 後半部の -ismus の語源はギリシア語の -ismos

であるが、後期ラテン語に取り入れられて大活躍するようになった接尾辞である。これは、ラテン語では「〜化する」という意味の動詞から名詞派生語を作るためだけに使われる接尾辞であったのに、英語をはじめ近代語ではどんな品詞からでも名詞を作りうる万能接尾辞に成り上がった。heroism, patriotism, surrealism, modernism, post-structurism といった具合で、新語を挙げていけば切りがない。-ism による新語形成能力、これもラテン語が世界に与えた恩恵のひとつである。

さて、ego である。英語の I で、文法的に記述すると人称代名詞一人称単数主格形である。

人称代名詞というと、日本語の「わたし、あなた、彼」等のことと考える人がいるであろうが、それは少し違う。代名詞という語を使うとき、それは名詞、動詞、形容詞といった「品詞」の一種であることを意味する。人称代名詞と言えば、指示代名詞（これ、それ、あれ等）と並んで「人称」を表す代名詞である。

ところで「日本語には人称はあるのか」という命題がある。「わたし」が一人称で「あなた」が二人称で「彼」が三人称である、などというのは、英語を話す外国人に日本語を教えるときには役に立つ用語ではあるが、日本語の文法としては大いに疑問を抱かせるものである。

ラテン語の ego と英語の I は、意味と機能を同じくするだけではない。それはいかに形が異なって見えようとも起源は等しく、始源においては同一であった。印欧祖語においてはその形は *egham のごとき形であったろうと考えられている（*は、現実には存在しない想定上の形を示す）。1200年前の英語においては、それは ic という綴りで、イチュと発音され

ていた．英語と姉妹語であるドイツ語では ich（イッヒ）であるのは，英語より古い発音を保存しているからである．

言語は必ず変化するものであるが，単語の形がこのように短くなっていくのがその変化の典型的な例である．

ラテン語の ego も時間が経つにつれて母音に挟まれた -g- が消えてしまい，その後フランス語では je，スペイン語では yo，イタリア語では io というふうに変化したのである．

今では使われることはないが，egomism という，類似の意味を持つ語もあった．挿入されている -m- はラテン語の「私を」を意味する me（英語の me と起源が等しい）から来ているという説がある．それが正しければ，20世紀後半になって作られた meism（ミーイズム．「自分主義」とでも訳すのか，自分以外のものは考慮しない考え方．こちらの me は英語である）のさきがけということになる．

5 戦争と平和 bellum, pax

ラテン語の戦争は bellum，平和は pax である．

両者のうち，bellum は，英語はもちろんフランス語，スペイン語等のロマンス諸語にも残っていない．フランス語・スペイン語の「戦争」は guerre, guerra であるが，実はこれらの語源はゲルマン語で，英語の war と語源が等しい．

ロマンス諸語が祖先語の「戦争」を表す語を捨てて異民族の言葉に置き換えてしまった理由はよくわかる．つまり，ローマ帝国に侵入しそれを崩壊させてしまったゲルマン部族が，自分たちがお得意であった戦争に関しては被征服民の単語を追い出してしまったのである．

英語には bellicose「好戦的な」，belligerent「交戦中の」

なる語があるが、それぞれ15, 16世紀にラテン語を元にして作られた人造語である。後者のほうはいかにもインチキくさい造成法で、詳しくは語源辞典を見てもらうほかはないが、語源に忠実に作るなら belligerant でなければならないはずだ。

さて、それに反して平和、pax のほうは、ロマンス諸語にはもちろん、英語にも peace として残っている。ラテン語は「戦争」は失い「平和」は保持したのである。なぜか。

それはひとえに、キリスト教との結びつきのせいだと言えるのだが、その事情を説明する前に、ラテン語における pax の意味を解説しておかなければならない。

現在の英語 peace には、二重の意味がある。個人的な心の持ちようとしての「平安さ」と、対外的な状態としての「友好関係」の表現である。

ラテン語では、「心の平安」は本来的な意味ではなかった。もちろんそれを意味させることはできたが、そのさいには必ず「心の」にあたる語を隣接させなければならなかった。

ラテン語の pax の第一義は、「取り決め・決着」である。つまり、なんらかの争いごとの後のとりまとめのことを言う。これは、英語の pact の意味に近いのだが、実際この pact も「pax を作る」という意味の動詞から派生した語を語源としている。最大の争いごとと言えばそれは戦争 bellum で、その後始末こそが pax「和平」であった。そして、ローマ人にとって pax とは、要するに相手を倒し、服属させることであった。

pax Romana「ローマの平和」という言葉がある。ローマ帝国の威容が広まるにつれて生じた、広域、長期間の戦争のない平和な状態を言う。しかしその裏に存在しているのは異民

族のローマへの服属という現実である．タキトゥスは，ローマに反乱を企てたゲルマニア人部族長がやはりローマ支配下にあるガリア人たちに向かって「あなた方は，惨めに隷属しているのにそれを間違って平和と呼んでいるのだ」と挑発する言葉を投げかけたことを記録している（『同時代史』）が，ここにその二面性が明瞭に表されている．

英語で「払う」はpayである．「平和」とはまったく無関係に見える意味を持つのに，payの究極の語源はこのpaxである．paxの派生語である動詞pacare「決着をつける」，もしくは「平定する」が原意のこの語がロマンス諸語では商業用語に変質し，「払う」の意となった．

さて，必ずしも平和的とは言えなかったpaxは，キリスト教の時代を迎えて大きな変容を蒙っていく．それが，敵との宥和ではなく神との宥和，つまり信仰の意味に使われたからである．信仰者はfilii pacis「平和の子供たち」であり，死者に対してrequiescat in pace「平和のうちに眠れかし」と祈るのは，死後が平安であれというより，永遠にキリストの信仰のうちにあれということである．

現在英語のpeaceではその信仰の意味は薄まり，心の平安の意味へと一般化した．

6 先住民と原住民 indigena, nativus

1994年から2003年までの10年間が「世界の先住民の国際十年」（The International Decade of the World's Indigenous People）であったことを，現在どれだけの人が意識しているのであろうか．世界中の先住民の権利を回復する運動として，1993年が国連主催の「国際先住民年」とされたときには，

多くの行事があって日本人もそれを意識せざるをえなかったのであったが.

当時聞き慣れないものであった先住民という言葉は,見るように英語の indigenous people の翻訳である. 先住民とよく似た言葉に原住民があったが,これは使われなかった. 原住民の英語は名詞としての native で,これは昔の日本語で言うと「土人」といった感じであり,差別語として扱われる. 白人種が海外に広大な領土を獲得していったときにその土地で出あった人を呼んだ呼称が natives であった.

ところで,この差別語 native が日本語化されてネイティブと使われることがある. それは,英会話教育業界である.「先生はすべてネイティブの外国人」といった宣伝文句がテレビから流れる. ホンモノのアメリカ人,イギリス人が教えているのです,という意味だ. 街の語学学校のみならず,大学の英語教育関係者も,外国人教師をネイティブの先生と呼ぶことは普通である.

筆者は,英語専門家の同僚が使うこのネイティブという言葉には,常に違和感を感じていた. ここは日本で,われわれは日本人. であるなら,外国人教師から見たらわれわれがネイティブではないか.「ネイティブの外国人」は明らかな言語矛盾ではないのか. こんな疑問は英語専門家には通用せず,「生まれついてから英語を話している人」a native speaker of English を一言でひっくるめてネイティブとしてしまうことが通常化していて,それに疑問を持つ人はいないように見える.

native speaker の native は形容詞で,「生まれつきの」の意味だ. これは,フランス語を経由してラテン語の nativus が入ったもの. ついでに言うと,ナイーブという日本語の元

になった英語 naïve の語源も同じ nativus である.もうひとつついでに言うと,この naïve は英語でしゃべるときには気をつけて使ったほうがよい単語だ.日本人は「純真で愛らしい」というよい意味にとっているが,英語では「物事の本質が見えていない,お人好しの」である.

第4章3節「ラテン語の増殖力」で activus が完了分詞 actus から派生することを書いたが,同様に nativus も natus から拡大された形容詞で,その natus は nasci「生まれる」の完了分詞である.そしてこの natus を核として抽象名詞 natio, 形容詞 nativus, natalis, 名詞 natura, その形容詞 naturalis 等が生み出されているのである.これらから英語の nation, natal, nature, natural が出ていることはすぐにわかるであろう.つまり,これらはすべて「生まれる」から派生している単語である.

natura の -tura 以外の接尾辞はすべて第4章3節「ラテン語の増殖力」で紹介しておいた.この -tura は未来分詞「〜しようとしている」を作る接尾辞である.つまり natura とは,元来は「生みつつあるもの,こと」の意味だ.それから「本来的な性質,物質」のような意味を持つようになった.だから,natura を英語の nature と同じく「本性,自然」と解釈しても必ずしも的はずれではない.しかし,どうしてもそれだけでは意味が十全に伝わらぬ場合はあるのである.

ウェルギリウスの作品『農耕詩』第2巻には,次のような詩句がある.

　　（9行目）　arboribus varia est nātūra creandīs.
　　（45行目）　quippe solō nātūra subest.

小川正廣氏の新訳ではそれぞれ,「樹木の繁殖には,自然にもとづくさまざまな方法がある」,「なぜなら,土の下には自然の力が潜むからだ」とされている. natura ひとつを「自然にもとづく方法」とか「自然の力」と説明的に訳しているのである. そう訳さざるをえないのは,この語のなかには「生みつつあるもの,生もうとすること」という動詞の未来分詞的意味が潜んでいて,それを作者は十分に意識して使っているからである. 単にひとつの名詞として「本性」とか「自然」とか訳したのでは,著者の意図は消えてしまうことがわかるだろう.

近代語においては,このようにひとつの単語が名詞と分詞のふたつの文法的役割を同時に果たす現象は期待できない. たとえばイタリア語では,ラテン語 natura はまさに natura のままで残っているが,それは未来分詞ではなく英語 nature と同じただの名詞であるから,この詩句を訳す場合に同じ単語を使ったのでは,原作と同じ意味は伝えられないのである.

第2章「世界のなかのラテン語」で,「形式と意味の関係の持つ論理性,これがラテン語にはあり,近代諸言語にはない特性である」と書いた. これが,まさにその実例であるのだが,そのことがわかっていただけるであろうか.

英語にはこのほかに, national, nationality, nationalism, nationalize, international といった単語群がある. これらからもその語源となったラテン語の形が透けて見えるが,実はそれらは存在しない. すべて,ラテン語の造語力をそのまま借りて後から作られたものばかりである. ラテン語の造語力がそのまま近代語の豊かさを作るのに貢献している一例である.

さて,先住民の indigenous のほうである. この語の語源もやはりラテン語の indigena「土着の人」から来ている. そ

してこれも，元をただせばnativusと語源は等しいのである．indigenaとnativus．形はまったく違う．どこに共通の語源があるのか．

indigenaはラテン語では数少ない複合語のひとつで，indi-と-genaに分割されうる．indi-は，in「〜のなかに」の別形であるindu-が変型した形．-genaのほうがnativusと祖先を共有している．indigenaとは，「なかで生まれた者」だ．

nasci「生まれる」の古い形はgnasciである．その語頭のgが消えた形が一般化したのである．英語にknow, knight, kneeのごとき単語があって，すべてそのkは発音されないが，綴りにそれがあるのはかつてあった発音が消えたことを意味していて，それと同じことが起こったのである．

nasciの語根はgna-「生む」であった．この語根の変型としてgen-というものがあり，それからできた形がindigenaなのである．

「生む」の語根の変型gen-のほうもいくつかの単語を後世に残している．英語のkind, kin, kingはこの語根から発している．ラテン語ではgenus「生まれ，種，性」という語がそれからできて，そのまま16世紀以来英語で「種」の意味として使われるようになったのだが，同時にフランス語を経由して日本語ジャンルとなり，英語を経由してジェンダーとなった．英語のgeneral, generous, genuine, generator, genitalはすべてgenusの子孫である．ただし，カタカナでジーンとしても通用するようになった「遺伝子」のgeneのほうは，語根は等しいとはいえギリシア語から来たもの．

語根gna-はこのように多くの語を派生させ，それぞれの派生語はまた新語を生んで，それから作られた近代語の単語はさらに新しい語を派生させた．nativeとindigenousはそ

の2例にすぎない.

時代が流れ,歴史のなかで強力な人種,民族に征服された人々に対する観念が変化して新たなる用語が必要になったとき,「原住民ではなくて先住民と呼ぶことにしよう」という日本人の言語選択は,例によって漢字に頼っただけでなんとなく安易である.英語でのindigenous peopleなる新採用も,特にそうでなければならぬ理由は見あたらず,それほどご立派には見えない.しかしともかく,先住民indigenous peopleと原住民natives,よいニュアンスと悪いニュアンスを対照的に持ちあうふたつの言葉も,結局はその源流をたどるとラテン語の同じ語根に行き着いたのであった.

ところで,近ごろ中南米の先住民をインディヘナと呼ぶことがあるが,それはラテン語indigenaを直接スペイン語に採り入れたもの.古い呼称「インディオ」は,周知のごとくコロンブスがアメリカ大陸をインドと誤解したことから来ている.音が似ていてもインディヘナの前半はインドとは無関係であることは言うまでもない.

7　愛と死 amor, mors

英語のloveは名詞としても動詞としても日常的に使われる単語である.恋をする人は照れもせずI love youと言うし,ものに対する強い愛着をI love itと表現する.ところで,日本語でそのloveに相当すると一般的に理解され,文章には使われている「愛」は,元来が外来語であり日常語としてはまだ定着しきれてはいない.それと並ぶ「恋」は「こう(乞う,請う)」が名詞化された立派な土着日本語で『万葉集』以来歌には数限りなく読みこまれた語だが,これは日常

語としてはもちろん文学語からさえ消えつつある印象である.恋愛という人の根元的感情に関して,日本人が直截(ちょくせつ)的表現の語を使いたがらぬのは,なにか面白い現象である.

人間に不可避の現象である「死」についても,日本語はそのものずばりの名詞は持っていなかった.名詞「死」はもちろん漢語である.それと動詞「しぬ」の関係は,日本語専門家でない筆者にはどうもよくわからない.漢字「死」の元来の発音は「し」そのものではないにしても,類似の音であったはずである.『万葉集』15巻の狭野弟上娘子(さののおとがみのおとめ)の歌「帰りける人来たれりと云ひしかばほとほとしに(之爾)き君かと思ひて」にあるように動詞「しぬ」は大和言葉である.まったく無関係であるのに発音が一致したというのなら,偶然もできすぎである.「しぬ」を「死」と無関係とする語源論でも,英語のdieに相当する明瞭な意義が示されてはいないようである.

ラテン語ではもちろんそんなことはない.愛にも死にも,それ自体を表す名詞を持ち,それにかかわる多様な現象を表現するための動詞,形容詞,副詞等を完備している.

まず「愛」.恋愛感情を直截に言う名詞amorは日常語として使われるし,動詞amare「愛する」もありふれた用語である.そしてこれらとその派生語はラテン文学のなかでたっぷりと使われる.ところがほかの印欧語には,これと同語源の語はブリュギア語以外見られず,オスク語やウンブリア語にすらもないのは,ラテン語におけるこの語の一族の活躍ぶりを考えると奇妙に見える.

amorの第一義は,恋愛,つまり性的な暗示を伴った人間同士の牽引(けんいん)感情である.

ローマ文学を代表する詩人ウェルギリウスは『牧歌』のなかで，ある武人にこう歌わせる．

> Omnia vincit Amor: et nōs cēdāmus Amōrī.
> 「愛はすべてをうちまかすゆえ，われらも愛には服従せねば」（ウェルギリウス『牧歌』10.69）

ここでは amor は擬人化されて恋愛を司る神の名として用いられている．ローマ神話ではアモル Amor は日本語でもおなじみのキューピッド（Cupid. ラテン語では Cupido）の別名であり，愛の女神ウェヌス（Venus，英語読みではヴィーナス）の息子という役割である．例の弓で矢を放ち，射られた者には恋心が否応なく発生するというのである．

恋愛という主題で負けていないのはもちろんオウィディウスで，彼は恋の病についての万古不易の真理をこう表す．

> Nullīs amor est sānābilis herbīs.
> 「恋だけは，どんな薬草でも癒せませぬから」（オウィディウス『変身物語』1, 523）

オウィディウスもまたアモルを擬人化して，義子への恋という禁断の行為をあえてなさんとする王妃パエドラにこうかき口説かせる．

> Quidquid Amor iussit, nōn est contemnere tūtum.
> 「何であれ，アモルがお命じになったことをおろそかにして，無事でおられましょうか」（オウィディウス『名高き女の書簡集，パエドラ』11）

もちろん，オウィディウスの恋愛に関する著作で一番有名なものは，『恋愛指南』Ars Amatoria とその続篇『恋の療治』Remedia Amoris である．このなかにはあまりにたくさんの恋愛に関する言葉があるから，ふたつだけに絞っておく．

まっとうな助言．Ut amēris, amābilis estō.
「君が愛されるためには，愛される人間にならなければ」（オウィディウス『恋愛指南』2, 107）
逆説的真理．Quī nimium multīs 'nōn amo' dīcit, amat.
「あまりにたびたび，『愛していない』という人は，愛しているのだ」（オウィディウス『恋の療治』648）

amare「愛する」は，感情を言うのみならず，行為をも意味する．もっと控えめな，精神的な愛のためには，diligere という語もある．この語については，第4章3節「ラテン語の増殖力」で触れておいた．

いっぽう，amor は恋愛以外の感情にも使われる．

キケロには「恋するものには難事などなし」Nihil difficile amanti.（キケロ『弁論家』10）という名句があるが，この場合，その出典自体においては恋愛は問題になってはいない．年若い友人ブルトゥス，のちにカエサルの暗殺者となる人に対して，「理想的弁論家像を示すという難しい仕事も，君の才能を愛しているから難しくない」と言っているのである．

このように amor は友情にも，家族に対する愛にも，その他愛着一般にも用いられる．カエサルは，自分が民衆から歓迎されたことを amor という言葉で表現している．兄弟愛，命への愛，書物の愛好，知を愛すること，すべてが amor で

ある.

そこから派生するのが amicus「友」, amicitia「友情」である. amicus を女性形にして amica となると「女の友達」のはずだが,「愛人」のニュアンスが強くなる. amicus に否定の接頭辞がついた inimicus (in+amicus) は, 本来は個人的に敵意ある者でしかなかったのに, 敵意の意味が強くなり, 最終的には英語の enemy にまでなった.

さてラテン語の mors「死」であるが, これは語源が印欧語時代に遡ることは, ギリシア語, サンスクリット, リトアニア語, アルメニア語などに同属語があるのでわかる. 英語では「殺す」の意味で murder があるが, これも同根である.

人間を mortalis「死すべき存在」と言うことは本章 1 節ですでに述べた.

「死ぬ」という動詞は mori で, これは中世に作られた標語「死を忘るなかれ」メメント・モリ＝memento mori に入っている語である.

「死ぬ」を多少上品に言い換えた表現として perire という動詞がある. これが英語の perish になるのであるが, この動詞の本来の意味は「完全に (per) 行く (ire)」である.

「死ぬ」の別の表現 decedere は英語 decease「死ぬ」の語源となったものだが, ここでは, de (離れて) プラス cedere (退く) で「死ぬ」の意味にもなる.

両語とも,「死」の意味は 2 要素の合成から生み出された. それぞれの要素の意味は明瞭でしかも「死」とは無関係である. しかるにそれらが合成されると, 論理的に「死」の意味が導き出されている. いっぽう, それらが英語になると, 合成語とは感じられなくなっている.

たとえばperishを，英語のperceive「把握する」，permit「許す」と並べたとき，そこにあるper-は何の意味的共通性も提示しない．perceiveもpermitもperishも，相互に独立した単語である．そこがラテン語では異なる．perceiveの語源percipereは「完全に（per）取る（cipere）」であるから，「手に入れる，把握する」の意味になり，permitの語源permittereは「完全に行かせる」から「許す」の意味になるのである．また，permanent「永遠の」，perfect「完全な」のラテン語での原義は，それぞれ「完全に残る」，「完全になされた」である．

　deceaseにしても同じで，一見共通性はなさそうな，deceive「騙す」，deduce「推論する」，detain「引き留める」等も，その語源においてはすべて，合成要素の結合から新たな意味が論理的に導き出されたものなのである．

　前に何度も触れた，ラテン語に特徴的な「意味と形式との論理的関係性」を示す例がここにもある．そしてその関係性は，何度も言うことだが英語では消えてしまい，ばらばらの単語群が残るだけである．大胆に比喩を述べるなら，ラテン語の単語群は一見無造作に見えようとも常に相互的関係を保って動いている星座の星のようなもので，英語の単語群は，いくらその数が豊富であろうとも，大箱に無造作に放りこまれた玩具の集まりのようなものである．

　「死」については，もうひとつ，vixit＝「彼／彼女は死んだ」という面白い表現も紹介しておく．これは，「生きる」vivereの完了形の三人称単数である．英語ならHe／She has livedなのだが，これが「彼は死んだ」の意味にもなりうる．「生きる」の完了であるから，「生き終わった」で，「死んだ」の意味となるのであった．

8 運 fortuna

アメリカに，*Fortune* という名前の雑誌がある．一般読者をも対象としている経済専門誌である．雑誌名の由来は，当然それが「富，繁栄」を意味するところにある．

fortune は「運」でもあるから，「占い師」は英語では fortune teller である．近ごろは日本にもフォーチュン・クッキー fortune cookie が現れた．元来は中華料理のデザートで，運勢や格言を書いた紙をなかに忍ばせたお菓子である．

運には幸運もあれば悪運もある．どちらに転ぶかはわからない．英語では幸運のほうに傾いているから，「*Fortune* 誌」ができる．しかし fortune の語源，ラテン語の fortuna は，まさにその「見極めの不確かさ」という言葉としてたびたび使われた．

この語は，fors「運」という語が -tuna という語尾で拡大されたもので，語源的には ferre「運ぶ」に結びつく．「行き当たりばったりに運ばれたもの」という意味であろう．英語の bear「運ぶ，耐える」が ferre と同語源なのだが，こちらのほうは burden, birth のごとき語を生んでいるが，神話にかかわる語は生み出してはいないようだ．

いっぽうラテン語では，fortuna は擬人化されて，さまざまな機会に使われるようになった．

Fortūna vitrea est; tum cum splendet frangitur.
「運はガラスでできている．輝くときに砕け散る」

この格言は，プブリリウス・シュルス（前1世紀）の『金

言集』から.

　amor が擬人化されたように，fortuna も「運の女神」となる．女のほうが男より軽薄だという偏見にうまく合っている．オウィディウス『悲しみの歌』からの一節.

> Passibus ambiguīs Fortūna volūbilis errat
> et tantum constans in levitāte suā est.
> 「運の女神は千鳥足，行方定めずさまよい歩く．
> 　お堅いしるしがあるとせば，軽はずみは止めぬことだけ」

　英語には，運を表す語として fortune のほかに luck がある．この luck も女性への擬人化が可能で，しかし「性」を持たない英語ではそれだけでは足りないから，Lady Luck というふうにする．ブロードウェイ・ミュージカルで映画にもなった『野郎共と女たち』の歌に "Luck, Be a Lady Tonight" というものがある．「運の女神よ，今夜だけはレディでいて，浮気しないで私のものでいてくれ」という意味だが，ここに見られるのは，単語のなかに最初から神話的要素を保っているラテン語と，それが完全に消え去った後で無理に人工的擬人化をしている英語との差である．

　fortuna の有為転変性については，中世においてもしばしば言われている．これについては，第11章「中世ラテン語」の『カルミナ・ブラーナ』に関する項で述べる．

9　同一性 identitas

「性同一性障害」という言葉がある．生まれたときの器質的

性別と自己認識としての性別が一致しない人のことを言う. 近年日本でも真面目に取り扱われるようになった事柄であるが, このような心性を持った人のことを, 異装マニアとか同性愛者と同類と考える人がまだ多いようだ. しかしそれは誤解である. ここではあくまでも「自己を何と規定するか」という根本的な認識が問題なので, 服装, 化粧の趣味とか性対象の選別はその後に来る二次的問題だからである.

それはともかく,「性同一性障害」なる日本語は英語の gender identity disorder の苦しい翻訳で, この三つの単語もすべてラテン語から来ている.

「性」の部分の gender はラテン語の genus で, これには本章6節「先住民と原住民」ですでに触れた.

disorder「障害」は, 一語ではラテン語に遡りうる語ではないが,「秩序」を意味する ordo と否定を意味する接頭辞 dis とが元になっている. だからこれは, 順番の乱れ, 無秩序, 不規律といった意味で, 障害というのとはちょっと違う. 障害は disability とか handicap の訳語であり, disorder に障害という訳をあてた人は怠慢であったと言える. いつかはこれが問題視されるかもしれない.

ここで論じるのは, 中間にある identity「同一性」である. 日本語では多く「アイデンティティー」とカタカナ表記されて使われるのは, それが一言では訳しにくい単語だからで,「同一性」なるお役所的訳語には苦労の跡が見えている. 筆者流に訳すなら「自己認識像」であろうか.

もちろん identity の意味は「自己が何であるか」だけではない. この語の意味は, 動詞 identify とセットにすると理解しやすい. できるだけていねいにこの動詞の意味を説明するなら,「ある未知のものがあったとき, それが既知の何と同

一であるかを規定すること」であろう．規定された結果，つまり認識された真の正体がidentityで，gender identityとは「自分の性を男女のどちらと認識するか」ということだ．gender identity disorderは，筆者なら「性自己認識乖離(かいり)」とでも訳する．

identityの語源はラテン語のidentitasである．しかし，この語は古典ラテン語にはない．一番古い用例は5世紀までにしか遡れない．明らかに，後期ラテン語の時期に人工的に作られた語である．そしてこの新語の組成については定説がなく，まさにアイデンティティーの不確かな語なのである．identifyのほうは，このidentitasを元にして，はるか後の中世になって作られた新語identificareが元になっている．

筆者はidentitasの語源に特に関心を持つ前には，それをidem「同じそれ」（第3章3節の「指示代名詞」の項を参照のこと）から作られたのであろうと単純に考えていた．それはそれでよい．しかしここで重要なことは，idemからidentitasへ，そしてidentificareへという派生の過程こそがまさに，この書の冒頭で述べたようにラテン語が世界で特権的地位を維持しうる理由の一証左であると認識することである．

そもそも，代名詞idemから抽象名詞identitasを派生させるのは，古典ラテン語の派生法ではなかった．だからその組成について異説が生じたのであるが，そのような無理な派生を後期ラテン語や中世ラテン語に生み出させた理由はわかる．そして，それが結果的にラテン語語彙を豊富にしたのみならず，語彙全体に見られる相互的関係性をさらに整然たる形にしたことも見て取れる．

では，idem→identitasという派生は，どのようにして起こったのだろうか．

「同一」と似ていて異なる概念「一」を表すunusからは，unitas「一体性」という語が派生している（英語unityの語源）．また，unicus「唯一の，独特の」も派生する（英語uniqueの語源）．ここまでは古典ラテン語の範囲である．中世ラテン語になってそこから，動詞「一体化する」unificare（英語unify），形容詞「一体化する」unificus（英語unific）が作られる．ラテン語を哲学的著作に用いるためにそのような語彙が必要と感じられたからである．「～にする」という動詞，形容詞を作る派生要素 -ficare, -ficusは，pax「平和」→pacificare（英語pacify），pacificus（英語pacific）にあるように古典ラテン語において生命力あるものであった．そこにはまた，pacificatio「平和を作ること」という抽象名詞もあった．

さて，語彙において「一」と「一体性」のカップルがあったとき，同じく「同一」と「同一性」の組み合わせの必要性が感じられてくる．それで，少し遅れてidemにも，idem「同一のもの」→identitas「同一性」という派生が生じたのだ．その後identicus「同一の」，identificare「同一とする」，identificatio「同一化」というような順次の派生が生じた．「一」と「同一」の意味の差異性が必然的に引き起こした現象である．整理してみると以下のようになる．

unus	idem
unitas	*identitas*
unicus	**identicus**
unificare	**identificare**
unificus	(identificus)
↓ (unificatio)	↓ **identificatio**

無印は古典期にすでにあったもの，斜体は後期ラテン語で生まれたもの，太字は中世ラテン語の創造，かっこ内は，ラテン語の単語の形としては（少なくとも筆者は）見つけていないが，英語その他に語源を提供したものである．

　これがまさに，ラテン語にはあって他の言語には見られない「自己増殖能力」の証明である．時代が変わり新しい概念が必要とされたときにも，このように，他の源泉に頼ることなくその内部から新たな生命が湧き出して新しい需要を満たしていく．英語その他の言語は，ラテン語の増殖力を自分の力であるかのように装って利用しているだけなのである．近代語のなかでも少なくとも英語には，この2系列にある単語はすべて取り入れられている．

　また，これも重要なのだが，生まれた形はどれもラテン語に内在する「意味と形式の整然たる一致」という固有の性格を決して崩すことがない．その性格はむしろ，このような新語の形成でさらに明瞭化されるのである．

　21世紀に生まれた新語ですら，形の上では決して新奇さは見せない．ここでついでに言うと，英語のnewと印欧語的語源を等しくするラテン語のnovus「新しい」という形容詞には，常に「珍奇な，いかがわしい」という付帯的意味が貼り付いていた．res novae「新しい事柄」と言えば，政変・革命を意味しえたのである．

　終章「その後のラテン語」でまた触れるが，ラテン語には現在も引きつづき新語が生まれ出ている．それなのに，過去から現在まですべてを総合した語彙には，英語や日本語に見られるような語彙の見かけ上の雑居性はないのである．言い換えると，不勉強な人はidentificareのごとき中世の語を古典ラテン語と思って使う危険性も多いということである．

IX 変わりゆくラテン語

　広大な地域で用いられていたラテン語は、いつか消えてしまったり、大きく姿を変えたりした．ある土地では、それは別の言語によって置き換えられたのであり、別の土地ではラテン語が根付いたままなのにそれ自身が変化を繰り返し、結局はフランス語になったりスペイン語になったりイタリア語になったりしたのである．

　そう、言語は変化する．では、その変化の様態はどのようなものであったのであろうか．

1　一般大衆のラテン語

言葉は形を変えていく

　風刺詩人ユウェナリスが女の生態を風刺した作品において、嫌みな女の例として他人の文法的誤りを指摘する女を挙げていることは第5章の「ローマの有名女性たち」の項で述べた．

　この場合の誤りとは、日本語での「敬語の誤り」のような礼儀作法にかかわる問題、老人が苦情を言ういわゆる言葉の乱れではなく、たとえば英語でteachの過去形をteachedと言ってしまうようなものと考えたらよい．

　英語を母語とする人がそんな文法的誤りをするはずがないと考えたら、それは間違いである．workの過去形は元来はwroughtであったのに、規則型の類推から、誤った形であるworkedが15世紀くらいから正しい形とされてしまったので

あるから．今は学校教育のせいでこのような言語変化は容易には起こりえないが，しかし将来英語が世界語になれば，その場その場で通用するだけの，不正確な文法の英語が各地で勝手に作られてしまう可能性はある．ピジン英語と呼ばれるものである．そうすると，学校教育を通してでないと学ばれえない世界共通の正則英語と，世界の各々の地域で，そこでのみ通用する英語とが並列する状況が生じるだろう．

現在の日本の若者が好んで歌う歌には，日本製でありながら多くの英語の単語や句が含まれているが，そのなかのかなりの部分は日本でないと通用しない，はっきり言えば文法的間違いだらけの言い回しである．これは，ジャパニーズ・ピジン・イングリッシュと称されるべきものの始まりかもしれない．

どんな言語でも，文法規則に正確に則って書かれた文章（文語）と，特に高い教育を受けたわけではない一般人が日常しゃべっている言語（口語）とでは乖離があるはずなのである．そして，変化していくのは口語のほうである．

英語と日本語を対照させてみると，日本語における文語－口語の乖離の甚だしさがわかる．英語なら普通の会話文をそのまま書いて手紙文にすることはおかしくはないのに，日本語ではまずそれはできない．筆者の住まいするのは大阪だが，大阪人ならそのことはすぐにわかる．しかし，東京で標準語を話しているつもりの人だとて事情は大して変わらないはずである．

われわれが読むのはもちろん「書かれた」ラテン語である．しかし，そこにおいてもある程度の文語－口語の乖離があったはずである．時代とともに口語が変化しても，最初のうちはそれは文語には反映しない．文語は文語の規則に縛られる．

IX 変わりゆくラテン語

しかし,縛られるということは,それを書いている人が規則をよく知っているということだ.たとえ日常で自分のしゃべる言語が文語とは異なっていても,文語の規則を知っていればよい.ところが,口語と文語の乖離が甚だしくなれば,その規則の学習が難しくなり,ついには規則に反した文が書かれるようになる.

ラテン語話者も文法的誤りを犯すようになり,ついには誤った形が正しい形を圧倒してしまう.誤った文法(単語の綴り,名詞・形容詞・動詞の活用,前置詞の使い方,など)で書かれた書物が現れはじめる.文法学者はその風潮を嘆いて是正に努めようとするが,しょせんは多勢に無勢である.言語とは,常に変化するものなのである.

ラテン語も,われわれが文書の形で触れるだけなら,実際に生じていた変化の程度はわかりにくい.しかし,文書における単語の形が古典ラテン語と同じだからといって,それの発音もキケロが発音していたのと同じであったとは限らないのである.

かつて日本で使われていた「歴史的仮名遣い」を思い出してみるとよい.「蝶々」,「今日」の振り仮名を,チョーチョー,キョーと発音しているのに,「てふてふ」,「けふ」と書くべしという規範がかつてあった.「てふ」,「けふ」は確かにテフ,ケフと発音された時期があったから発音どおりにそう書かれていて,そして発音は徐々にチョー,キョーへと変化した,しかし綴りは保守的で変化はしなかったということである.

ところで,外国人学習者がひらがなの読み方のみを習って歴史的仮名遣いを知らないなら,「けふ」はケフとしか発音できないはずである.そして,たとえそれを知っている日本

人であろうと,非常に古い文書で「けふ」とあれば,それが書かれた当時の実際の発音はわからないはずである.まだケフであったのか,もうキョーになっていたのか,その中間状態なのか.

『日葡辞書』はキリスト教宣教師によって編まれ1603年に刊行された日本語－ポルトガル語辞書であるが,ありがたいことにローマ字で書かれているから発音は正確にわかる.だから,この当時の蝶はチョウChôで今日はケゥQeôとキョゥQiôの2通りの発音があったことがわかる.しかしそれよりずっと昔,9世紀から10世紀にかけての成立とされる『竹取物語』に「かぐや姫てふ大盗人(おおぬすびと)」,「けふともあすとも」とあったとき,この「てふ」,「けふ」の発音は何であろうか.まだテフ,ケフであろうか.では13世紀はじめの『新古今和歌集』での「てふ」,「けふ」(中納言家持(やかもち)「から人の舟を浮かべてあそぶてふ,けふぞ我がせこ花かづらせよ」)はどうなのだろう.

日本人は今,綴りを無視してチョー,キョーと現代ふうに発音させて平気でいる.後期のラテン語文書を読む現代人はこれとは逆で,まったく綴りどおりに,つまり一番古い発音で読んでいる.どちらも正しくはない.真実はその中間にあるのである.

『プロブスの付録』

綴りが変わっていないがゆえに隠されがちな発音の実際の変化を知らせてくれる書物が残っている.それは『プロブスの付録』と呼ばれているもので,諸説はあるが6世紀のものらしい.著者はわからない.プロブスという人の著作の一部とされて残ったので,このように呼ばれている.

この書は，1行ごとに単語を挙げて「〜と書かずに〜と書け」と述べている．つまり，「正しい綴り法」である．われわれにとって貴重なのは，これらの記述から当時の人々の犯しそうな綴りの誤りがわかることで，誤った綴りとは要するに，当時の人々のラテン語の実際の発音の反映である．

一例として，speculum non speclum というのがある．「speclum と書かずに speculum と書け」の意味である．その他に masculus non masclus, articulus non articlus のごときものがあるのを見ると，当時の発音ではアクセントのある音節の次の音節の母音は弱まって消えていたことがわかる．

これは，これらの単語の子孫が正確に映している特徴でもある．イタリア語 specchio「鏡」が示唆する祖形は speclum だし，masclus は前章「ラテン語の言葉あれこれ」のなかで紹介した masculus が，日本語マッチョにまで変化してくる中間段階である．articlus は英語の article の語源である．

さらに，アクセントのある音節がその周囲の音節の発音にこのように影響を与えているのであれば，それは当時のアクセントが高低のアクセントではなく強弱のアクセントであったことの証拠でもある．

別の例では，cavea non cavia, lancea non lancia, solea non solia のごとき記述から「エア」という母音連続が「ヤ」という発音に変わっていたらしいことがわかる．cavea は「檻(おり)」という意味で，これはフランス語 cage を経由して英語の cage になっている．ラテン語 cavea（カーウェア）からフランス語 cage（カジュ）への発音の変化にはいくつかの中間段階があったはずで，この cavia のなかにその中間段階のひとつが文証(ぶんしょう)されているのである．

『プロブスの付録』は文法的な変化の証拠にもなっている．

socrus non socra, anus non anucla というものもあって, これは発音と言うより形の変化を示していて, それがいかにも面白い.

socrus は「姑(しゅうとめ)」, anus は「老女」の意味で, どちらも女性である. ところが正しいほうの形を見ると, どちらも -us という普通なら男性名詞につく語尾がついていて（前にも書いたが, filius なら「息子」で filia なら「娘」）, 要するに語尾の点からは socrus も anus も不規則的な形を持った単語なのである. そのゆえに, それらが女性名詞の語尾に多い -a という語尾に変えられがちであったことが見えてくる.

work の過去形が, 本来は wrought であったのに worked という規則的な形に変わったのと同様に, 不規則なシステムを覚えやすい規則的システムに変える無意識の圧力がここにも自然に働いていたことが見えてくる.

古典ラテン語を, 発音や文法のすべての点において純正に保とうとするなら, それは日本における歴史的仮名遣いの強制のように, 学校において学識ある教師が生徒を教育するしか方法がなかった. ところが, 各地の学校は必ずしも機能しなくなっていった. 3世紀になると, 北方のゲルマン諸民族のいわゆる「民族大移動」が始まり, 社会が不安定になったからである. この間の事情に関しては, 次の章で詳しく触れる.

いわゆる「俗ラテン語」

さて, 「俗ラテン語」という言葉がある. 『プロブスの付録』のような資料から推測される, 古典ラテン語の文法規範からは逸脱しているが, 普通の人々が話していた言語のことである. このような言語がフランス語, スペイン語, イタリ

ア語,ポルトガル語等のラテン語の子孫言語(ロマンス諸語と総称される)の直接の元となったと考えられる.

であるから,「俗ラテン語」についての解説は,ラテン語そのものではなくそれらロマンス諸語の歴史にかかわる話題であり,ここで詳述することは適切ではなかろう.しかし,最小限のことだけは述べなければならないと思うのは,日本では,この主題に専門的にかかわっている人たちの間にすら,ある誤解が消えていないからである.

誤解とは,古典ラテン語と異なった実体としての「俗ラテン語」が存在していて,ロマンス諸語の歴史的研究(たとえば,「フランス語の歴史」といったもの)には「俗ラテン語」のほうを勉強すればよいのだ,というものである.

われわれは,「俗ラテン語」そのものを独立した言語として学ぶことはできない.学ぶべきラテン語は古典ラテン語しかありえない.「俗ラテン語」と呼ぶべき言語は確かに存在していたであろう.しかし,それらは歴史の闇のなかに消えてしまった.その片鱗(へんりん),と言うよりそれへのヒントだけが,たとえば『プロブスの付録』のような形で残されているだけである.もし俗ラテン語を知りたいと思うのなら,われわれにできることは,古典ラテン語とロマンス諸語の双方を勉強し,『プロブスの付録』のごとき資料を参考にしてその双方の間に存在していたであろう中間状態を「推測」すること,たとえて言えば歴史の闇の上にスケッチを描くこと,だけなのである.学ぶべきは古典ラテン語である.

同様に,古典ラテン語を学ばずして中世ラテン語を学ぶことも無意味である.このことだけは,口を酸っぱくしてでも述べておきたい.

2　キリスト教とラテン語

変化するラテン語の役割

　前章で書いたように,ラテン語は不可避的に変化しつつあった.しかし,変化自体は止められずとも,文章語としてのラテン語の生命力を新たにさせる現象が起こっていた.それは,カトリック教の総本山がローマにおかれ,その教義のための主要言語として採用されたことである.

　3世紀以後のラテン語はキリスト教とのかかわりなしには考えられない.キリスト教との出あいは,ラテン語が世界に対して持つ意義に関しても重要な出来事であった.単にラテン語が学ばれる理由が新たに生じただけではなく,キリスト教的要素がそこに入りこむことによってラテン語は別種の活力をも新たに獲得したからである.

　もちろん,仮に白銀時代でラテン語の歴史が終わっていたとしても,ラテン語の歴史的な重要性は変わらないとは言える.それ以前に書かれた文献だけで,ラテン語は完結した世界を作り上げるほどのものとなっていたから.しかし,キリスト教との深いかかわりを持つことによって,ラテン語は政治的軍事的支配の道具としての使命には終止符を打ち,もっぱら文化的,あるいは精神的な影響力を行使するための道具へと変化した.キリスト教と結びつくことによって,ラテン語が現代に対して持つ意味,あるいは世界に対して持つ意味が決定的に変化したのである.このように,ラテン語は西洋世界へ形を変えて再配置されたのだが,そのさいにおいてもやはり,ギリシア語が表面下で少なからぬ影響力を保ったことを指摘すべきである.

聖書の言語

ここでキリスト教教典と言語との関係を整理しておく.

キリスト教の教典は旧約聖書と新約聖書であるが,旧約聖書は大部分がヘブライ語で書かれ,エズラ書とダニエル書のうちの数章と,創世記,エレミヤ書のごくわずかの部分のみがアラム語で書かれていた.アラム語とはヘブライ語と同じくセム語族に属する言語で,ある時期からは東地中海地帯の共通語となっており,ユダヤ教徒も日常生活ではヘブライ語ではなくアラム語で生活していたのである.

ユダヤ人は,教典の言語としてはヘブライ語を尊重することはその歴史を通じて変わることはなく,20世紀に至ってイスラエルという国を建国し直した後にそれをふたたび生活語へと再活性化したのであるが,日常生活語としては自分たちが移住した地域の言語を容易に取り入れて使うのが常であった.であるから,その後地中海世界の各地に移住した人々の多くは,今度はそこでの共通語であったギリシア語を用いるようになっていた.ヘブライ語もアラム語も理解しない一般ユダヤ人のために,旧約聖書のギリシア語訳がキリスト教時代以前にすでに作られていた.

初期キリスト教の信者は主にユダヤ人だったので,新約聖書のほうは最初からギリシア語で書かれている.古典ギリシア語は方言差の大きい言語であったが,ヘレニズム時代以後にはアッティカ方言を元にした共通ギリシア語「コイネー」が民族を超えて地中海世界に流通しており,新約聖書のギリシア語はこのコイネーである.

聖書のラテン語訳

しかし, キリスト教信者が徐々にユダヤ人以外に広がるにつれて, ギリシア語を解せぬラテン語話者のための措置が必要になってくる. 最初のうちは, 礼拝式のたびごとに聖職者が教典のギリシア語原文を読み, その後にラテン語に直したものも読み上げていたらしい. しかし, 2世紀の終わりになると教典のラテン語訳が作られた. これは, 現在のカトリック教会の公式のラテン語聖書 (Vulgata) とは別物で Itala とか, Vetus Latina と呼ばれているものであり, 一部しか残っていない. この当時までに, キリスト教的ラテン語の素地が作り上げられていたのである.

キリスト教信者は, 最初のうちは社会の下層部出身者が多かったので, 新約聖書のギリシア語もそれにふさわしい, 非文学的な性格のものであった. Vulgata 以前の Itala などに見られたラテン語も, それに見合った性格のもので, 特にギリシア語をそのまま訳さずに残してある場合も少なからずあり, 古典ラテン語の教養を身につけた人々からは嘲笑されるような種類のものでもあった.

最終的にカトリック教会共通の, 現代においても使われるラテン語訳聖書が作られたのは, 4世紀終わりのことである. 一般に Vulgata と称されるこの聖書の翻訳者は聖ヒエロニュモス, 英語では Saint Jerome と称される, 347年ころに現在のクロアチアの地で生まれた人である.

ヒエロニュモスは鋭い頭脳を備えた人で, ローマで学業を終えてからガリア, 中東地方を長く旅してギリシア語, ヘブライ語に堪能(たんのう)になった後に, 時の教皇ダマスス1世の委嘱を受けてラテン語聖書の改訳に取りかかったのであった.

彼は, 言語の教養の豊かな人であったのに, 聖書のラテン

語をあえて古典ラテン語の規範に近づけようとはしなかった。それまでの200年にもなる教会活動の持続によって、かつては教養人のあざけりを買ったような新しい種類のラテン語もそれなりの伝統を作っていたからである。

「教父」という言葉がある。1, 2世紀から8世紀ころまでのキリスト教著作家の称であるが、最初はギリシア語でなされていた著作が2世紀になるとすでにラテン語でもなされるようになり、テルトリアヌス、ラクタンティウス、アンブロシウスのような優れた著作家がヒエロニュモス以前にラテン語の書物を残しているのである。彼らがいわば新しいラテン語の伝統を築いていたのである。

新しいラテン語の伝統

それ以前に固まっていた伝統とは、たとえば、ギリシア語の直接の導入、使用である。英語 angel「天使」, apostle「使徒」, bishop「司教」, prophet「預言者」, priest「長老」などの語源は元来はギリシア語で、それがそのままラテン語化されて angelus, apostolus, episcopus, propheta, presbyter として使われていた。キリスト教徒でも、文学的詩を書こうとする人はそれを一種の堕落と考え、それに該当する真実のラテン語に置き換えようとした。つまりそれぞれ、nuntius, missus, antistes, vates, senior といったものにである。

しかし、そのような言語純化運動が成功しなかったことは、英語にギリシア語からの借用語がそのまま残されていることでわかる。ひとつには、古典ラテン語においてすでに固定化した意味が、キリスト教という新しい精神運動にはふさわしくないと判断され、忌避されたからである。たとえばvatesで、これは確かに「預言者」なのであるが、あまりに異教の

雰囲気が強く，また「いい加減なことを言う男」という悪い意味も付属していた．だから，やはり propheta のほうがよかったのである．

新語の必要性

それでもやはり，ラテン語で新語を造らなければならぬ場合も生じてくる．そのときにはさまざまな工夫が凝らされる．その典型は，salvator「救世主」である．

ギリシア語には一般的な「救い手」を言うソテルという語があり，それは大神ゼウスの称号でもあった．その語に対応するものとしてたとえばキケロは servator という語を用いる．servare「見張りをする」から派生する行為者名詞だが，servus「奴隷」と語源が等しく，それほど宗教的雰囲気はない．帝政期にはローマの大神ユピテルの称号としてそれを強めた conservator という語も造られている．キリスト教作家は異教の手あかのついたこれらを拒否し，いくつかの新語が造られたが，最終的に採用されたのが salvator であった．「安泰な，健全な」を意味する salvus（英語 safe の語源）から，新たに salvare という動詞（英語 save の語源）をわざわざ造って「救う」の意味とし，それの行為者名詞としてさらに salvator を造ったわけである．抽象名詞としての salvatio「救済」も造られた．salvare, salvator, salvatio, すべてラテン語辞書にはない単語である．しかし，うっかりするとラテン語作文をするときこれらを古典ラテン語のつもりで使ってしまいそうである．

salvator という新語を疑問視する学者的見解に反対して，アウグスティヌスが「救世主がやってくる前にはローマ人は救済も救世主も知らなかったのだから，この言葉がなかった

のは当然だ」と擁護しているのが面白い．アウグスティヌスは，異教の教育を十分に受けた後にキリスト教に改宗した人で，古典ラテン語の規範と当時キリスト教教会で用いられていた種類のラテン語との差を明確に認識しえた．その彼が，salvator 以外の事例に関しても「崩れた」形を擁護していることは，キリスト教ラテン語という新しいジャンルが現れたことを無意識のうちに感じ取っていたからであろう．

英語の saviour「救済者，救世主」はずいぶん形が異なって見えるが，それはフランス語の形を経由した結果で，これもやはり salvator の子孫である．

本来のラテン語でありながら，キリスト教的に使われることによって意味が広がったものも多い．その一例 pax「平和」についてはすでに述べた．

dominus「主人」もまたその実例である．この語の本来的意味は「家 (domus) の主人」であった．servus「奴隷」の対立語である．ところが，ギリシア語聖書で，ヘブライ語の「神」ヤーヴェの訳語に当てられたのが「主人」の意味のキュリオスであったので，ラテン語でもそれに相当する dominus が使われることになった．必然的にその語は，人類の主，神の意味を帯びることとなった．

このことの波及的効果は英語にある．英語で「神よ」と呼びかけるときの語のひとつ lord は，元来は「家の主人」にすぎない．そもそもこの語の一番古い形は hláf-weard,「パンを管理する者」なのである．しかし，聖書の英訳にさいして，ちょうどキュリオスに対する dominus が選ばれたのと並行した現象として lord が選ばれたので，この語も高尚な意味を持てるようになったのであった．筆者は日本のキリスト教史には昏(くら)いから，聖書の日本語訳の事情についてはつま

びらかにはしないのであるが,日本語で「主よ」と呼びかける形の翻訳にもこの種の理由があるのであろうと推測している.

英語のpassionの持つ「情熱」と「受難」という一見矛盾した二重の意味も,キリスト教のラテン語化のなかで生じた意味の拡大の結果である.

ラテン語のpassioは「心の動き」といった意味だが,多用された語ではなかった.しかしそれがキリスト教ラテン語では重要な語に変貌し,「(キリストの十字架上の)受難」の意味をも持った.これにはギリシア語パトスが関連している.

日本語でペーソスという言葉があって,うらぶれた,もの悲しい雰囲気を言うのに使われている.いったいいつ,誰がこんな言葉を導入して,しかもなぜそれがしたたかに生き延びているのか筆者は不思議に思っている.その語源である英語pathosは筆者の知る限りではほとんど目にしない単語だし,意味もかなりずれるからである.

このpathosはギリシア語のパトスを形を変えずに取り入れたもので,17世紀の借用語らしい.ギリシア語パトスもそのまま日本語に,少なくとも一時は,取り入れられていた.これは「情熱」の意味であり,昔懐かしい学生運動の用語として「変革のパトス」などというふうに使われていたのを思い出す.

ギリシア語パトスの意味は,まず第一に「身にふりかかること」であり,そして第二に「強い感情」であった.

ラテン語passioは,それ自身ではその第二の意味に対応しているだけである.しかし,それの元となった動詞patior「(被害などを)蒙る」とギリシア語パトスの元となった動詞パスコー pascho の意味の類似(もしかしたら,形の類似も)

のせいで,「身にふりかかる災難」の意味をも持たされて使われるようになった. そして人類の災難の最も大きなものは救世主の十字架上の受難であり, 結果として英語 passion の二重の意味が固定化したのである.

文法構造の変化

文法構造もある種の変化を蒙ったのであるが, その代表的な例は間接話法の作り方である. 英語フランス語などにあるような, 名詞節が接続詞（英語なら that, フランス語なら que）で導かれる作り方は本来のラテン語にはなかった. 名詞節ではなく, 不定法句を用いるのが正しい文法であった.

実例を挙げると, カトゥッルスの詩に,

> 「おまえはむかし, 知っている人はカトゥッルスだけと言っていたね,
> 　レスビア. そして, ぼくを差しおいてはユピテルさまだって抱きたくないなんて」

で始まるものがある（第72篇）. 原文は以下のとおりである.

> Dīcēbās quondam sōlum tē nosse Catullum
> Lesbia. Nec prae mē velle tenēre Iovem.

solum te nosse Catullum の部分が「知っている人はカトゥッルスだけ」で, 英語なら that you knew only Catullus となるのが普通であろうが, for you to know only Catullus 式の構文になっている. 後半も同じで,「ユピテルさまだっ

て抱きたくない」nec velle tenere Iovem は英語に直訳すると nor to want to hold Jupiter である．これが古典ラテン語の文法であった．

ところが，ヒエロニュモスの聖書のラテン語には，英語の that に相当する quia を用いた名詞節が頻出する．

1例を挙げると，「ルカによる福音書」21章20節の後半（日本聖書協会訳では「エルサレムが軍隊に包囲されるのを見たならば，そのときは，<u>その滅亡が近づいたとさとりなさい</u>」となっている箇所の下線部）のラテン語文は，scitote quia appropinquavit desolatio eius である．古典ラテン語なら quia 以下は，不定詞をもちいて scitote appropinquavisse desolationem eius と書かれねばならぬはずである．

これは，ギリシア語の原典の構造を受け継いだものであって，同時に子孫言語，フランス語，イタリア語，スペイン語その他における間接話法のさきがけとなっているのである．

x ラテン語はいかに生き延びたか

　さて，古典ラテン語はどのようにして現在にまで生き延びえたのだろうか．話し言葉としてはそれは多様に変化していき，古典ラテン語そのものは話されなくなった．言葉に対する知識は知識人の間で細々とながら生き延びた．しかし，知識，つまり記憶だけでは伝承は限られる．言葉を記した現物が必要だ．そして，言葉を記した資料もかろうじて残ったのである．その残され方もやはり記述しておくべきであろう．

1　ラテン語書物の保存

書物の形態

　ローマ時代の書物は，最初はギリシア時代に引きつづきパピルス紙による巻物である．パピルスとはエジプトの沼に生えていた葦(あし)の種類で，そこから作られる紙の歴史はエジプトでは非常に古い．

　まず刈り取ったパピルスを同じ長さに切り揃える．その皮に刃物で筋を縦一直線に入れて平らに開き，堅い芯(しん)の部分を取り除いて皮をなめらかにする．それらを何枚も密接させて縦に並べていく．その横幅が縦の長さと同じになり正方形ができたら，今度はその上に別のパピルス片をそれと直角になるように上から下に重ねていき，強く押さえて貼りあわせる．それで，正方形のパピルス紙が1枚できる．

　それを何枚も長く繋(つな)ぎあわせて長くしておいて芯棒に巻き

付けたものが書物の原形となる．大体において縦の長さ45センチ程度のパピルス紙を20枚程度繋ぎあわせた巻物が1巻の書物である．そうすると，紙の長さは10メートルには届かないのであるが，しかし，ときには何十メートルにもなったとの証言もある．大体において現代の感覚で20頁から30頁程度の厚さの本が「1巻」をなしていたようである．

日本の巻物とは，開き方が違ったであろう．日本語は縦書きで右から左に書いていくから，左側に少し開くと1行が全部読めるはずである．それから2，3行が読める程度に徐々に開いていけばよいことになる．

ラテン語の場合は横書きだからそうはいかない．まず，右側に開くことになる．しかも，かなりの幅の分を一挙に開く．そうやって，一定の同じ長さの文を1行としてそれが上から下に並べられた，冊子本なら1頁分にあたる量の文（これを英語では column と言うのだが，日本語ではうまく言い表す語はない．日本語で言うコラムは別の意味になっている）が読めることになる．そこを読み終わったらまた同じ長さの幅を開いて次の1頁分を読む．そのように読んでいって全部頭に入ればそれでよいけれども，後でどこかの箇所を再読しようとするなら，そこまで開いていかなければならない．不便であると同時に，損傷する危険もある．

書物伝承の難しさ

ローマ古典期の作家の作品はまずパピルスの巻物として公刊されたと信じてよいのであるが，当然のことながらその現物はひとつとして現存していない．われわれの見る作品は，代々書写されてきたものの結果である．書物はみな借りあって読まれたのであって，パピルス製の書物は人の手を経由す

る間に摩耗し，損傷をきたした．

　読めなくなるほど損傷をきたす前にそれらが手で書写されたから，われわれにまで作品は伝わった．その写本を英語でmanuscriptというが，「手で書かれたもの」の意味である．当時の読書人は，友人から借りた書物を書写職人に書写させ，自分の蔵書とした．しかし，書写がどの程度忠実であったか，原著者がその書写にまで介入できたかは心許ない．書写職人は，ときとしてラテン語をよく知らぬ外国人奴隷であったのである．そのように原著者とは無関係に書写されたものが，また別の書写を生む．後の時代の人は，自分の手許に届いたものの真正の度合いを気にしなければならなくなる．2世紀半ばの人アウルス・ゲッリウスは，前19年に死んだウェルギリウス自身の手で書かれたと信じられた『アエネイス』第2巻が高値で売られていたことを報告している．

　さらには偽書も現れ，著者名の真偽の判断も必要になる．前1世紀の「ローマ人のなかで最も博学な人」ワッロは，一時は130もの数で出回っていたプラウトゥスの作とされる喜劇を吟味し，そのうちの21の作品を真作と認定してそれが現代でも認められている．

冊子体の誕生

　その後，書物の形態に関して大きな変化が起こる．巻物から冊子体への変化である．

　パピルス紙の書物が主流であったのは3世紀ほどまでで，その後羊皮紙製の書物に取って代わられたのである．羊皮紙を英語でparchmentというが，これは「ペルガモンの紙」の意味である．ペルガモンとは小アジアにあった都市国家で，エジプト王が自国の特産品であったパピルス紙の価値を高め

るためにそれを輸出禁止にしたとき，人はパピルスの取れない小アジアの人々が紙として使っていた羊皮紙を用いるようになり，それを「ペルガモンの紙」ペルガメナ (pergamena) と呼んだことがその名称の由来だ．

羊皮紙の場合，両面に書くことができるので，巻物ではなく現代と同じ冊子形態の書物が誕生することになった．また，書物の耐久性も増した．とはいえ，この時代の冊子本が現存していることはない．

前1世紀には，書籍商に類する人も現れている．巻物であれ冊子体であれ，ラテン語の「本」は liber である．書籍商はラテン語で librarius で，英語の library はこの語からできた．キケロの有名な文通相手であるアッティクスは，書籍出版の仕事もしている．出版業者も文書の書写役も librarius である．公共図書館の伝統はすでにヘレニズム時代のギリシアにあり，アレクサンドリアにあったそれ（「ムーセイオン」．「ミューズの館」の意味で，英語 museum の語源）は特に有名であるが，アウグストゥス帝もふたつ設立している．ローマではその前から個人が図書館を作ることも稀ではなかった．カエサルだって作っている．

「図書館」のラテン語は，ギリシア語をそのまま使った bibliotheca であった．その後，ローマ帝国の各地に学校が作られ，古典作家は盛んに研究され，注釈が施された．もちろん，当時の注釈家たちの善意から来た注釈や改訂が原作者の意図を裏切ってしまったこともあったであろう．しかし，ローマ帝国の政治的安定が保証されている限りは，古典期のラテン語書物の保存自体には大きな問題はなかった．「ローマの平和」という言葉のよい面だけがここには見える．

ローマ帝国の崩壊

しかしその後，書物の保存を保証するのに必要な社会の安定が崩れる．2世紀末までの，いわゆる「五賢帝」時代が終わり，3世紀になると軍人皇帝時代が始まる．各地の軍人が勝手に皇帝を廃立して軍人皇帝が相争う事態が起こったのである．財政難に陥った国家は質の悪い銀貨を発行し，それが経済困難をも招き寄せた．また，蛮族のイタリア北部への侵入も始まっていた．ローマ帝国の基盤は危うくなり，「ローマの平和」は自明のことではなくなった．

ディオクレティアヌス帝（在位284〜305）は皇帝権力を強化することで社会不安を除こうとし，初代皇帝アウグストゥスが定めた称号 princeps「同等のなかでの第一人者」ではなく，dominus「主人」たらんとした．皇帝と市民の関係は主人と奴隷との関係に変化したのである．そして，ディオクレティアヌス帝はキリスト教信者の徹底的弾圧をも強行した．しかし，社会の安定は回復せず，軍人皇帝たちの抗争は止むことがなかった．

普通「ミラノの勅令」と呼ばれている，コンスタンティヌス帝（280ころ〜337）による313年のキリスト教の公認令はこのような社会の混乱を沈静化させるための一手段であったのだが，それだけでは帝国の没落を防ぐことはできなかった．ローマは395年に東西のふたつの帝国に分裂するのである．

410年，西ローマ帝国の首都であるローマの街は，ゲルマン部族の一，西ゴート族の手によって徹底的略奪を受ける．西ゴート人は4世紀末から族長アラリックに率いられてギリシアの各地を荒らし回り，イリュリア海岸を北上し，ついにその年彼らの破壊の手がローマ市にまで達したのであった．彼らはその後イタリア半島の南端にまで下り，ふたたび北上

して最終的にはイベリア半島に入ってそこにとどまることになった．彼らが作った国ヴィシゴート国はそこで8世紀はじめまで存続して，アフリカから渡ってきたイスラム教徒によって滅ぼされる．

修道院の役割

ラテン語文化を保護するはずの西ローマ帝国は結局，476年に最後の皇帝の退位で正式に滅びることになった．学校は閉鎖され，図書館は破壊，略奪され，文化の担い手であった伝統的貴族層が没落する．書物が存続し，流通するには，それを保証する人手と場所が必要なのであるから，4世紀半ばからシャルルマーニュ帝（742ころ～814）のフランク帝国の時代に至るまで，ラテン語文化は危機的状況にあったことがうなずける．

この危険な時期にあって人手と場所を提供したのが，カトリックの修道院である．そのさきがけとなったのが，529年ころ聖ベネディクトゥスがナポリ近郊の山モンテカッシノに開いたベネディクト修道院である．

そこでは昼間は勤労にいそしむのが規則であり，修道士の義務的勤労のひとつが古い書物の書写であった．このような習慣はヨーロッパ各地にその後生まれた修道院でも採用された．

このことによって，ラテン文学の保存が保証された．しかし，それは同時にその廃滅の危険をも含んでいた．なぜなら，修道士はなによりもキリスト教文献を重視したのであり，貴重で高価な羊皮紙を有効利用するためには，すでに書かれていた異教文学の文字を軽石のようなもので削り取って，その上にキリスト教文献を書写することが繰り返し行われたから

である．そのように再利用された羊皮紙を英語で palimpsest という．削り取られた文字は，薬品や放射線を用いた現代の技術である程度は復元可能で，そのようにして死から蘇(よみがえ)った古代の作品はいくつかある．

ともかくこのようにして，イタリアのみならずヨーロッパ各地の修道院において書写は盛んに行われ，多数の蔵書を持つ修道院が生まれた．しかし，そのなかに人知れず隠れている，それは palimpsest に書かれたものの場合なら二重に隠れているのだが，貴重な古典文学のテキストを探しだし，正しい形で復元しようと努力する篤学者が出てくるには，はるか後の14世紀，ルネッサンスの時代を待たねばならない．ルネッサンス期イタリアの最も著名な詩人ペトラルカは古典テキストの発掘に関しても偉大な業績を残した人である．彼は特にキケロの書を求めて各地を旅し，彼の弁論集，書簡集の発見に功績があった．また彼は，収集した書物を精読し，誠実に校訂を施すこともしている．

『薔薇の名前』

ところで，修道院がその内部に潜めていた文書を外に公開する時期が来たとき，そのなかに含まれた異教文学が反キリスト教的として指弾される可能性は大いにあった．ルネッサンスの始まった14世紀は，同時に異端審問や宗教裁判の時代でもある．そのような問題を面白く文学化したのが，イタリアの記号学の大家ウンベルト・エーコが1980年に出版して世界的なベストセラーとなり，6年後にはショーン・コネリー主演で映画化もされた小説『薔薇(ばら)の名前』である．

これは，ペトラルカなどの人文学者が活動を始めていたその14世紀はじめに，当時キリスト教世界で最大の蔵書数を

誇る図書室を備えていたとされる，北イタリアのあるベネディクト派修道院で起こった殺人事件から始まる物語である．『薔薇の名前』は，探偵役も登場する殺人の謎解きという推理小説の枠組みが採用されていながら，作者の比類なき知識と語学力と独特の機知が全篇に詰めこまれていて，映画の場合はかなりわかりやすくなっていたけれども原作のほうはよほどの知識人でなければ多くのことを読み落としてしまいそうな難物である．だから，この小説のための注釈書が何冊も書かれ，その日本語訳も出ているほどなのである．しかしともかくその発端の殺人事件は，アリストテレス『詩学』の後半に存在していたとされる古典世界の「喜劇，笑い」に関する書物を，反キリスト教的として絶対に外部に知らしめまいとする人物が，なんとしてもその知識を得ようと秘密の部屋にまで侵入した青年を滅ぼさんとして起こした行為なのであった．

殺人の動機としてこのような設定をすることは，現代人には肩すかしを食らわすようなものだ．しかし，古典テキストの存続とはまさに綱渡りのように危うい同様の過程を経てきた結果なので，膨大な量のテキストが同様に不合理な理由で廃滅してきたのが実情なのである．

それから100年後，印刷本の時代が来る．ドイツ，マインツの人グーテンベルクによるとされる，金属活字印刷機械の発明の結果である．これによって書物の同時複数生産への道が開かれた．木材の繊維から安価に紙を作る技術は，それより以前に東洋から伝わってきていた．そして16世紀になって，書物の大量生産の時代が本格的に始まるのであった．

書写ならぬ印刷の技術は，西洋よりは日本をも含めた東洋

のほうが早く発達させていた．グーテンベルク式の金属活字にしたとて，朝鮮半島ではそれはすでに実用化されていたのである．しかし，世界文明全体に対する影響度，それを考えるとグーテンベルクの発明は画期的なものがあった．

2　ラテン語の危機と復興

ラテン語知識の伝承

　西ローマ帝国は滅びたが，それでも古典期の書物の保存は修道院において一応は保証された．それのみならず，西ローマ帝国のあった地にその後作られた諸王国においても公文書の言葉はやはりラテン語であった．諸王国の大部分はゲルマン部族が建てたものであり，彼らの話していた言葉はラテン語ではなかったはずなのに，自分たちの言葉を書き言葉として使えるまでには至っていなかった．

　しかし，ラテン語は大きく変化し，それを紀元前1世紀のように正しく話す人はもういなくなっていたはずである．そのとき，正しくラテン語を読み，書く知識はどこでどのように守り伝えられていたのだろうか．

　4世紀，5世紀，6世紀に書かれたラテン語には，もちろん聖職者の著作は別であるがまことにおかしな誤りが見られる．これは，その後のラテン語の自然な発展，つまりロマンス諸語への変化を実証する貴重な資料でもあるとしても，ともかくラテン語への正確な知識が消えかかっていた証拠である．先ほど書いたように，ラテン語をめぐる状況は，シャルルマーニュの時代までは危機的であったのである．

　一見おかしく見えるかもしれないが，正しいラテン語の知識がよく残っていた場所は，北アフリカのカルタゴをめぐる

地域であった．アウグスティヌスをその代表とする学識高いラテン語教父たちがそこで活躍している．6世紀にはカルタゴは学問の地として知られていた．しかしその伝統は，7世紀終わりに北アフリカがイスラム教徒に占領されることで途絶える．

辺境の役割

ヨーロッパにおいて，古典ラテン語についての正しい知識はやはり修道院に保存されていた．それもローマではなく，かえってローマから遠い土地において，つまり完全に外国語としてラテン語を学ばなければならぬ地域において，文語としてのラテン語が最も規範に近い形で維持されていたのである．

古典文化の正しい知識に対する関心が最初に高まったのは，なんとアイルランドである．6世紀以後，アイルランド出身の学識僧はイングランドや大陸に進出して宣教活動をし，異教古典文化についての知識をも伝播させた．そしてイングランドにおいても古典文化に習熟する学識僧が生まれた．ビード尊者としても知られるベーダ（673〜735）もその一人で，彼は立派なラテン語で『アングル人教会史』その他を書いている．

中心地にではなく僻地にこそ古い文化が保存されることは，日本でもよく知られている．一例が古語の保存で，本居宣長（1730〜1801）が「すべて田舎には，いにしへの言の残れること多し」（『玉勝間』）と述べているように東北地方とか沖縄を含む南西諸島には平安朝時代の単語が残っていることが報告されている．松本修著『全国アホ・バカ分布考』（太田出版，1993．新潮文庫，1996）は，愚か者を表す多数の方言

的表現が，実は京都を中心としてほぼ東西対称的に広がっており，東と西の遠地に同じ古語が残っていることを実証してみせた，まことに面白く貴重な記録である．

フランク王国のラテン語

8世紀ヨーロッパで政治的文化的に一番強力であったのは，アーヘンを首都とするカロリング朝フランク王国である．そこにおける公的文書はすべてラテン語であった．また，正統アタナシウス派の教説を信奉することでローマの教会と緊密な関係を作り上げていたので，フランク国の教会の典礼言語はもちろんすべてラテン語であった．

しかし，ラテン語そのものについての知識はかなり低下していた．役人のみならず，聖職者ですら単純な単語の性の間違いを犯すことが報告されている．面白いのは，ローマ神話の愛の女神ウェヌス，綴りはVenusで英語ではヴィーナスとなるものにまつわるエピソードである．この単語の語末の-usはラテン語の男性名詞の語尾につくものである．それで，ウェヌスを男神と考えている聖職者がいたらしいのである．また，正しい発音も教えられずにいたから，教会の典礼においてラテン語聖書の句を朗誦するさいにも，その発音は古典ラテン語のそれとはかなり隔たっていた．

フランク国とは，元来がゲルマン人の一部族フランク族が西進してガリア，現在のフランスの地を中心として5世紀末ころに建てた国であり，その支配者層の本来の言語はゲルマン語派の一種フランク語である．しかし，ガリアの地を領土とした結果，フランク人臣民も征服民であるガリア人（フランス語式にはゴール人）に根付いていた言葉，つまりラテン語の子孫でフランス語の祖先であるものに徐々に同化してい

った．フランク語で文書が作られることは皆無であった．現在フランク語の資料はごくわずかの単語が残っているだけである．なんといってもローマ帝国が残した文化の威信は非常に高かった．

フランク国の民衆の言葉はラテン語の変化したものであるから，文字が読めた人にはラテン語聖書のような文書の意味は取れたはずである．しかし，それを何百年も前の人と同じように正しく発音することはできない．正しく書くことはもっとできない．誰かがそれを教えなければならないのである．

アルクイン先生の登場

この当時，ラテン語が現在のフランス語のように発音されていたらしいこと，たとえばhの文字は発音されず，また語末の子音も発音されなくなっていたことが，ある書物からわかる．それは，アルクイン（735ころ～804）の表した『正書法について』という書物である．

フランク国の王でその領土を大きく拡大し，後にローマ教皇から西ローマ皇帝の称号を受けるシャルルマーニュ帝（国王在位768～814）は，自国の文化的威信をも高めようと国内外の各地から高名な学者をその宮廷に招いた．アルクインはそこに招かれた学者の一人で，イングランド出身のアングロ・サクソン人である．彼が辺境の地から大陸の文化の中心地に持ちこんだ古い知識は，その後のラテン語の教育に大きな影響を与えた．彼のほかにも学者たちがかなりの啓蒙活動を行い，シャルルマーニュの宮廷から一種の文化復興現象が生じたので，それをカロリング朝ルネッサンスと呼ぶことがある．

シャルルマーニュに招かれた文化人には，他に同族フラン

ク人のアインハルト（770ころ〜840）がいた．彼の書いた，中世ラテン語の代表的書物として有名な『シャルルマーニュ帝伝』によると，帝の日常の言葉は母語，つまりゲルマン語系であったが，それを話すのと同じ程度にラテン語を話したとある．この時代の宮廷は，ふたつの言語が並んで使用されるバイリンガルな様相を呈していたので，シャルルマーニュはガリア系の民衆の言葉も話した，という意味であろう．ラテン語文書を読んで理解することもできたらしい．ただし，書けなかった．ラテン語で公文書を書くためには専門の役人がいたから，自分で書く必要はないのである．

シャルルマーニュのことをチャールズ大帝と記している書もあるが，これは英語読み．シャルルマーニュはフランス語式名称で，ラテン語での呼称カロルス・マグヌスをフランス語式に直したもの．マグヌス，マーニュの部分が「偉大な」の意味なので，英語では Charles the Great となるのである．ところで，シャルルマーニュ自身が自分の名を何と発音していたかというと，多分ドイツ語式のカルルかカールであろう．この伝記の邦訳は国原吉之助先生がなさっているが，それでは『カール大帝伝』である．

『正書法について』を読むと，辺境に位置していたがゆえにアイルランドから伝えられた古典ラテン語ふうな正しい発音を保持していたアルクインが，フランク国でフランス語ふうにすっかり変質してしまっていた発音と，それに応じて誤って書かれがちの綴りとを矯正しようとしている努力が目に見えるようにわかる．たとえば次のような一節である．

「否定の副詞である haud は，d の文字で終わり，語頭に息をつける．いっぽう分離接続詞は，aut として t の文字で終わり，息をつけずに書くべきである」という文がある．

つまり,英語でそれぞれ not, or を意味する haud, aut は古典ラテン語では異なった発音(「ハウド」,「アウト」)であったのに,シャルルマーニュ時代のフランスではまったく同じ発音,「オ」になっていたことがこれでわかるのだ.フランス語では [h] の音はなく,また語末子音を発音しないこと,au はオと発音することを知っている人にはすぐに納得できる現象であろう.ラテン語を読むときには,綴りの違いで意味の違いはわかる.しかし,それを書こうとするとき,記憶のなかではふたつの単語の発音は同じ「オ」なのだから,正しく綴れないことが生じるのである.

「腹」は alvus と v を用い,「白」は albus と b を用いよ,という文がある.また,副詞の「二度」は bis で,名詞の「力」は vis だ,という注意がある.要するに,当時 [b] が摩擦音化して [v] のように発音されていたことが明らかになる.ラテン語 habere「持つ」はフランス語では avoir になっている.

「等しい」は aequus で「馬」は equus だ,とあるのは,二重母音の ae が発音されずに e と同じになっていたことを示している.

アルクインは古典ラテン語的発音の仕方と正しい綴り法を説くのみならず,それに加えて,動詞の活用の規則をも丹念に説明する.

アルクインの時代のイギリス(ブリテン島)の言語は古英語,別名アングロ・サクソン語であり,ラテン語とは非常に隔たりがある.だから,アルクインは直感によってではなく,客観的にラテン語を理解し,それを分析的に説明する論理を持っていた.これはルネッサンスの当時におけるエラスムスやトマス・モアの活動においても同じである.そして,近代

においても西洋古典学の伝統はラテン語の子孫を話している国ではなく,ドイツやイギリスがその本場なのである.

アルクインが生まれた年に死んだイングランドのベーダにも『正書法について』や『韻律学について』なる書物があり,発音,文法の規則が丹念に書かれている.これは,アングロ・サクソン人学生のためのものであろうが,しかし,フランク国人にも役立ったはずだ.ベーダの『正書法について』には,アルクインの『正書法について』のものと同一の句が並んでいることがあるから,アルクインがベーダをそのまま役立てたのかもしれない.

アルクインの努力で,ヨーロッパの中心地にラテン語の正しい知識が復活した.しかし,発音に関しては限界があった.hはやはり発音されなかった.「私に」のmihiがmichiと書かれがちなのは,「hを発音せよ」と注意を喚起しているのであろう.ce, ci, ge, giにも,正しいケ,キ,ゲ,ギは復元できなかった.相変わらずチェ,チ,ジェ,ジと発音されつづけた.二重母音や二重子音を文字どおりに読む正しい読み方も復活しなかった.

しかしともかくも,ラテン語の子孫言語を母語として暮らしていたフランク国の人が,それとは無関係のはずのアングロ・サクソン人によって祖先言語の発音を矯正される.これはつまり,ラテン語は死語であってもはや外国語として学ぶほかはない言語であることの,遅まきながらの確認である.

このようにして,学ばれて書かれたラテン語が「中世ラテン語」と呼ばれるものである.このようなラテン語で,聖俗双方の分野でさまざまな文献が生まれた.それは,語彙,文法に関して古典ラテン語とまったく同じものとは言えない.特に,語彙に関してはそうである.すでに何度か触れたとお

り，新しい単語が生み出されつづけたのだから．しかし，中世ラテン語を古典ラテン語とは別なものとして学ぶのは無意味である．すでに書いたように，ラテン語とは実に均質な言語なのであって，古典ラテン語を学べばラテン語文書はすべて読める．そして，これは余計なことかもしれぬが，ラテン語の知識はフランス語，イタリア語，スペイン語その他のロマンス諸語を学ぶさいの計りしれぬ力となる．

XI 中世ラテン語

9世紀,ラテン語はもはや外国語として学ばなければ,フランス人にもイタリア人にも書けはしないのだと納得されたとき,民衆が話している言葉をそのまま書き記した文献が,各地でぽつぽつと出はじめる.しかし,それらは歌謡のような,あくまでも民衆的な目的のための使用である.宗教,法律,哲学,歴史などの真面目な分野において,自覚的にラテン語以外の民衆の言を用いることは長く現れなかった.分野によって民衆の話し言葉とラテン語とは使い分けられていたのである

1 俗語文献の誕生

なお,このような事情を記述するさいにラテン語以外の言語に「俗語」という表現を使うことがある.ラテン語で民衆的な言葉遣いをsermo vulgarisと言い,そのvulgarisを直訳した表現である.ダンテが著した詩論書 De Vulgari Eloquentia が『俗語詩論』というタイトルで訳されているのがその一例である.だからそれは,卑しい劣った言語の意味ではなく,あくまでも「民衆語」の意味である.ダンテ(1265〜1321)は,その主作品『新生』『饗宴』『神曲』は俗語で書いても,詩論書にはラテン語を用いたのであった.イタリア・ルネッサンスの他の二大作家,ボッカッチョ,ペトラルカにしても,同様の二言語の使い分けをしている.

ロマンス語圏で，哲学や科学のような真面目な内容の書物を俗語で書き表すことがなされはじめたのは13世紀も終わりで，それはスペイン，マヨルカ島生まれの神秘主義的哲学者ラモン・ルリュ（Ramon Lull. 1233ころ〜1316. 英語ではRaymond Lully）の著作が最初である．

　民衆が話している言葉そのもので書かれる書物は各地で現れた．しかし，ヨーロッパ全体で通用する言語としては，唯一中世ラテン語のみが9世紀から18世紀まで君臨していたのである．単に文書のための言語としてではない．16世紀のはじめまでは，それはヨーロッパ各国の君主，外交官が会話のために用いる国際語でもあった．

　ラテン語は特に哲学，科学の分野で長く必須の言語でありつづけた．哲学者，科学者にとってそれが有用であったのは，それ以前の長い歴史のせいでそのすべての語の意味が厳密に定義されていたからである．なによりも正確に，簡潔に書くべき書物のためには，学者が日常話している言語は役立たなかった．ニュートン（1642〜1727）のラテン語についてはすでに触れたが，他の自然科学者，ポーランド人コペルニクス（1473〜1543），イタリア人ガリレオ（1564〜1642），ドイツ人ケプラー（1571〜1630），スウェーデン人リンネ（ラテン語式にはリンナエウス，1707〜78）らもすべてラテン語で著作している．リンネが始めた生物学的分類による学名がすべてラテン語式であるのは，当然の結果なのである．

　哲学においては，デカルト（1596〜1650）をその実例として挙げておけばよいであろう．彼はフランス語でも著作したが，その最も重要な業績である『省察』はラテン語で書かれた．有名な，「われ思う，ゆえにわれあり」という句はCogito, ergo sum. というラテン語である．

2 中世ラテン語散文

長いヨーロッパ中世において、多数のラテン語の書物が生まれ出た。それらのなかから、日本人になんらかの形で親しみうる散文作品をひとつ、詩作品をひとつ紹介しよう。

芥川龍之介と『黄金伝説』

散文の作品としては、13世紀中ころにイタリアで成立した Legenda Aurea『黄金伝説』である。

日本人にこの書名が広く知られたのは、芥川龍之介が大正7年(1918)に発表した短篇『奉教人の死』の巻末の次の一文からではなかろうか。

> 「予が所蔵に関る、長崎耶蘇会出版の一書、題して『れげんだ・おうれあ』と云ふ。蓋(けだ)し LEGENDA AUREA の意なり。されど内容は必しも、西欧の所謂(いわゆる)『黄金伝説』ならず。(中略)体裁は上下二巻、美濃紙(みのがみずり)摺草体交り平仮名文にして印刷甚しく鮮明を欠き……」

もちろんこれは芥川一流の韜晦(とうかい)であって、このような書が存在したわけではない。だから、『奉教人の死』の記述のほとんどは芥川の創作である。ところが、実際にいわゆる切支丹(キリシタン)版の『れげんだ・おうれあ』なる書物が実在すると信じて探索した人がいたらしい。しかし、『広辞苑』の編者である新村出(しんむらいずる)博士のような専門家はそれには少しも騙(だま)されなかった。なぜなら、キリスト教宣教師が来た時代にラテン語 legenda の ge がゲという古典ラテン語的発音で読まれてい

たはずがないことを、言語の専門家なら誰でも知っていたからである。芥川のラテン語の知識は教会を経由したもの、つまりgeをジェとイタリア語式に発音するようなものではなくて、大学における正統派の学習によるものであったから、かえってこのような見落としをしたのであろう。新村博士は大正14年の『南蛮広記』に収められた小品でこのことに触れて、「原名にしてもレゲンダ・オウレアはまずい。どうしても『れぜんだ・あうれや』と読ませるほうがさらにまことらしく見えてよかったものをと思う」と書いている。

さて、その『黄金伝説』であるが、これは芥川が『奉教人の死』で書いたような無名の切支丹信者にまつわるお話ではなく、古代中世のキリスト教聖人の伝記の一大集成である。単に聖人たちの生い立ちや事績を語るのみならず、そのなかに数奇な、ときには奇想天外なお話が織りこまれており、歴史的資料としての価値はないが読み物として面白く、かつ民話の民間伝承の研究の点からも貴重な書物となっているのである。そのラテン語は理解しやすいものではあるが、古典ラテン語の規範からすると多少「だらしない」とも言える。作者は北イタリア出身の修道士で、その呼び名はいろいろあるのだが、多くラテン語式にJacobus de Voragineと綴られる。邦訳ではそのとおりヤコブス・デ・ウォラギネとされているので、ここでもそれを踏襲することにする。

この原書が1270年ころに世に出るや、それは直ちに多くの読者を魅了し、また多くの言語に翻訳もされた。グーテンベルクの工夫による金属活字印刷が始まった直後の、15世紀後半から16世紀はじめのヨーロッパで、最も数多く印刷された書物がまさにこの『黄金伝説』の各国語版であったのである。だから、そのなかのお話の多くは現代においても西

洋人にとっては親しいものになった．ラテン語が，知識層のみならず庶民にとっても影響を与える汎ヨーロッパ的な共通語であったことの証左である．

イギリスにおける活版印刷の創始者であるウイリアム・カックストンは，自身翻訳もこなす知識人であり，彼による英語訳（1483年）がその後長くイギリスでの『黄金伝説』の定訳であった．日本でも1979～87年に前田敬作氏他によって全文が翻訳刊行されている（人文書院刊）．

ところで，『黄金伝説』そのものではないにしても，いわゆる「切支丹版」には日本語に翻訳された同種の聖人伝はあったのである．芥川はその存在も知らなかったのかもしれない．それは『さんとすの御作業』で，さんとすとは Sanctos, つまり聖人である．ただし芥川が示唆したようなひらがなではなく Sanctos no Gosagueô のごとくアルファベットで題名が書かれており，当時の日本語の発音をかなり正確に教えてくれる貴重な資料のひとつである．ただしこれは，その伝本がたった1冊しか存在しないという，稀に見る稀覯書である．

芥川は翌大正8年にも，『れげんだ・おうれあ』云々の同様の文言を冒頭に掲げた上で『きりしとほろ上人伝』を発表している．この「きりしとほろ」とはクリストポロスで正真の聖人であり，ウォラギネの『黄金伝説』にも，『さんとすの御作業』にもこの話はある．『奉教人の死』に粗筋を提供したであろう聖マリナ童貞女の話も同様である．芥川は多分，上記のカックストン訳の英語版からこれらの話の知識を得たのであろう．

3　中世ラテン語詩

　哲学,法学のごとき堅い分野だけではなく,詩もラテン語で書かれつづけた.しかし,それは古典ラテン語のそれとは同じにはならなかった.言語の性格が変わってしまったからである.ここでは,中世ラテン語の詩集としては最大のコレクションであり,かつ20世紀の作曲家カール・オルフが曲をつけたことでなおさら有名となった『カルミナ・ブラーナ』を取り上げるのであるが,その前に詩と韻律の関係について述べておかなければならない.

中世ラテン語詩の韻律

　古典ラテン語の詩の韻律は,母音の長短に基づく音節の長短を規則的に交替させることからできている.しかし,俗ラテン語の時代になると,その発音から母音の長短の区別は消えた.現在,フランス語にもイタリア語にもスペイン語にも母音の長短の区別は存在しないし,それを区別して聞く耳を持った人も少ない.

　人々の発音から,また聴覚から母音の長短の区別が消えてしまうと,詩を読んでも音楽性は聞こえなくなってしまう.ラテン語の文法的知識のみ残って音楽的感覚が変わってしまえば,詩の性格もおのずと変わらざるをえない.

　中世以後のラテン語詩は大まかに2種に分けられる.古典ラテン語的母音の長短を,少なくとも知識の上で知って,それを考慮にいれて古典ラテン語の規範に則って書く詩と,当時の強弱アクセントの発音をそのまま受け入れて長短は無視し,単に1行の音節数を揃えることとアクセントの位置のみ

に気を配って,それを補う別の音楽的要素(たとえば脚韻)を用いて韻律を作り出す詩である.

前者を長短詩,後者を強弱詩と呼ぶことにするが,中世で主流であった強弱詩は6世紀にはすでに誕生していて,その後長く続く.『カルミナ・ブラーナ』は強弱詩の詩集である.

長短詩も書かれつづけたがそれを完璧に古典ラテン語式にすることは難しかった.当時の人間の発音では母音の長短は知識として暗記するほかはない.ちょうど日本人の学んだ漢文では中国語の四声(漢字の4種のイントネーション)を知識として学ぶほかはなかったのと同様である.だから,間違いが起こることもある.

おまけに長短詩は,それを読む側の人間にも音楽的要素が感じられにくかったので,そのなかに脚韻をも導入することもなされた.レオ式脚韻(Leonine Rhyme)と呼ばれるものがその一例である.これは各行において,その中間の語の切れ目(caesura)と行末とが韻を踏む形式である.ここに,14世紀程度の作品で,イスカリオテのユダの数奇な運命を歌う長詩の一部を掲げる.斜線がcaesuraの位置である.それぞれにurat, oreという脚韻がある.

> Femina cui iurat／"haec visio vera figurat,
> quam miro more／vidi sopita sopore".
> 女は彼に誓う.「この夢は真実を表すもの,物憂くまどろむ私に,なんと驚くべき仕方で見えたことか」

これは,ウェルギリウスやホメロスの叙事詩の韻律「ダクテュロス6脚韻」をまねているのだが,母音の長短はかなりでたらめである.アクセントの交替もリズミカルではない.

詩として朗誦するには別の音楽的要素，つまり1行内の脚韻が必要だったのである．

『哀しみの聖母』

強弱詩の有名な例のひとつは，13世紀のフランシスコ会修道士によって作詞され，その後パレストリーナ，ハイドン，ロッシーニ，ドボルザーク等が曲をつけることで合唱曲として生命力を得た Stabat Mater（『哀しみの聖母』と訳されている）である．その第1連は以下のようである．

> Stabat mater dolorosa
> Iuxta crucem lacrimosa,
> 　　　Dum pendebat filius,
> Cuius animam gementem,
> Contristantem et dolentem
> 　　　Pertransivit gladius.

> 母は悲しみに満ちて立ちつくした．
> 十字架の脇に，涙ぐんで
> 　　　ひとり子が吊り下げられているその間．
> 呻き声の絶えぬその子の心臓を，
> 人を嘆かせ苦しませる心臓を，
> 　　　剣が刺し貫いていた．

この詩は，aabccb式の脚韻のある，音節数が8，8，7，8，8，7の6行がひとつの連（スタンザ）をなしていて，それが10連だけ重ねられている．古典ラテン語詩での通例である，母音連続のさいにいっぽうが読まれなくなる規

則は使われていない．つまり，古典ラテン語詩とは似ても似つかぬものである．しかしながら，各行においてアクセントが整然と交替するように配置されているので，古典ラテン語を知る者にとっても音楽的流れが明瞭に感じられる作品である．

強弱詩においては，古典ラテン語詩にあった複雑な韻律の分類は無意味になったので，代わりに1行の音節数によって韻律を分類することになった．音節数が8であるなら，オクトシラビック（8音節詩），7であるならヘプタシラビック（7音節詩）と呼ぶ．このような種類の詩が，聖俗の分野を問わず多く書かれ，歌われたのである．

『カルミナ・ブラーナ』

さて，『カルミナ・ブラーナ』である．これは，Stabat Mater のような宗教的性格のない，まことに世俗的内容を持つ詩集である．作者は Goliardi と呼ばれた無名の詩人たちで，Goliardi の語源は不詳であるが，ともかく，ある程度の学問は修めながら正業にはつかず各地を放浪して歩いた人々である．

大学の設立に代表される，知的，文化的な動きが起こりつつあった12世紀ヨーロッパでは，学問を修めた若者が多数生まれはじめた．しかし彼らの一部は，大学や教会のしかるべき地位を得られぬ落伍者となったのである．この中世落ちこぼれ組は，受けたラテン語教育を資本に流浪の生活のなかで詩を作ることで生きる糧を得ていた．多くの場合，酒場で酒の歌や聖職者を皮肉る歌を歌って金を稼いでいたらしいのである．彼らが Goliardi である．

13世紀の末ころ，主にドイツとフランスの Goliardi の詩

『カルミナ・ブラーナ』写本中の挿絵

　約200篇がドイツ，バイエルン地方のある修道院において編纂されていた．中世ラテン語の世俗詩の集成としては最大のものである．それが19世紀はじめになって発見され，Carmina Burana として公刊された．これは『ボイレン歌集』の意味のラテン語形で，修道院の名 Benedikt Beuren から名付けられている．

　その中身は大別して3部にわけられる．世間智を皮肉に歌うもの，恋愛を謳歌する歌，そして，酒を讃える歌で，詩形はすべて強弱詩である．ここにわれわれは，公式文書からはうかがい知れぬ，教育も才能もありながら世に容れられぬ中世の人々の哀歓を読みとることができる．

　20世紀になって，『カルミナ・ブラーナ』は突然脚光を浴び，21世紀の今日でもこの詩集への注目は消えることはな

い．それは，1937年ドイツの作曲家カール・オルフがそのなかから24篇を選んで曲をつけ，劇場用音楽として発表したからである．ここでは，彼がその音楽作品の最初と最後に置くことを選んだ詩の一部を紹介する．原文は3連からなっているのであるが，その最初の1連である．

O Fortuna	ああ運の女神よ
velut luna	お前はまるで月であるか
statu variabilis,	その有様は変わるばかり
semper crescis	満ちるかと思えば
aut decrescis ;	またも欠けて行く．
vita detestabilis	生とは憎きもの
nunc obdurat	ときに苛酷に
et tunc curat	今度は甘やかして
ludo mentis aciem	人の知力をもてあそび，
egestatem,	貧の極みであれ
potestatem	権勢であれ
dissolvit ut glaciem.	溶かすこと氷のごとし．

この詩は，詩集としての『カルミナ・ブラーナ』の冒頭の詩ではない．しかし，この詩集全体の雰囲気を特徴づけていると言えるのは，写本の第1頁にある挿絵が，大きな輪 rota の中心にいてそれを操っている運の女神 Fortuna を描いているものだからである．大きな輪は時計回りに回るらしく，輪の真上には今現在ときめく者，その右下には運から転落した者，真下には運に縁なき者，左下にはこれから運に昇らんとする者が描かれている．

Fortuna については，古代から多くの文言が吐かれたこと

は，第8章で述べた．輪（車輪でも機械仕掛けの輪でも拷問のための輪でも，ともかく回転する輪）を運命の変転の図像化と考えることは，すでにキケロにある．『ピソ弾劾演説』で彼は，「運の回転（fortunae rota）をこそ恐れるべきである」と演説している．

そして，類似の表現は英語における fortune's wheel として生き残っている．ただ惜しむらくは，すでに述べたが，英語の fortune はただの抽象名詞で，輪を回転させている力の生き生きとしたイメージを喚起することはできないのである．

XII 終章 その後のラテン語

14世紀のイタリアにおいて,ギリシア・ローマ文化の真の再発見運動が起こる.いわゆるルネッサンスである.それはゆっくりとヨーロッパ各地へと伝わっていく.ラテン語の正しい知識のための啓蒙運動もルネッサンス期にふたたび起こる.

オランダの人文学者エラスムス(1469ころ~1536)は,熊とライオンの対話という形のなかにユーモアと皮肉をたっぷりとつぎこんだ楽しい書物『ラテン語とギリシア語の正しい発音についての対話』で,当時各国でばらばらに発音されていた古典語をいかに正しく読むべきかをていねいに解説している.たとえば彼は,対話者の熊に ce, ci が正しくケ,キと発音されていないことを嘆かせている.これは彼の古典学の知識の深さと,同時に言語への洞察力の鋭さを証明する書物で,彼の考察の一部は,18世紀に始まる比較言語学のさきがけをなすものである.

1 ルネッサンスのラテン語とその後

ダンテの言語論

すでに述べたように,イタリア・ルネッサンスの代表的文化人ダンテ(1265~1321)は俗語とラテン語の双方で著作をしている.ここで面白いことは,ダンテにはまだ,自分たちが話している言語,つまりイタリア各地の諸方言やフランス

語,スペイン語とラテン語との歴史的関係が明白には把握されていなかったことである.

ダンテは『俗語詩論』においてまず,ヘブライ語が原初の唯一の言語であり,それがバベルの塔の崩壊を機として分裂したという旧約聖書的な言語観を受け入れる.言語分裂の最終的結果が,ダンテが知ることになった当時のヨーロッパの複雑な言語地図である.

ダンテは,自分の知っている諸言語に共通性と差異性とをみて3種の言語類を分類しているので,言語変化の歴史性にある程度は気づいていたようだ.3種とは,今の用語で言うとゲルマン語派(ただしハンガリー語もそこに入れている)とロマンス諸語とギリシア語である.

彼は,スペイン語,フランス語,イタリア語を同族とみなす.それらは deus「神」その他の単語を共有しているのだから,ひとつの同じ言語 ydioma から「進んできた」のは明白だというのである.ここまではまったく正しい推論である.

ところが彼は,その「同じ言語」がラテン語であるとは言わないのである.彼によると,人間は生まれて後,周囲の人々の話す言葉を覚えてそれを話しはじめる.だから,各地で異なった民衆語「俗語」がある.それらは,「なんの規則もない」言語である.しかるに,ある言語において人は,この俗語から派生した「二次的言語活動」を持ちうる.それをローマ人は「文法」と呼んだのであって,その規則と知識を会得するには時間と熱意が要る,と言う.ギリシア人も同じことをした,と.

ここで言われている grammatica「文法」とは「ラテン語」のことである.ラテン語のことを文法というふうに呼ぶことはこの時代には普通で,ラテン語は歴史的に実在した1

言語ではなく，人工的な規則の集成であると考えられている．ダンテは，現代の用語を用いて言い換えると「ロマンス諸語は同じ言語から進んできた」と言いながら，ラテン語が実はその祖先言語であり，歴史のなかでそれが地域ごとに異なった発展をした，という認識にはまだ到達していなかったということである．

　もう一人の文化人，ペトラルカ（1304〜74）は，古典ラテン語文学の賛美者であり，ラテン語の作品を多数残している．彼とラテン語写本との関係は，第10章1節「ラテン語書物の保存」で述べた．

　北ヨーロッパに波及した16世紀ルネッサンスの巨人の一人は，オランダのエラスムスである．彼については，最も有名な『痴愚神礼讃(ちぐしんらいさん)』をはじめとする膨大な著作がすべてラテン語であったということを述べておくにとどめる．ところで，エラスムスのラテン語は，少なくとも筆者には，かなり読みにくいものであって，これをすらすらと読めるようになりたいものだと思いながら年齢を重ねていくばかりなのが実情である．

　イギリスのミルトン（1608〜74）の代表作『失楽園』その他は英語であるが，彼はラテン語でも散文と詩を書いている．

　純粋の文学の分野で，余技とか手習いとしてではなくて，自己の真の作品のためにラテン語を用いた最後の人は，このミルトンであったかもしれない．

　哲学，科学の分野では18世紀に至るまでラテン語が主要言語であったことはすでに述べたとおりである．

近代のラテン語詩

自己の真正の芸術作品としてではなく，一種の習作としてならば，ラテン語で詩を作る試みはその後も，21世紀に至るまでも，止むことはない．

近代のラテン語詩というと，筆者には真っ先にボードレールの『悪の華』にある唯一のラテン語作品が思い浮かべられる．筆者はフランス語専攻ではなかったが，フランス語科の授業に潜りこむことがあった．ボードレールの『悪の華』の講読にも末席に連なっていた．35年ほど前のことである．『悪の華』の第60詩「わがフランシスカへの讃歌」Franciscae Meae Laudes は，1821年生まれのボードレールの36歳のときの作である．古典ラテン語の詩形からはほど遠い，脚韻のついた8音節を3行連ねて1スタンザとし，それを11連ねた詩である．

その第1，2連は次のようなものである．

> Novis te cantabo chordis,
> O novelletum quod ludis
> In solitudine cordis.
>
> Esto sertis implicata,
> O femina delicata,
> Per quam solvuntur peccata!

堀口大學訳ではこうなっている．

> 新しい立琴を把つてそなたを歌はう
> おお，孤独な僕の心の中に

XII　終章　その後のラテン語

さんざめく若木よ，
花飾身につけよ，
罪もおかげで赦(ゆる)される
おお，婀娜(あだ)の女よ！

　この詩には比較的長い自注があって，ボードレールはこのような言語を「ラテン語が頽落(たいらく)した最後の時代の言語」と呼び，それを「昔は強壮であった人間が，今やさま変わり霊的生活へ入る用意のできたとき，彼がする最後の晩餐(ばんさん)」にたとえている．そして，近代の詩的世界が理解し感じ取った情熱を表現するにはこの言語が特に適しているのではないかと言っている．

　さて，ボードレールより30年以上遅れて生まれたランボー（1854〜91）にもラテン語詩はある．早熟なこの詩人は14歳のときに，ラテン語詩のコンテストで優秀賞を取っているのである．ボードレールの強弱詩とは異なり，明らかに古典詩を模倣したもので，ホメロスやウェルギリウスと同じ「ダクテュロス6脚韻」で60行も続く力作である．しかし，やはり母音の長短が古典語とは異なっているのがご愛敬(あいきょう)に見える．

　出てくる固有名詞（ホラティウスの教師であったOrbilius）から，ホラティウスの書簡詩第2巻を参考にしていることがわかるが，古典ラテン語の知識だけでは，筆者にはこの詩はよく理解できない（辞書にはない言葉がある）ことを白状しておく．原文は省略する．

273

2 日本人とラテン語

戦国時代のラテン語

ところで,日本人は歴史上ラテン語とどのような関係を保っているのだろうか.

日本人がラテン語を学ぶ機会を持ちはじめたのは戦国時代,キリシタン宣教師が来日したときである.その時代にラテン語が日本人によってどの程度学ばれたのか,それを筆者は第一次資料で調べてはいないので,松田毅一氏の『日本巡察記』解題(平凡社,1973)や,若桑みどり氏の『クアトロ・ラガッツィ』(集英社,2003)等から知った事柄を引用させてもらう.ともかく,『日本巡察記』を表したアレッサンドロ・ヴァリニャーノ(1539〜1606)が設立した学校であるセミナリオやコレジオにおける教科のなかで,ラテン語は大きな位置を占めていた.そして,そこの名簿に「ラテン語が優秀」との評価を書かれた日本人生徒もいた.なかでも,有名な「天正少年使節」の四人の一人,原マルチノ(1568?〜1629)は特に優秀であったのであろうか,彼らがヨーロッパ各地の旅からインドのゴアにまで帰還したとき(1587年)にラテン語で演説を行っていてその原文が残っている.マルチノはその後日本でラテン語教師となり,ラテン・ポルトガル・日本語辞書の編集に携わり(1595年),ラテン語宗教書の翻訳,出版まで行っている.

その他に,詳細は知らないのだが,17世紀のマニラ刊行の書にはミゲル・ゴトーという日本人司祭の作のラテン語詩があると読んだことがある.ともかくこれらの例を見ると,この時代においてすでに一部の日本人には相当程度ラテン語

が学ばれていたことがわかる．しかし周知のごとく，その伝統は半世紀程度で断たれてしまう．原マルチノは弾圧を逃れてマカオへ亡命し，そこで死亡する．キリスト教がもたらした学問的要素は日本から消えるのである．

ところで，原マルチノの同時代人で，ラテン語の読み書きがポルトガル人同然にできたと一書で称揚されている女性がいる．その書は司馬遼太郎氏の中篇『胡桃に酒』で，女性とはその主人公細川ガラシャ夫人（1563～1600），明智光秀の娘で細川忠興の妻となり，最後には徳川側と豊臣側の争いの板挟みにあい，事実上の自害を強請される悲劇的人物である．司馬氏によると，聡明な彼女はキリスト教の洗礼を受けた後にラテン語とポルトガル語を独習しはじめ，「後年，彼女はこの二つの言葉の読み書きがポルトガル人同然の自由さでできるようになった」のであった．

日本語で書かれたラテン語文法書が天草で出版されたのは1594年で，彼女の死（宗教上自殺はできぬので，家臣に首を打たせた）は1600年であるから，時代的には間にあったと言える．しかし，一切外出ができず，また自邸内でも夫以外の男には姿を見せることを禁じられた大名の奥方には，ラテン語もポルトガル語も独習はまず不可能であったろうと筆者は推測する．それを「ポルトガル人同然の自由さで」とまで司馬氏が明言する根拠が何であるのか，知りたいのであるが．これは，いわゆる「筆がすべった」記述ではなかろうか．

その後日本人がラテン語と再会するのは蘭学が解禁されてのち，18世紀になってからである．前野良沢（1723～1803）らの蘭学者がオランダ語を介してラテン語に触れた形跡はあるが，それについての詳しいことは筆者は知らない．

明治以後のラテン語

　日本人が本格的にラテン語を学べるようになるのは，もちろん明治維新以後である．それからの日本における西洋古典学の受容史についてごく簡単に記すことにする．このとき，絶対に名前を挙げなければならぬ人が一人いる．それはラファエル・フォン・ケーベル博士，夏目漱石の『ケーベル先生』に親しみを込めて書かれている人である．

　ケーベル博士は1848年生まれのドイツ系ロシア人で，イエナ大学，ハイデルベルク大学で学んだ．そして東京帝国大学に招かれて1893年からそこで教えはじめ，1923年に逝去するまで日本にとどまった．

　ケーベル博士は哲学を教えるために来日したのであったけれど，それによってもたらされた最良の結果は，ギリシア語，ラテン語の専門家が養成されたことであった．博士を始祖とする，宗教を眼目としない純粋に学問的な古典学研究の伝統がその後，主として京都大学を中心として今日に至るまで続いている．

　ケーベル博士の直弟子の一人であった久保勉氏（1883～1972）の訳したプラトン対話篇は現在も岩波文庫に入っていて，後世の人の訳と交替させられていない．日本における最初の西洋古典研究の講座は，博士の別の高弟である田中秀央博士（1886～1974）によって1939年に当時の京都帝国大学に開かれた．田中秀央先生の編による辞書は，つい最近まで唯一のラテン語－日本語辞典であった．学生時代の筆者が最初に使用したラテン語文法教科書も，田中先生の手によるものであった．そのときの筆者の先生が，田中先生にも習われた国原吉之助先生で，その国原先生が，2005年に出版された画期的ラテン語大辞典（大学書林刊）の編者である．京

都大学における田中先生の後継者となったのが，その直弟子である松平千秋先生で，松平先生の弟子の末端にいる筆者はケーベル博士の曾孫弟子ということになる．

　筆者自身はまさに不肖の弟子であるとしか言いようがないが，同学の方々には，年齢を問わずまことに偉い人がたくさんおられて，他の分野の学会に出席したときに見聞する事柄と対比するとき，西洋古典学徒の末席に連なることの幸福を感じること少なくない．

水野有庸氏のラテン語詩

　さて，ラテン語で詩を創作することは現在も世界各地の好事家によってなされている．同好家の団体もいくつかあり，新しく創作した作品の国際的コンテストも催されている．

　詩心にもまた言語能力にも劣る筆者は，ラテン語詩を作るような大それたことに手を染めてはいないので，その分野における水野有庸（ありつね）氏の業績を紹介しておこうと思う．

　大谷大学で長く教鞭をとられて2008年に他界された水野氏は，一般にはプラトン全集の訳者のお一人として以外はほとんど知られていないであろうが，ラテン語教育とラテン語詩創作に関しても無視しえぬ実績を持った方である．

　水野氏は，かつて京都大学で非常勤講師として長年ラテン語教育に奮闘してこられた．氏はまた，完全に古典ラテン語の形式で詩を創作することを続けてこられて，その作品のいくつかはヨーロッパのラテン語に関する専門誌 *Melissa, Vox Latina* 等に掲載されており，それらはまとめられて『古典ラテン詩の精』として出版されている（近代文藝社，1994年）．

　氏は，1985年に当時の西ドイツ，アウグスブルク市で開催された Ludi Latini という，ラテン語文化全般に関する祝

祭的行事に日本人としてただ一人参加された．日本人の参加は大いなる感嘆を呼んだらしく，すべてがラテン語で進行するその反時代的行事を面白く扱った『タイム』誌の１頁を費やした記事には，水野氏の詩の朗誦のことが詳しく述べられていた．すでに触れておいたが，ラテン語詩を忠実にオウィディウス，ホラティウスの時代と同じように朗誦するには，日本語話者ほど適切な人間はいないのである．

西脇順三郎氏のラテン語詩

　水野有庸氏のラテン語詩は，まさに「知る人ぞ知る」ものである．それ以外の人にとっては，日本人の書いたラテン語詩として知られているものがあるとすれば，それは大詩人西脇順三郎氏（1894〜1982）の詩集『Ambarvalia』に収められた「拉典哀歌」の一篇「哀歌」に添えられた14行のラテン語作品であろう．西脇順三郎氏はオックスフォード大学で学んだ人で，在学中に，またその後にもラテン語詩の創作を試みたことは自ら幾度か述べている．

　さて，この作品「哀歌」であるが，それを日本の高名な文芸評論家，学者はエレゲイア詩形に則って書かれていると解釈している模様である．エレゲイアは英語ではエレジー elegy で，これは一般に「悲歌，哀歌」と訳される語である．ここで確認しておかねばならぬのは，エレゲイアは決して「悲しい歌」ではないのであって，第６章５節「オウィディウス」で解説しておいたようにギリシア・ラテンの詩の伝統に沿った韻律の形式の名前であるということである．

　そして，詩への才能の多寡は問わずともかくラテン語を正しく学んだ者の目からは，この西脇氏のラテン語作品「哀歌」は，韻律上確かにエレゲイアらしく見せてはいるのだが，

エレゲイアにはなっていないことが見て取れる.

理由は簡単である. どんな詩形であれラテン語で詩を書こうと思うなら, まず知らなければならぬのは母音の長短の区別で, それを詩形に定まった規則で配列しなければ詩にはならない. 少なくとも古典ラテン語の詩には. ところが西脇氏は母音の長短の区別を忠実に守ってはいない. 簡単な実例を挙げると, この詩の最初の語 rosa「薔薇」の正しい発音はロサであるのに, それをローサと読まなければエレゲイア詩の韻律には合わないのである. 同様の誤りはほかにもある.

この程度の間違いなら無視してもよいと考える人がいるならば, それはちょうど, 元総理大臣が作って中国政府要人に示したような, 平仄(ひょうそく)の合わない漢詩を正統な漢詩であると考えるようなものである. 少なくともこの詩について「はっきりエレゲイア特有の韻律を守っている」などと書く英文学者, 評論家は, ラテン語詩についての無知をさらけ出していることになる. 西脇氏の名誉のために付言すると, 氏は題を「哀歌」としただけで, それをエレゲイア詩形であるとは自身では言っていない.

なお, この問題については, 神戸大学助教授山沢孝至氏が懇切な解説を行っている(神戸大学「近代」発行会,『近代』75号. 1993年).

3 21世紀のラテン語

ヒッピーはラテン語では

ラテン語は読まれつづけるだけではなく, 永久に書かれつづける. それはすでに見た. しかし, 書かれるだけではそれが生きていることにはならない. それが一定の人間集団の間

で音声を伴って使われているのでなければ．そしてそういう集団は，ある．

　すべての局面においてではないにしてもラテン語が「話される」社会，それはヴァチカン市国である．ここでは，ローマ教皇の公式文書はすべてラテン語で起草される．そして，当然予想されることだが，そのためには現代にのみ存在する事物，事象のための単語も必要になる．

　だから，新しいラテン語単語を作り出す委員会が存在するのだそうである．筆者は，この問題に関して特に詳しい探求を行っておらぬので，少し前に読んだ雑誌記事からの引用だけをする（イギリスの *The Economist* 誌，2003年12月18日号）．「大量破壊兵器」は universalis destructionis armamenta で，これはまさに文字どおりでよくわかる．

　「ラッシュアワー」は tempus maximae frequentiae だそうである．これも「最大限の人混みの時間」でわかりやすいが，苦労の跡が見える．

　sonorarum visualiumque taeniarum cistellula，つまり「音と映像のリボンの小箱」が「ビデオカセット」のためのラテン語であるとなると，あまりに長すぎて，ラテン語の美点であるはずの簡潔さはどこにも見えない．面白いのは，conformitatis osor，つまり「従順を憎む人」で，これは「ヒッピー」のことであると．

　このような特別委員会の仕事の結果は *Lexicon Recentis Latinitatis* という700頁にもなる書物となって出版されている．

　近現代文学がラテン語に翻訳されることもあるようである．昔，書店のカタログでいくつかの例を見つけたことがあるが，筆者は手に入れる努力をしていない．ルイス・キャロルの

『不思議の国のアリス』ならば，ラテン語版が web 上で読める．

ラジオ，インターネットとラテン語

さて，ラテン語によるラジオ放送もある．イタリアからかと思うとそうではなくで，なんとフィンランドが発信地である．フィンランドの言葉（英語で Finnish, あるいは Suomi）はウラル語族に属していてラテン語を含む印欧語とは無関係なのに，つまりラテン語からは日本語ほどにも遠いのに，そんなことが行われているのである．

フィンランドの放送局 Radiophonia Finnica Generalis が，毎週5分間のラテン語による放送 Nuntii Latini（まさに「ラテン語ニュース」だ）をしている．それは世界中に流されていて，しかもその内容はインターネットを通じて読むことができる．筆者は放送そのものは聞いていないので，どのような発音でニュースが読まれているのかは知らない．

関心ある人は，たとえば Google で Nuntii Latini を検索して，出てきたところにアクセスしてみるとよい．内容は，通常のラジオニュースと同じで，現代のさまざまな話題，深刻なもの，楽しいものが混在している．

なお，ラテン語に関してもインターネットは情報の宝庫である．関心ある人は

http://www.latinteach.com/
http://www.latinitatis.com/
http://guide.supereva.com/latino/
http://www.thelatinlibrary.com/

のようなウェブサイトにアクセスしてみるとよい．ラテン語

に関する実にさまざまな情報が手に入る．三番目のものはVittorio Todiscoというイタリア人の個人の手によるものらしく，説明はイタリア語であるが便利である．たとえば，今も行われているラテン語詩のコンテストにおける最優秀賞作品が読めたりする．最後のものには，古典から中世，現代に至るラテン語テキストがかなりの量電子化されて貯蔵されている．古典に関しては信頼できるテキストとは必ずしも言えないが，当座の参照用には便利この上もない．『不思議の国のアリス』のラテン語版はここで読める．

ちなみに，「インターネット」はラテン語では interrete である．インターネット internet の inter はラテン語そのままで，net「網」はゲルマン語源なので，それがラテン語の rete「網」に置き換えられている．

最後に，ネットサーフィンをしているうちに手に入れた，芭蕉の俳句「古池や蛙飛びこむ水の音」のラテン語訳を紹介することで本書を閉じることとする，

  Insilit alta
    lacūs liquidō
      vada rāna cachinnō.

三行詩になっているが，1行にまとめるとウェルギリウスの叙事詩と同じダクテュロス6脚詩形になっている．わかりやすく語順を変えると，

  Rana liquido cachinno alta lacus vada insilit.
  「一匹の蛙，沼の深い水に飛びこむ静かなざわめき」

XII 終章 その後のラテン語

　この句の訳者はMassimo Scorsoneというトリノ在住のイタリア人．ラテン語式に書くとMaximus Scorsone Italus Taurinensisである．未知の人であった氏からこの作品を本書に引用する許可をいただくために筆者との間に文通があったのであるが，最先端の通信手段である電子メイルで往復した言葉は，もちろんラテン語であった．筆者の署名は，Kosueus Kobayashi.

参考文献

この『ラテン語の世界』を読んで,ラテン文学やラテン語に関わることがらについてもっと詳しく知りたいと思う人のために,参考図書,邦訳書を書いておきたいと思う.

最初は,ラテン文学全般に関して.
『ラテン文学を学ぶ人のために』松本仁助,岡道男,中務哲郎編,世界思想社,1995(ラテン文学全般についての概説書である)
『ローマが残した永遠の言葉』小林標著,日本放送出版協会,生活人新書,2005(ラテン語の名句を集めて解説した肩のこらない読み物であるが,その出典にまつわる事柄が詳しく書かれているので,ラテン文学,ローマ史に関する知識が増すことになる)
『ローマの愛』ピエール・グリマル著,沓掛良彦,土屋良二訳,白水社,1994(フランスにおけるラテン文学の代表的学者が,文学と歴史を題材としてローマ人の「愛」の諸相を描いた,興味深い読み物)

歴史に関して.
『ローマの歴史』I・モンタネッリ著,藤沢道郎訳,中公文庫,1996(古代ローマの起源からその解体に至る通史を面白く述べた,日本語で読めて入手が簡単な唯一の本)

個々の文学作品については,ある程度本文中に情報を書いておいた.その他,本文で言及したもののうち,入手しやすいもののみを書いておく.
岩波文庫に入っているもの.ペトロニウス『サテュリコン』(国原吉之助訳),オウィディウス『変身物語』(中村善也訳),タ

キトゥス『年代記』(国原吉之助訳)、オウィディウス『恋愛指南』(沓掛良彦訳)

講談社学術文庫に入っているもの．カエサル『ガリア戦記』、『内乱記』(共に国原吉之助訳)

ローマ演劇に関しては京都大学学術出版会から、『セネカ悲劇集』、『ローマ喜劇集』が出ており、すべての作品が読める．

キケロに関しては、その主要な作品は岩波書店の『キケロ選集』に翻訳されているし、そのうちのいくつかは岩波文庫にも入っている．

また、彼についての概説書で入手しやすいものはクセジュ文庫『キケロ』(ピエール・グリマル著、高田康成訳)がある．

セネカの哲学書の原典からの翻訳は、岩波書店によってなされつつあり、『倫理書簡集』はすでに翻訳されている．

語学に関して．

『ラテン語の歴史』クセジュ文庫．(本文48頁で紹介したが、ラテン語そのものを学んでいないと役には立たないにしても、ともかく現在日本語で入手可能な唯一のラテン語史の本)

『独習者のための楽しく学ぶラテン語』小林標著、大学書林、1992、『ラテン語文選』、小林標著、大学書林、2001 (本格的にラテン語を学びたいと思う人のための文法書と、その続編としての講読用読本)

『ラテン語のはなし——通読できるラテン語文法』逸身喜一郎著、大修館書店、2000 (この本で学んでラテン語が読めるようになるわけではないが、ともかく読んで面白い本)

『ラテン語とギリシア語』風間喜代三著、三省堂、1998 (比較言語学に関心を持った人のため)

『英語発達小史』H・ブラッドリ著、寺澤芳雄訳、『ことばのロマンス』E・ウィークリー著、寺澤芳雄、出淵博訳、ともに岩波

文庫(英語の中にあるラテン語の要素について,もっと知ることができる)

『エトルリア語』L・ボンファンテ著,小林標訳,学藝書林,1996(文字通り,エトルリア語の解説書である)

なお,本書はすでにラテン語を学んで研究者を志す若い人にとっても,入門書的には役立つものであろうと筆者は考えている.

それで,以下にはラテン語学の最も基本的な専門的参考図書も書いておく.

ラテン語学全般について,最も包括的で様々な知識を与えてくれるのは,やはり本文中で『ラテン語史概要』として言及したアントワーヌ・メイエの歴史的名著である.

Esquisse d'une histoire de la langue latine, A. Meillet, C. Klincksieck, 1966

同じく包括的で,英語であるぶんもっと読みやすいものは,

The Latin Language, L. R. Palmer, Bristol Classical Press, 1988

それよりもっと初心者向けなのは,

Latin, A Historical and Linguistic Handbook, M. Hammond, Harvard UP, 1977

以上の3書は言語的事実の記述のみならず文学や語彙論までも扱っているので,読み物としても最適である.

次のものは,前3書より新しく,音韻論などの面で精緻な記述があり専門家には欠くことのできぬ書であるが,読み物としての面白みは乏しくなった.また,これらを十分に理解するためにはラテン語の知識だけでは不十分で,印欧語学の素養が必要である.

The Foundation of Latin, Philip Baldi, Mouton de Gruyter, 2002

参考文献

Historische Laut- und Formenlehre der lateinischen Sprache, Gerhardt Meiser, Wissenschaftliche Buchgesellschaft, 1998

古拙ラテン語から古典ラテン語への発展を記述するものは
Morphologie historique du latin, A. Ernout, C. Klincksieck, 1953
その資料の読本として
Recueil de textes latins archaïques, A. Ernout, C. Klincksieck, 1966
ラテン語音韻論について
Vox Latina, W. S. Allen, Cambridge UP, 1965
La phonétique historique du latin dans le cadre des langues indoeuropéennes, A. Maniet, C. Klincksieck, 1975
語彙について
Aspects du vacabulaire latin, A. Ernout, C. Klincksieck, 1954
語源辞書は
Dictionnaire étymologique de la langue latine, A. Ernout & A. Meillet, C. Klincksieck, 1967
Lateinisches etymologisches Wörterbuch, 3 vols., A. Walde & J. B. Hofmann, C. Winter, 1982

中世ラテン語辞典
Glossarium mediae et infimae latinitatis, 5 vols., reprint, D. du Cange, Graz, 1954
キリスト教ラテン語辞典
Dictionnaire latin-français des auteurs chrétiens, A. Blaise, Brepols, 1954

口語ラテン語, 後期ラテン語, 俗ラテン語について

Lateinisches Umgangssprache, J. B. Hofmann, C. Winter, 1951（古典期における口語ラテン語に関する本）

Einführung ins Vulgärlatein, K. Vossler, Max Hueber, 1954

An Introduction to Vulgar Latin, C. H. Grandgent, Hafner, 1962

Introduction au latin vulgaire, V. Väänänen, C. Klincksieck, 1967（『プロブスの付録』はこの書で読める）

Sermo Vulgaris Latinus, G. Rohlfs, Max Niemeyer, 1956

小林 標（こばやし・こずえ）

1945年，北海道生まれ．京都大学文学部卒業．京都産業大学教授，大阪市立大学大学院文学研究科教授等を歴任．大阪市立大学名誉教授．専攻，ラテン・ロマンス諸語比較文献学．
著書『ローマ喜劇』（中公新書）
　　『独習者のための楽しく学ぶラテン語』（大学書林）
　　『ラテン語文選』（大学書林）
　　『ローマが残した永遠の言葉』（日本放送出版協会）
訳書『エトルリア語』（学藝書林）
　　『セネカ悲劇集Ⅰ』（共訳，京都大学学術出版会）
　　『ローマ喜劇集Ⅳ』（共訳，京都大学学術出版会）
　　ほか

ラテン語の世界 | 2006年2月25日初版
中公新書 *1833* | 2015年2月28日8版

著　者　小林　標
発行者　大橋善光

本文印刷　三晃印刷
カバー印刷　大熊整美堂
製　　本　小泉製本

発行所　中央公論新社
〒104-8320
東京都中央区京橋 2-8-7
電話　販売 03-3563-1431
　　　編集 03-3563-3668
URL http://www.chuko.co.jp/

©2006 Kozue KOBAYASHI
Published by CHUOKORON-SHINSHA, INC.
Printed in Japan　ISBN4-12-101833-8 C1287

定価はカバーに表示してあります．
落丁本・乱丁本はお手数ですが小社販売部宛にお送りください．送料小社負担にてお取り替えいたします．

本書の無断複製（コピー）は著作権法上での例外を除き禁じられています．また，代行業者等に依頼してスキャンやデジタル化することは，たとえ個人や家庭内の利用を目的とする場合でも著作権法違反です．

言語・文学・エッセイ

番号	書名	著者
433	日本語の個性	外山滋比古
2083	古語の謎	白石良夫
533	日本の方言地図	徳川宗賢編
500	漢字百話	白川 静
2213	漢字再入門	阿辻哲次
1831	部首のはなし	阿辻哲次
1755	部首のはなし2	阿辻哲次
2254	かなづかいの歴史	今野真二
1880	近くて遠い中国語	阿辻哲次
742	ハングルの世界	金 両基
1833	英語の歴史	寺澤 盾
1971	ラテン語の世界	小林 標
1212	日本語が見えると英語も見える	荒木博之
1533	英語達人列伝	斎藤兆史
1701	英語達人塾	斎藤兆史

番号	書名	著者
2086	英語の質問箱	里中哲彦
2165	英文法の魅力	里中哲彦
2231	英文法の楽園	里中哲彦
1448	「超」フランス語入門	西永良成
352	日本の名作	小田切 進
212	日本文学史	奥野健男
2285	日本ミステリー小説史	堀 啓子
2193	日本恋愛思想史	小谷野 敦
563	幼い子の文学	瀬田貞二
2156	源氏物語の結婚	工藤重矩
1787	平家物語	板坂耀子
2093	江戸の紀行文	板坂耀子
1233	夏目漱石を江戸から読む	小谷野 敦
1798	ギリシア神話	西村賀子
1254	ケルト神話と中世騎士物語	田中仁彦
2242	オスカー・ワイルド	宮﨑かすみ
275	マザー・グースの唄	平野敬一

番号	書名	著者
1790	批評理論入門	廣野由美子
2148	フランス文学講義	塚本昌則
2251	〈辞書屋〉列伝	田澤 耕
2226	悪の引用句辞典	鹿島 茂